エンジニアが学ぶ
金融システムの
「知識」と「技術」

大和総研
フロンティアテクノロジー本部

本書内容に関するお問い合わせについて

このたびは翔泳社の書籍をお買い上げいただき、誠にありがとうございます。弊社では、読者の皆様からのお問い合わせに適切に対応させていただくため、以下のガイドラインへのご協力をお願い致しております。下記項目をお読みいただき、手順に従ってお問い合わせください。

●ご質問される前に

弊社Webサイトの「正誤表」をご参照ください。これまでに判明した正誤や追加情報を掲載しています。

正誤表　https://www.shoeisha.co.jp/book/errata/

●ご質問方法

弊社Webサイトの「刊行物Q&A」をご利用ください。

刊行物Q&A　https://www.shoeisha.co.jp/book/qa/

インターネットをご利用でない場合は、FAXまたは郵便にて、下記"翔泳社 愛読者サービスセンター"までお問い合わせください。
電話でのご質問は、お受けしておりません。

●回答について

回答は、ご質問いただいた手段によってご返事申し上げます。ご質問の内容によっては、回答に数日ないしはそれ以上の期間を要する場合があります。

●ご質問に際してのご注意

本書の対象を越えるもの、記述個所を特定されないもの、また読者固有の環境に起因するご質問等にはお答えできませんので、予めご了承ください。

●郵便物送付先およびFAX番号

送付先住所　〒160-0006　東京都新宿区舟町5
FAX番号　　03-5362-3818
宛先　　　　（株）翔泳社 愛読者サービスセンター

※本書に記載されたURL等は予告なく変更される場合があります。
※本書の出版にあたっては正確な記述につとめましたが、著者や出版社などのいずれも、本書の内容に対してなんらかの保証をするものではなく、内容やサンプルに基づくいかなる運用結果に関してもいっさいの責任を負いません。

※本書に記載されている会社名、製品名はそれぞれ各社の商標および登録商標です。
※本書の内容は2018年12月1日現在の情報などに基づいています。

はじめに

変革期にある金融業

　銀行業・証券業・保険業などはいうまでもなく金融産業に属しますが、一方でIT装置産業としての一面も持っています。経済産業省の「平成28年情報処理実態調査」によると、金融業の売上げに占めるIT関連費用の比率は4.7%で、全業種の中で最も高い比率となっています。製造業の比率が1.0%ですので、この比率は突出して高い値といえます。

　多大な工数・費用を費やし完成させた金融業の各種システムは、その完成度の高さに関して世界に誇れるものでした。しかし、この金融ITの世界にも大きな転機が訪れています。クラウドを採用する金融機関の数は増えてきており、また、機械学習技術やブロックチェーンの利活用が紙面を賑わしています。金融業は、IT装置産業としてこれらの先端ITをどのように活用し、収益につなげていくのかが問われています。

　一方、本業の金融ビジネスにおいても、金融業界はビジネスモデルの変革を迫られています。金融業では1990年代後半から2001年にかけての金融ビッグバン以降、証券業において異業種からの参入により多くのネット証券会社が設立されたように、業態という金融ビジネスの垣根が次第に取り払われようとしています。これに加えて、近年の低金利や少子高齢化の急激な進展など、金融業を取り巻く経済環境は大きく変化しつつあり、これが金融機関の経営に大きな影響を及ぼしています。

金融分野のエンジニアには何が必要か？

　ビジネスモデルとITの両面において大きな変革期にある金融業界ですが、それでは金融業界のシステムに携わるエンジニアは、今後どのような知識、スキルを身に付けていけば良いのでしょうか。

先ほど「変革期」という言い方をしましたが、実際は金融業界のプレイヤーが変わる可能性があるだけであり、必要とされる金融機能そのものに大きな変化があるわけではありません。その意味で、エンジニアといえどもまずは金融とは何か、という点を押さえておく必要があります。

　また、これまで数十年かけて構築してきたシステムは一気には変わりません。したがって、現在の金融業における各種システムの成り立ちと構造についての理解も必要です。

　その上で、先端ITについての基本的な理解と応用の勘所、さらには金融業界固有のセキュリティ対策に関しての知識があれば、これからの金融分野のエンジニアとしての必要条件は満たしているでしょう。後は、十分条件として、それぞれの現場に即した専門性を、技術と適用業務知識の両面で高めていくだけです。

本書の構成

　本書は、金融分野のエンジニアにとっての必要条件と考えられる基本的な知識を、7つの章にまとめたものです。

　第1章では、エンジニアが知っておくべき金融の基本と、メインフレームからクラウドにいたるまでの金融ITの変遷をわかりやすく、コンパクトにまとめています。

　第2章では、視点を現在に移し、代表的な金融業のコンピュータシステムについて解説しています。業態によってコンピュータシステムは、金融業という言葉ではひとくくりにできないほど多様です。

　第1章と第2章は、金融分野のエンジニアが知っておくべき前提知識です。これを踏まえて、第3章から第5章ではこれからの金融ITを考えていくために必要な最新の技術として、データサイエンスとブロックチェーンに焦点をあて解説していきます。

　第3章では、機械学習の基本から、金融で注目されているテキストデータを対象にした最新の分析手法までをわかりやすく解説しています。金融では、これまでも金融工学やアクチュアリー業務などでデータ分析のニーズがありました。このような下地があるため、データサイエンス

に関しても積極的に活用が図られています。

　第4章は、データサイエンスなどの具体的な応用として注目されている、チャットボット、スマートスピーカー、コミュニケーション・ロボットと、データサイエンスの利活用の方法を、銀行、保険といった業種と、マーケティング分野に焦点をあてて解説しています。

　第5章は金融インフラへの活用が期待されているブロックチェーンです。P2P、コンセンサスアルゴリズム、暗号といったブロックチェーンを構成する技術と、仮想通貨、スマートコントラクト、ICOやビジネス応用事例について解説しています。

　第6章はサイバーセキュリティです。金融業のイノベーションの多くはインターネットの利用を前提にしていますが、サイバー攻撃の高度化に伴い、これが重要なシステムリスクとして認識されています。本章では、サイバー攻撃とは何かから、その技術的対策と組織的対策、そして将来的な動向までをわかりやすくまとめています。

　最後の第7章では、個々の技術要素ではなく、金融ビジネスと一体化した粒度の大きい技術を取り上げています。技術の理解とともに、情報産業としての金融業の特徴と、エンジニアの役割を理解してください。

　本書は第1章から通読することで、金融の基本的知識と金融ITの現状、将来的な動向の勘所がわかるように書かれています。また、金融ITの主要なテーマを網羅しており、各テーマはなるべく自己完結的に書かれているため、辞書代わりに使うこともできます。

　本書が、金融業界のシステムに携わるエンジニア、あるいはこれから金融分野で活躍したいと考えているエンジニアにとって、実践的な知識ベースの構築に役立ち、ひいては金融業界のシステム機能の向上と競争力向上の一助となれば幸いです。

2019年1月　　　株式会社大和総研　フロンティアテクノロジー本部

目 次

はじめに ……………………………………………………………………………… iii

第1章 金融ビジネス、金融ITの変遷と現状

1-1 金融とは？
金融と金融機関の役割と機能 …………………………………………… 2

1-2 金融サービスの提供
状況に合わせて変化する金融サービス ………………………………… 6

1-3 金融ビジネスの再構築
リーマン・ショックが大きく変えた金融サービス …………………… 10

1-4 金融サービスのシステム化ニーズ
金融サービスとITの進化に合わせたニーズの変化 ………………… 15

1-5 システム構成の変化
メインフレームからクラウドサービスまでの変化 …………………… 19

1-6 ネットワークの変化
サービス提供に大きな変化をもたらす環境変化 ……………………… 24

1-7 情報処理手法の変化
基幹系、情報系とバッチ処理、オンライン処理 ……………………… 29

1-8 端末の変化
端末の高度化と集中処理・分散処理 …………………………………… 32

1-9 プログラム開発と開発技術の変化
プログラム言語と開発手法の変化 ……………………………………… 34

第2章 金融業界のシステム

2-1 銀行のシステム
銀行の三大業務とシステム ……………………………………………… 40

2-2 クレジットカード会社のシステム
クレジットカードにおける決済のシステム …………………………… 48

2-3 証券会社と取引所・決済機関のシステム
証券売買と決済のシステム ……………………………………………… 52

2-4 投資会社のシステム
投資信託と投資顧問を支えるシステム …………………………………… 63

2-5 保険会社のシステム
保険の組成・販売からクレーム処理を支えるシステム ………………… 70

第3章 金融ビジネスを支えるデータサイエンス手法

3-1 金融ビジネスとデータサイエンス
金融データの種類と発生機構 ……………………………………………… 76

3-2 機械学習とは?
これから機械学習プロジェクトに参加する人のための入門知識 ……… 84

3-3 機械学習の評価
機械学習の評価方法は用途に応じたものとするべき …………………… 92

3-4 表形式データに対する機械学習
さまざまな機械学習モデルとその特徴 …………………………………… 98

3-5 テキストデータに対する機械学習
テキストデータの数値データへの変換と応用 …………………………… 109

3-6 画像データに対する機械学習
画像データは数値データの集合体 ………………………………………… 121

3-7 音声データに対する機械学習
音声データは単なる数値の系列 …………………………………………… 128

3-8 データ活用推進のアプローチ（1）（分析編）
より高度な機械学習モデルを構築するための次の一手 ………………… 133

3-9 データ活用推進のアプローチ（2）（インフラ編）
価値ある知見を素早く生み出すためにインフラ面で意識すべきこと … 140

3-10 データ活用推進のアプローチ（3）（人材・組織編）
データ活用企業になるために組織として求められること ……………… 146

第4章 データサイエンスによって実現される金融ビジネス

4-1 金融機関への導入が進むチャットボット
自然言語を用いた人間とロボットとの対話 ………………………………… 154

4-2 スマートスピーカーが作り出す未来
「声」で操作する新しいインタフェースの可能性 ……………………………… 158

4-3 コミュニケーション・ロボットの実態と今後
金融業界をはじめとした用途の広がりの可能性 ……………………………… 162

4-4 銀行の企業融資におけるデータサイエンスの活用
新しい融資サービスに向けた動き ………………………………………… 166

4-5 保険業におけるデータサイエンスの活用
データサイエンスが変える保険の未来 …………………………………… 170

4-6 デジタルマーケティングにおけるデータサイエンスの活用
マーケティングに利用するデータを拡張する ………………………………… 181

第5章 ブロックチェーン技術と仮想通貨ビジネス

5-1 ブロックチェーンの全体像
変化し続けるブロックチェーン …………………………………………… 190

5-2 ブロックチェーンの構成技術（1）
ピア・トゥー・ピア（P2P） ……………………………………………… 193

5-3 ブロックチェーンの構成技術（2）
コンセンサスアルゴリズム ………………………………………………… 198

5-4 ブロックチェーンの構成技術（3）
ブロックチェーンのデータ構造と暗号技術 ………………………………… 204

5-5 ブロックチェーンの分類
多種多様なブロックチェーンをどう理解したら良いか？ …………………… 211

5-6 代表的な仮想通貨
ビットコイン、イーサリアム、ダッシュ、リップル ………………………… 215

目次

- 5-7 スマートコントラクトとは？
  契約処理の自動化で信頼コストを削減 ……………………………………… 219
- 5-8 ICOとは？
  ブロックチェーンを利用した新たな資金調達手段 ………………………… 222
- 5-9 ICOの法規制
  クラウドファンディングとの関係から法規制を俯瞰する …………………… 228
- 5-10 ICOの事例
  分散型予測市場を実現するプラットフォーム「Augur」 …………………… 232
- 5-11 ビジネス事例（1） 仮想通貨交換業
  ウォレット管理などセキュリティの要件が厳しく求められる ……………… 236
- 5-12 ビジネス事例（2） 金融機関の取り組み
  送金・決済、貿易金融、証券取引など幅広い分野で活用を検討中 ………… 243
- 5-13 ビジネス事例（3） IoT
  急成長するIoTの課題をブロックチェーンで解決 …………………………… 247

第6章 金融業界におけるサイバーセキュリティ

- 6-1 サイバーセキュリティの外観
  金融機関を巡る脅威動向 ………………………………………………………… 252
- 6-2 重大インシデントはどのように発生するか？
  WannaCryを検証する …………………………………………………………… 255
- 6-3 サイバー攻撃の動向
  仮想通貨狙いが急増 ……………………………………………………………… 260
- 6-4 サイバー攻撃への対策
  ITによる対策だけでは足りない ………………………………………………… 263
- 6-5 サイバー攻撃を防ぐ技術
  被害ゼロを目指して ……………………………………………………………… 268
- 6-6 サイバー攻撃に立ち向かう
  CSIRTとSOC …………………………………………………………………… 275
- 6-7 注目すべきサイバーセキュリティの動向
  関係機関の動向と金融機関の共助態勢 ………………………………………… 278

第7章 その他の注目すべき技術と金融ビジネス

- **7-1** 導入が進むRPA
  知っておきたい基本情報 ……………………………………… 286
- **7-2** デジタルビジネスを加速させるAPI
  金融機関が導入するオープンAPIの要点 ……………………… 291
- **7-3** PFM・クラウド会計の普及の背景
  サービスの特徴と今後の可能性 ………………………………… 296
- **7-4** ロボアドバイザーの現在
  資産運用業界に起こるイノベーション ………………………… 300
- **7-5** 決済の高度化
  キャッシュレス社会実現に向けた官民挙げての取り組み ……… 304
- **7-6** UI/UXの概要
  サービスと利用者をつなぐエッセンス ………………………… 308
- **7-7** トレーディング手法の多様化
  テクノロジーの活用による大幅な手法の変化 ………………… 313

索引 ……………………………………………………………… 317
参考文献 ………………………………………………………… 322
執筆者紹介 ……………………………………………………… 331

会員特典データのご案内

本書の読者特典として、「金融IT用語集」をご提供致します。
会員特典データは、以下のサイトからダウンロードして入手いただけます。

https://www.shoeisha.co.jp/book/present/9784798155333

●注意

※会員特典データのダウンロードには、SHOEISHA iD（翔泳社が運営する無料の会員制度）への会員登録が必要です。詳しくは、Webサイトをご覧ください。
※会員特典データに関する権利は著者および株式会社翔泳社が所有しています。許可なく配布したり、Webサイトに転載することはできません。
※会員特典データの提供は予告なく終了することがあります。あらかじめご了承ください。

第1章

金融ビジネス、
金融ITの変遷と現状

1-1 金融とは?
金融と金融機関の役割と機能

金融の役割

　金融とは、お金が余っている人・企業（資金余剰主体・資金運用者）と、不足している人・企業（資金不足主体・資金調達者）の間で「**お金を融通**」することです。そもそも、お金はモノやサービスの価値評価（価値の尺度）や入手する際の支払手段（交換手段）、将来の生活や企業活動に備えた貯蓄の手段（保存手段）としても使われます。

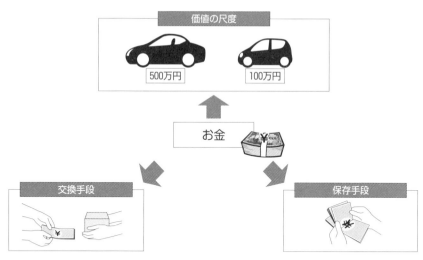

◆「お金」の機能

　お金は人から人へと転々と流通（転々流通性）し、貯蓄もすべての人・企業が均一に保有しているわけではありません。企業が生産設備を拡張したくても、お金がなければ購入することはできず、企業活動は停滞するかもしれません。お金の必要な人・企業にお金を融通する金融は、多

くの人・企業が滞りなく活動をするためのサポート役といえます。
　お金の融通は、さまざまな主体間でさまざまな経路で行われます。一般的に資金運用者は家計、資金調達者は企業や政府です。資金運用者が資金調達者に直接お金を提供する場合（**直接金融**）と、金融機関が媒介する場合（**間接金融**）があり、後者が一般的です。直接金融では、資金運用者が資金調達者の発行する株式や債券（有価証券）を金融・資本市場で購入する形式になります。一方間接金融では、資金運用者が銀行に預金を預け、銀行が貸出を行う形式が典型的です。

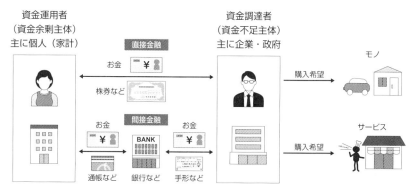

◆直接金融と間接金融

金融機関の役割

　主体間のお金の融通を仲介し、手数料を得ているのが金融機関で、銀行、保険会社、証券会社、投資信託委託会社などが代表的な機関です。
　銀行は**貸出**が主要業務で、これには証書貸付や手形貸付、当座貸越など、さまざまな形式があります。また、主体間の資金の移動を仲介する**為替業務**（送金、振込、口座振替など）も行っています。
　保険会社は保険の契約者から保険料を集め、特定のイベント（病気、死亡、事故など）の発生時に保険金を支払います。保険会社は、保険料を有価証券などに投資して保険金支払いに備えており、**間接金融の一種**です。

金融機関は直接金融でもサービスを提供しています。たとえば証券会社は、新たに有価証券を発行する発行市場で**アンダーライター業務**（発行された証券を引き受け、資金運用者に販売する）を、発行された有価証券を取引する**流通市場ブローカー業務**（資金運用者の売買注文を流通市場に取り次ぐ）などを担っています。

　また、投資信託を運用・発行する投資信託委託会社は、資金運用者と資金調達者の間に介在する点から間接金融の一種です。一方、投資信託は主体間で取引が可能という直接金融の特徴もあわせ持っており、市場型（直接型）間接金融と呼ばれることもあります。

金融の機能

　これら金融サービスの根底にある機能は、①**決済**、②**資金供与**、③**資金運用**、④**リスク移転**に分類できます。

　①決済とは、主体間で資金を移動することを指します。財・サービスを購入した際に、お金を購入者から販売者に移転する必要があります。金融機関は、その移転をスムーズに行うためにさまざまな決済サービスを提供しており、銀行による為替業務はその代表例です。最近ではプリペイドカードやネット送金サービスなどの送金を専業とする電子決済等代行業者や、資金移動業者などの金融機関も出てきています。日本円などの法定通貨と仮想通貨間のやりとりを媒介する仮想通貨交換業者も、決済サービス提供業者のひとつといえるでしょう。また、金融商品取引の清算機関のように、証券取引所で成立した有価証券における売買に基づく移動の指図を行うことも決済のひとつです（2-3参照）。

　②資金供与とは、資金を集め資金調達者に貸し出すことで、定期預金や銀行貸出がその代表例です。主体間でのお金の融通では、期間や金額など需給のミスマッチが存在します。銀行はそのミスマッチを解消するために、さまざまな特性の資金を集め（プーリング）、資金調達者が必要とする期間・金額に合わせて（大口化、長期化）資金を貸し出します。銀行以外にも貸金業者や、信用取引の決済に必要な資金を貸し付ける証券金融会社なども資金供与を行っています。

③資金運用とは、資金運用者が金融商品（株式や債券などの有価証券など）の購入などを通じて資金調達者に資金を供給することを指します。資金運用に関連するサービスは、仲介業務を行う証券会社や、投資信託受託会社や投資顧問のように受託資産の運用、情報提供・投資助言サービスを提供する金融機関が主に提供しています。また、信用格付け業者、証券取引所、金融商品取引の清算機関など、金融・資本市場の運営に関わる業者も資金運用の担い手です。

　④リスク移転とは、予想通りにいかないこと（リスク）への保障を行うことで、生命保険や損害保険がその代表例です。保険は病気、死亡、事故といったリスクに対する保障といえます。また、デリバティブ（金融派生商品、株や債券、為替価格などを条件に特定の取引をする契約、2-3参照）のように、有価証券などの価格変動リスクを抑制するような金融商品もリスク移転の一種といえ、主に証券会社が提供しています。

　以上の4つの機能は互いに独立しているわけではなく、複数の機能にまたがる金融商品もあります。たとえば預金を例にとると、当座預金は①決済手段であると同時に②資金供与の原資でもあります。また、定期預金は②資金供与と③資産運用の双方の面があります。

◆金融機能の分類

機能	サービスの例	主な金融サービスと商品	主な提供者
決済	・財・サービスを購入した際のスムーズなお金の移転 ・送金・受取りのネッティング処理	当座預金、プリペイドカード、仮想通貨	銀行、電子決済等代行業者、資金移動業者、仮想通貨交換業者、金融商品取引清算機関
資金供与	・さまざまな特性の資金の収集（プーリング） ・資金不足主体のニーズに沿った資金提供(大口化、長期化)	貸付、定期預金、クレジットカード	銀行、貸金業者、証券金融会社、クレジットカード会社
資金運用	・有価証券売買の仲介 ・金融・資本市場の運営 ・受託資産の運用 ・情報提供・投資助言サービス	株式、債券、預金、デリバティブ	証券会社、投資信託受託会社、投資顧問、信用格付け業者等、証券取引所、金融商品取引清算機関
リスク移転	・病気、死亡、事故などのリスク保障 ・有価証券などの価格変動リスクを抑制	生命保険、損害保険、デリバティブ（先物、オプション）	保険会社、証券会社

1-2 金融サービスの提供
状況に合わせて変化する金融サービス

金融機関の業務範囲

　日本において金融サービスを提供してきた主体は、銀行や証券会社、保険会社といった金融機関であり、時代を超えて大きな変化はありません。日本は戦後の復興期から高度成長期にかけて、製造業を中心に発展してきましたが、製造業は多額かつ長期の設備資金が必要でした。また、雇用創出のために中小企業を支援する上で、安定的かつ円滑な資金供給が求められてきました。

　こうしたニーズに応えるために、金融機関の業務範囲は、長期資金融資向け・短期資金融資向け金融の分離（長短分離）、銀行・信託銀行（銀信）／銀行・証券会社（銀証）の分離、金利・外国為替の制限など、細かく規制されました。つまり金融機関の専門性を強化することで、安定的な金融サービスを提供しました。規制により銀行貸出を中心とした資金供給システムを構築し、経営基盤の弱い金融機関でも存続できるように考慮されていたことから、「**護送船団方式**」とも呼ばれます。また、民間金融機関による金融サービス提供が困難な状況に対応し、公的金融機関が民間金融機関を補完する役割を担ってきました。

　しかし、日本経済が高度成長期から安定成長期へと移行した1970年代半ば以降は、経済構造の変化に伴う形で日本の金融サービスの提供方法にも大きな変化が発生しました。これは、具体的には3点にまとめることができます。以下では、この変化について取り上げます。

金融の市場化とリスクの多様化

　1970年代半ば以降、日本では2つの「コクサイ化」が進展したことが、大きな転換点といえます。コクサイ化とは①**国債の大量発行開始**（国債

化)、②**グローバル化の進展**（国際化）を指します。①は、1970年代半ばのオイルショックで落ち込んだ経済をテコ入れする資金調達として行われた国債の大量発行のことです。これは、国債の主な保有者である銀行のバランスシートを圧迫したことから国債の売買につながり、ひいては国債の流通市場の発展を促しました。当時は金利に対する規制がある中で、国債の流通市場の発達は金利の市場化（ニーズに応じた変化）を促すきっかけとなったといえます。②は、固定されていた為替相場が1970年代前半に変動相場制へと転換したことを皮切りに国際化が進み、外為取引やクロスボーダーでの証券投資の規制が徐々に緩和したことです。特に、1980年代前半にはアメリカからの外圧もあり、金融・資本市場の対外開放が徐々に進んでいきました。

2つのコクサイ化がもたらしたものは日本における「**金融の市場化**」（金融サービス全般でニーズを基にした価格やサービスの提供）であり、従来の「護送船団方式」が崩れました。これにより、企業や政府の資金調達は有価証券を発行する形式が増え、海外との資金や資本のやりとりも活発化しました。一方、需給に応じて有価証券や通貨の価格は変動するため、資金供給者には債券や株式、通貨の売買における価格変動リスクにどう対応するか、という論点が登場します。価格変動リスクへの対応については、先物やオプションなどのデリバティブ（2-3参照）のような、市場を通じた手法が1980年代から発展していきました。

2つのコクサイ化を契機に、銀行は国債の店舗窓口での販売（窓販）やディーリングといった証券業務への参入が進みました。また、証券会社も中期国債ファンドと決済口座をあわせ持つ資金総合口座の提供を開始するなど、金融の市場化に沿った金融サービスの提供が進展しました。

テクノロジーの発展に伴う金融業のシステム装置産業化

ITの発展に伴い、金融機関におけるシステム導入が加速度的に進んだのも1960年代後半から1970年代にかけてです。そもそも、金融業で取り扱う商品はお金や金融商品であり、情報のやりとりが本質的なサービスといえます。つまり、金融業は**情報産業**であり、ITの発展の恩恵を

受けやすい業界と考えられます。

　金融機関のシステム導入は、段階的に進められました。詳しくは本章の後半で説明しますが、主な流れは次の通りです。まず、1960年代の第一次オンライン化では、**金融機関内の各業務におけるコンピュータ処理**が導入されました。1970年代以降の第二次オンライン化では、**業務間の連動処理**や**金融機関間の連携（ネットワーク化）**が進められました。

　そして、1980年代以降の第三次オンライン化では、前項で述べた市場化の進展に伴い市場での取引量が増加し、**システムの巨大化や複雑化**が進みました。その後は、インターネットの利用拡大や情報セキュリティ対策など、幅広い分野でテクノロジーの活用が広がりました。こうしたテクノロジーの活用が金融機関の業務運営の効率化、さらに提供するサービスの拡大につながっています。インターネットバンキングなどがその一例ですが、規制の変更などと合わせ、テクノロジーに優位性のある企業の金融業参入、つまりは参入障壁の低下にもつながっています。

金融規制の緩和と強化に伴う担い手の収斂・多様化

　金融の市場化やテクノロジーの活用に加えて、日本の金融機関に大きな影響を与えたのは、1990年初頭の**バブル崩壊**と1990年代後半の**金融規制改革**です。日本は、1980年代後半の資産価格上昇から一転し、1990年代初頭に株価と不動産価格が暴落した結果、金融機関の経営状態は悪化し破たんが相次ぎました。金融機関の体力が落ちている中で、追い打ちをかけるように進展したのが**日本版金融ビッグバン（金融規制改革）**です。

　日本版金融ビッグバンとは、1996年に日本政府から公表された金融システム改革を指します。具体的には、証券手数料の自由化や金融持株会社の解禁、時価会計制度の導入などが挙げられます。証券手数料の自由化は、金利上限の撤廃に次ぐ価格規制の緩和といえますし、金融持株会社の解禁は業務規制の撤廃です。日本版金融ビッグバンにより「護送船団方式」は完全に終わりを迎え、多様な金融サービスの提供が可能になりました。

　日本版金融ビッグバンを契機に金融機関の合従連衡も進みました。た

とえば、現在の「メガバンク」のひな型は1990年代以降の合併によって形成されました。これはバブル崩壊に伴う経営状況の悪化と、日本版金融ビッグバンに対する危機感の表れともいえます。また、新たなプレイヤーも登場しています。たとえば、インターネット専業の証券会社が挙げられます。1990年代には、家庭用インターネットの普及が進む中で、オンライン上で安価な手数料設定で個人投資家を取り込んでいきました。

　日本の金融ビジネスに大きな影響を与えた3点の変化は独立しているわけではなく、互いに影響し合いながら、日本の金融機関のビジネスモデルにインパクトを与えてきました。中でも、変化の中心にあるのは金融の市場化です。テクノロジーの導入や規制改革も金融の市場化が進む中で急速に進展し、その結果として市場化が再度進展するという循環をもたらしたといえます。こうした市場化の傾向は、日本だけで起きていたわけでなく、英米といった金融先進国では先んじて進められてきました。ただし、2000年代半ば以降は、次節で述べるように金融の市場化の行き過ぎが問題視される時代へと大きな転換点を迎えることとなります。

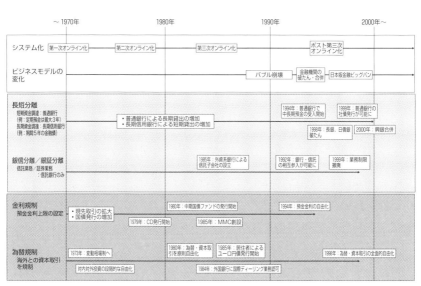

注：長銀：日本長期信用銀行、日債銀：日本債権信用銀行、興銀：日本興業銀行、CD：譲渡性預金（Certificates of Deposit）、MMC：市場金利連動型預金（Money Market Certificate）

◆**金融規制変化とテクノロジー発展に伴うビジネスの変化**

1-3 金融ビジネスの再構築
リーマン・ショックが大きく変えた金融サービス

リスクのアンバンドル（分離）の進展

　金融の市場化は1970年から2000年代初頭にかけて急激に進み、金融ビジネスもそれに沿って発展していきました。しかしながら、2008年のリーマン・ショックによって、市場化を前提とした金融ビジネスは大きな転換を迫られることになります。

　まず、金融の市場化やグローバル化が進む中で、リスクの所在が多様化しました。市場取引では価格が変動することから、そのリスクにいかに対応するかが問題となりました。たとえば銀行貸出においては、銀行が管理をしていた信用リスクや流動性リスクは、市場化の際には投資家が直接対処しなければならないリスクへと変化しました。こうしたリスクを管理するために、金融資産の価格付け、最適な資産構成をもたらすポートフォリオ選択といった、リスクを定量的に評価する**ファイナンス理論**が用いられました。ファイナンス理論は1950年代以降発展してきましたが、実務上は膨大なデータ処理が必要であるため、ITの発展が伴った1980年代以降に本格的な活用（金融工学の実用化）が始まりました。

　金融工学の実用化が進んだ結果、倒産（デフォルト）時に債権価値を担保するCDS（Credit Default Swap）などの、さまざまなデリバティブやレバレッジ商品、証券化商品が作られました。これにより、個々のリスクを切り離して管理できる「リスクのアンバンドル（分離）化」が進みました。ここで利用される証券化とは、ある資産から生じるキャッシュフローを裏付けとした資産担保証券を発行することを指します。銀行は証券化を通じ、保有している流動性の低い貸出債権を実質的に売却しリスクを切り離すことが可能になりました。また、CDSは特定の資産を保有したままで信用リスクのみを分離させ、発行者のデフォルトに

対する「保険」の役割を果たします。つまり、CDSを通じて、市場性の低い資産を保有せずに信用リスクのみを取引することが可能になりました。

こうしたリスクの分離化は、債権保有者のオフバランス化（財務諸表から資産を除外する）ニーズや投資家のリスクヘッジ（リスク回避）ニーズを満たしました。金融機関はデリバティブを取り入れる一方で、ITを活用し自動的に注文のタイミングや数量を決めて高速で売買を繰り返すプログラム取引などを行い、市場での取引を通じて大きな収益を得るビジネスモデルを作り上げていきました。

その一方で、リスクが分離された結果、リスクをモニタリングするインセンティブが薄れてしまう「**モラルハザード**」が発生しました。また、証券化が繰り返し重層的に行われた結果、格付け会社や投資家などによるリスクの評価が困難になりました。リスクの分離化がもたらした負の側面が顕在化したのが、2008年の**リーマン・ショック**です。不動産価格の下落を契機に、信用リスクの高い不動産ローン債権（**サブプライムローン**）の証券化商品に対する信用不安が高まりました。これを保有していた世界の投資会社などの資金繰り悪化などを経由して、大手銀行や証券会社に対する信用不安へと連鎖しました。さらに金融機関のCDSを販売していた保険会社にもその影響は波及しました。

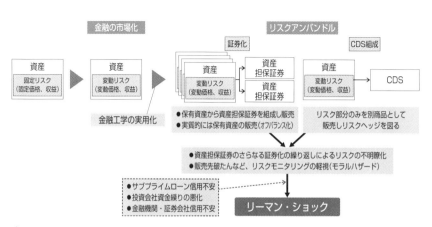

◆**金融の市場化からリーマン・ショックへの流れ**

リーマン・ショックをきっかけとした規制の強化

　リスク評価の不完全さから適切なリスク管理が困難であったこと、市場を通じてその影響が世界に伝播したことなどから、リーマン・ショックは「無秩序な金融の自由化」が招いたものといえます。そこで、秩序ある金融の市場化に向けた取り組みが進みました。

　これは金融安定理事会（FSB：Financial Stability Board）やバーゼル委員会などの国際的な機関による規制強化であり、グローバルな金融機関に対する自己資本比率規制の徹底、自己勘定でのトレーディングやハイリスクな取引に対する規制の強化、実効的な破たん処理計画の整備、デリバティブ市場の透明化がその代表例です。これによりリスク管理が徹底され、グローバルな金融機関を中心に金融機関の健全性は高まりました。

◆リーマン・ショック以降に強化された国際的な金融規制

	規制の内容	具体的な規制
バーゼル規制	・自己資本の質・量の向上を通じた健全性確保 ・銀行システムにおけるレバレッジの拡大抑制（自己勘定でのトレーディングやハイリスクな取引に対する規制強化） ・ストレス下での十分な流動性の確保	・自己資本比率規制 ・レバレッジ比率規制 ・流動性規制
大き過ぎてつぶせない (too big to fail) 問題への対応	システム上重要な金融機関が秩序だった破たんを行うための枠組みを整備	・グローバルなシステム上重要な金融機関（G-SIFI）の選定 ・G-SIFIに対する追加的な自己資本を要求 ・破たん時に備えた損失吸収力（TLAC）の確保を要求
店頭デリバティブ市場改革	デリバティブを通じた危機の波及を抑制するため、店頭デリバティブ市場の透明性・安全性を改善	・店頭デリバティブ取引の清算集中義務の強化 ・中央清算されない店頭デリバティブの証拠金規制の導入
シャドーバンキング規制	ヘッジファンド、マネージメントファンド（MMF）といった銀行以外の主体に対する規制の強化	・銀行のファンド向け出資、大口エクスポージャーなどに対する規制の強化 ・MMFの基準価額算定方式の改革 ・証券化商品の情報開示

反面、金融機関のビジネスモデルは困難に直面しました。規制強化により自己資本の増強が必要になるなど、資金調達コストが引き上がりました。また、ハイリスクな取引への規制強化により、市場取引で大きな収益を得ることも難しくなりました。加えて、各国中央銀行の金融緩和政策による低金利の環境は、債券保有や銀行貸付などによる収益を低下させました。結果的に世界の金融機関のROE（Return On Equity：自己資本利益率）はリーマン・ショック以前の水準を取り戻すに至っていません。日本においては、欧米の金融機関に比べてリーマン・ショックの影響は大きくなかったものの、こうした規制強化の流れや金融緩和政策の影響を受け、同様に収益性が低下し、ビジネスモデルの劣化が懸念されることとなりました。

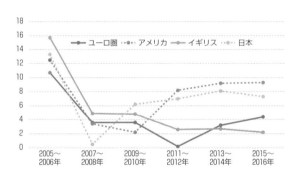

出典："Structural changes in banking after the crisis," 2018/1, Bank for International Settlements

◆主要国金融機関のROE（％）

金融の新たな領域〜FinTechやSDGs〜

　現在、金融機関は新しいビジネスモデルを模索している最中といえます。新たなビジネスモデルのキーワードとなるのは、**FinTech**の活用や、**SDGs**（Sustainable Development Goals：持続可能な開発目標）に貢献する金融サービスの提供などが挙げられます。

　本書の中でもたびたび名前が挙がるFinTechは、金融とテクノロジーとの融合を意味します。金融機関はテクノロジーの活用をすることに

よってさまざまなコストを抑制し、さらにはデジタルネイティブな若年層の顧客ニーズを満たすことで収益性を高めたいと考えています。他方で、テクノロジーに優位性のある**FAANG**（Facebook、Amazon、Apple、Netflix、Google）といったプラットフォーマー（多様なITサービスを一元的に提供する業者）の金融業参入も見込まれています。これにより、既存の金融機関を取り巻く競争環境は激化する可能性があります。

　SDGsとは2015年に国連で採択された持続可能な社会の実現に向けた世界的な動きを指します。これは、たとえば環境問題や貧困・飢餓の撲滅、ダイバーシティの実現など、世界的な課題を重視する活動です。企業は経済的価値だけではなく、これらの課題解決に資するような社会的価値を追求することで持続的成長が達成できると考えられています。SDGsは2000年代初頭の途上国向けに想定されたミレニアム開発目標を源流とするものです。

　リーマン・ショックを契機に既存の金融ビジネスモデルが変化を迫られたように、従来の経済的価値の重視という経済成長モデルも変化しつつあるのかもしれません。こうした経済成長モデルの変化に対応する金融サービスの提供が、金融機関には求められているといえます。

1-4 金融サービスの システム化ニーズ
金融サービスとITの進化に合わせたニーズの変化

金融サービスの3つの処理

　金融機関への初期のシステム導入では、人が行っていた作業をシステムに置き換え、処理スピードを格段に上げることで処理量を増加させるのが大きな目的になっていました。想定される処理は、大きく①**フロントオフィス**、②**バックオフィス**、③**ミドルオフィス**の3つに分類できます。

　フロントオフィスでメインとなる窓口業務では、顧客情報や商品情報を基に取引（預貯金、証券発注、保険契約など）を行います。これらの取引のために情報を閲覧し、取引の結果を基に伝票を作成することがニーズになります。あわせてさまざまな情報を分析し、金融商品の企画・設計・マーケティングを行うことも必要です。これらの処理をフロントオフィスと呼びます。

　一方、上記の伝票に基づき必要な処理を行い、社内や他の金融機関との情報のやりとりをした上で、自分が保有する帳簿を変更します（決済処理）。また、現金や証書などのモノを社内で管理しており、自社内や他の金融機関に輸送します。これらの結果、顧客や規制機関、社内向けの帳票を作成します。帳簿を基に、社内の財務状況や保有資産の管理も必要になります。これらの処理をバックオフィスと呼びます。

　上記の処理を正しく行うため、聞き間違い、伝票の書き間違いの防止を含め、帳簿の変更やモノの輸送の前に社内・金融機関内で取引内容を照合（取引照合）することが一般的です。また、取引と決済の間に時間があるため、この間で決済に必要な現金・証書などを借りて調達することもあります。貸し借りを行って良いのかという相手の評価（与信管理）や、自分が持っている資産が将来も含めて十分かという評価（リスク管理）も必要です。法規制上の確認（コンプライアンス）や手数料計算な

どの取引の周辺処理も必要です。これらの処理はミドルオフィスと呼ばれます。

なお、3つの分類は業界や企業によって異なる切り方をすることもあり、またミドル・バック処理などまとめて取り扱うこともあります。

◆金融サービスの3つの処理の業務内容

	概　　要	例
フロントオフィス	顧客や自己資金による金融取引の成立に関連する処理	営業、取引、商品情報・顧客情報閲覧、ポジション管理、商品企画、設計、マーケティング
ミドルオフィス	金融取引に付随するさまざまな確認・計算処理	リスク管理、与信管理、コンプライアンス、取引照合、手数料計算
バックオフィス	金融取引成立後に行う事務処理	帳簿管理、顧客情報管理、決済、報告書作成、モノの管理、会計管理

機能面からの金融サービスのシステム化ニーズ

機能面から見た金融サービスのシステム化では、次に述べるようなニーズがあります。なお、金融は根本的に情報（データ）を扱っており、モノは派生物と捉えられる点がニーズに大きく関わっています。

まず、**事務処理を自動的に行い、手間を省くこと**が挙げられます。金融機関では口座開設、振込や注文の入力など同じ処理を繰り返すことが多く、手順に沿った処理をシステム化・自動化し人手を減らすニーズは非常に大きいです。もちろん、システム利用により処理を変更し、作業を効率化することも重要になります。

大量の処理やデータ管理を人を増やさずに行う点も、ニーズのひとつです。これが実現すれば顧客を増やし収益拡大につなげることができるとともに、大量のデータを分析し新サービスにつなげることも可能になります。また、人が行うよりも高速に処理することで時間短縮につながり、ごく短時間に大量の処理を実施し新たな付加価値を生み出す場合もあります。また、システム化により**処理が電子化される面**も大きなメリットです。取引記録や帳簿などのデータを簡単に管理できます。そのデータを活用することにより、新たな営業活動や顧客分析などを効率的に

行うことが可能になります。

　金融機関が顧客の信頼を勝ち得るため、ミスなく事務処理ができることは必須条件です。したがって、**事務処理の精度向上**はシステム化の大きなニーズです。加えて、金融サービスが規制に準拠することを担保するために、処理記録が残っていることが重要です。構築されるシステムも安定して稼働し、正しく処理できる高い信頼性が求められます。

　金融取引では多数の関係者間で取引を行うため、**効率的なデータ連携**もシステム化のニーズになります。1つの金融機関の本支店間、さらには金融機関間など、ネットワークを通じてデータ交換や処理が可能になれば、効率改善が見込めます。現金などあらゆるモノの電子化が進めば、このメリットはさらに大きくなります。

　高度な計算や統計分析など知的処理を行うことも、金融におけるシステム化のニーズとなります。金融工学を用いた商品開発やリスク管理、顧客の与信管理などで、市場や顧客環境を適切に予測し新たな付加価値を生み出す必要性が増しており、このニーズの重要度は高まっています。

　対面処理だけではなく、古くはATM、最近ではコールセンターやインターネット、スマートフォンを経由したサービスなど、**いつでもどこでも使いやすいサービスを提供できること**も、システム化の結果として享受されるメリットのひとつです。これによって顧客へのサービス改善にもつなげられるでしょう。

　これらのニーズに対し、システム化のメリットとコストとを比較した上でシステム導入が進められます。

ビジネスとITの変化に起因するシステム化ニーズの変化

　金融機関のIT活用は、コスト削減の観点から1950年代には処理自動化、70年代にはネットワーク化が進められてきました。一方、80年代以降になると徐々に収益性を高める分析や商品開発、顧客サービスの改善へとニーズが広がってきました。特に2008年のリーマン・ショック以降では、既存の金融サービスでの収益が大幅に低下するとともに、一層のコスト削減と高度なリスク管理が求められるようになりました。これによって、

①これまで複雑度が高く頻度が少ないことからシステム化の検討が進まなかった処理や、貸出やコンプライアンスなどの判断が必要な処理の自動化の推進、②自己資本比率やレバレッジ比率をはじめとする規制対応に合わせるための社内横断的でリアルタイムなデータの集約と高頻度のリスク分析、などのニーズが広がっています。

一方2010年代に入り、新たな金融サービスでの収益を求める最新のITが積極的に活用されています。金融サービスに関する情報に加え、音声や画像、購買履歴やSNSへの書込み、多様なセンサーの情報など、大量の情報を活用した金融サービスを提供するのがニーズの一例です。統計分析や機械学習を利用し、与信評価やリスク分析、商品開発に活用しようという考え方です。具体的には、取引履歴の与信評価への利用あるいは自動車の運転状況に関する保険料計算への利用などがその一例です。

また、クラウドサービスなど高度なインフラを誰もが利用しやすい環境が実現しています。これにモバイル環境を含むネットワークの常時接続を組み合わせ、事務処理やシステム構成をシンプルにし、コスト削減や処理時間の短縮が図られています。これは、結果として新サービス提供のニーズにも合致しています。ブロックチェーンによる分散型で信頼を担保する技術の活用により、適用範囲の拡大も見込めます。

さらにスマートフォンの普及などにより、コンピューティング環境が常時利用できるようになりました。顧客が自ら処理を行うセルフサービス型サービスが一層広がるとともに高度化しています。

これらのサービスは、前節で取り上げたFinTechにあたります。FinTechはインターネットのサービス事業者やベンチャー企業からも優れたサービスを提供されており、金融機関でも対応を強化しています。

～1950年	1970年	1990年	2010年～
コスト削減		新サービスの提供	ユーザサービスの改善
処理自動化	データ送信	複雑な計算	ビッグデータ活用
大量処理	データ電子化	統計処理	統計分析、機械学習の活用
処理の正確性	セルフサービス		仲介構造の簡素化
安定した処理			インタフェース改善
			FinTech対応

◆主要なシステム化ニーズの変遷

1-5 システム構成の変化
メインフレームからクラウドサービスまでの変化

メインフレームの活用

　日本では1960年代の高度経済成長以降、銀行を中心に**メインフレームを利用したシステム導入**が進みました。メインフレームの特徴は、大量のデータ処理能力（計算処理やストレージ・メモリなどの入出力処理）を持ち、すべての処理をサーバー側で行う集中的なシステム構成であることです。メインフレームでは、ITベンダーが独自にハードウェア、OS、ミドルウェアを提供しています。金融機関が保有するデータセンターに設置して運用し、エンドユーザ端末とは専用回線で接続します。

　日本の金融機関のシステムは、当初は1960年代の「第一次オンラインシステム」として、預金・為替など業務単位ごとのシステムが構築されました。しかし、システム化の目的は個々の業務の効率化・省力化であったため、業務間の連携はありませんでした。

　その後、業務システムの統合は、1970年以降に刷新された「第二次オンラインシステム」で実現し、顧客情報などの一元管理による複数処理の実行が可能となりました。ATMによる現金預け入れ、引出、振込サービスが開始されたのもこの時期です。さらに1980年代以降の「第三次オンラインシステム」では、急速に増大する処理量に合わせ、拡張性が求められました。現在の銀行システムの原型は、このときに構築されました。

分散系システムの普及

　1990年代以降、クライアント・サーバー型の**分散系システム**が普及してきました。分散系システムは、複数台のコンピュータを、処理を実行する「サーバー」と処理を要求する「クライアント」端末に役割を分散

させ、相互にLANで接続する形態です。1990年代後半にはWebによるインターネット技術（HTMLやJava）やUNIX、Linuxなどの**オープン系ソフトウェア**の利用が広がりました。ベンダー依存のソフトウェアを使用せず、低コストかつユーザ要件に合わせたシステムのカスタマイズが可能となりました。

　金融機関では、2000年代以降に基幹システムの分散系システムへの移行（オープン化）が検討され始めました。背景として、メインフレーム維持コストの肥大化や、1990年代以降の金融業界における規制緩和により、ITコスト削減を狙ったシステムのダウンサイジング、IT競争力の強化が挙げられます。金融機関によっては、UNIXやLinuxを利用してシステムの移管（マイグレーション）を進めています。またネット専業銀行や証券といった新規参入の金融機関は、メインフレームを利用せず、分散系システムを構築しています。これらの金融機関ではネットバンキングやネット証券取引サービスなど、Web経由でのサービスを利用者向けに提供しています。

　分散系システムの利用が広がるにつれ、機能が明確に分離したシステム（疎結合なシステム）が一般的になってきました。最近では、これらのシステムを連携・機能させるため、システムの機能を標準的な方法でサービスとして他システムに提供し連携する**SOA**（Service Oriented Architecture：サービス指向アーキテクチャ）などのアーキテクチャの利用や、システム間のデータ連携をGUIなどで容易に実現できる**ETL**（Extract Transform Load）などのツールの利用も広がっています。

◆システム構成の変化

年代	メインフレーム 1960~80年代	分散系システム 1990~2000年代	クラウドコンピューティングシステム 2010年代~
主要プログラム言語	アセンブラ、COBOL	Java、C言語系列	Java、C言語系列
主要OS	ハードウェアベンダーに依存	UNIX、Linux、Windows	Linux、Windows
ハードウェア	自社運用 (オンプレミス)	自社運用 (オンプレミス)	クラウド事業者運用、仮想サーバー
ネットワーク	専用回線	LAN、インターネット	LAN、インターネット
データベース	バイナリ	RDB	RDB、NoSQL
ストレージ	磁気テープ、HDD	磁気テープ、HDD	NAS、SANなどのネットワークストレージ

クラウドコンピューティングの利用拡大

　2010年後半にはハードウェア構築・維持運用にかかるコスト削減を目的に、**クラウドコンピューティング**の利用が広がりました。その際、利用者は自社でシステムの構築・運用を行わず、インターネットなどのネットワークを介しクラウド事業者のサービスを利用します。利用者は接続環境とPCのみが必要です。クラウドはその運用形態や提供サービスにより、下表のように分類できます。

◆クラウドの分類

運用形態による分類	
パブリッククラウド	・クラウド事業者が提供する環境を、企業や組織をはじめとした不特定多数のユーザがインターネットを通じて共有利用するサービス ・ユーザ側の観点では、利用したい機能のみ利用できるとともに、利用コストが相対的に安いというメリットがある
プライベートクラウド	・自社で構築もしくはクラウド事業者が提供する環境を、1つの企業や組織のユーザのみがインターネット経由で占有利用するサービス ・利用コストは高くなるが、ユーザ側の要件により、機能のカスタマイズが可能になる
提供サービスによる分類	
SaaS (Software as a Service)	・インターネット経由でユーザにソフトウェアサービスを提供する形態 ・ユーザは、各自のPCに利用したい機能を必要なときに導入し、必要な分だけ対価を支払う
PaaS (Platform as a Service)	・インターネット経由でユーザにソフトウェアを稼働するための開発・実行環境を提供する形態 ・SaaSと比較すると、自社で開発したアプリケーションをPaaS環境で稼働させるなどのカスタマイズが可能
IaaS (Infrastructure as a Service)	・インターネット経由で仮想マシンやネットワークなどのインフラサービスを提供する形態 ・PaaSと比較すると、環境構築に関するカスタマイズの柔軟性が高い

クラウドシステムでは、**仮想サーバー**がしばしば採用されています。「仮想サーバー」とは１台の物理サーバーを複数台のサーバーかのように論理的に分割し、複数のOS・アプリケーションを稼働させることです。これは結果的にCPU、メモリ、HDDなどの資源の効率的な利用と運用コスト削減につながります。

　金融機関でクラウド利用が広がった理由のひとつとして、**金融機関が求める厳密なセキュリティ要件への対応**があります。クラウド事業者のサービス進化に合わせて、金融機関も重要度の低いシステムの移行を皮切りに、徐々に利用を広げています。

大容量のデータ活用につながるストレージの変化

　大容量のデータを保管するストレージ媒体は、メインフレームの時代より磁気テープが主流でした。磁気テープは、①信頼性が高い、②長期のデータ保存が可能、③データ転送速度が速い、といった特徴があり、システムのバックアップ処理に利用されてきました。反面、データの検索性に劣るため、HDD（ハードディスクドライブ）も併用されてきました。当初HDDはサーバー内蔵型でデータの互換性や相互運用性に乏しく、単体サーバーのデータ格納・保存以外では利用されませんでした。

　2000年以降、画像・動画などのコンテンツの巨大化に伴い、より大容量のストレージが求められました。そこで、既存の社内ネットワークを利用してファイルを共有する**NAS**（Network Attached Storage：ネットワーク接続ハードディスク）や、専用のファイバーチャネルによるネットワークを利用した**SAN**（Storage Area Network）も普及してきました。専用回線を構築するため、SANはデータの高速通信が可能で、セキュリティ面の性能が向上しました。

　さらにクラウド利用が拡大すると、**仮想化されたストレージサービス**も普及してきました。自社で構築するストレージと比較して、データ容量の増加に対して柔軟に対応することが可能となりました。

データ管理の変化

　初期のメインフレームでは、システムごとに独自の形式でデータを管理していましたが、次第に関係データベース（**RDB**：Relational Database）の活用が広がりました。現在では大半のシステムでRDBを利用しています。RDBの特徴としては、ユーザが扱いやすい「テーブル」構造と操作言語であるSQL、そしてどのOSやアプリケーション上でも動作する汎用性の高さが挙げられます。

　一方で、今日のデータの大容量化や（テーブル型ではない）非構造化データの活用、高速処理の要求に対しては、RDBでは処理方法や保管データ量の問題が顕在化してきています。その解決方法として、近年は**NoSQL**をはじめとした非構造化データベースのビッグデータへの利用が注目されつつあります。

1-6 ネットワークの変化
サービス提供に大きな変化をもたらす環境変化

システム導入初期の金融機関ネットワークの構成

　本節ではネットワークの変化を説明します。ネットワーク構築のポイントとして、①構内（LAN）か広域（WAN）か、②回線交換かパケット交換か、③常時接続か逐次接続か、④専用線か公衆回線か、⑤通信媒体、⑥有線か無線か、⑦利用するプロトコル、⑧利用するアプリケーション、⑨求められるセキュリティレベル、⑩通信の信頼性（利用できるかどうか、正しく伝わるか）、⑪コスト、⑫技術の進化状況、⑬標準化状況、⑭規制状況、などの項目が挙げられます。

　金融業界では、取引データや閲覧情報はリアルタイムで、処理結果はまとめて通信するのが一般的でした。1980年代までは提供される技術や回線コスト、セキュリティを鑑み、社内ネットワークはベンダー独自の通信方法で接続しました。この際、支店を含む広域ネットワークでは通信会社（キャリア）が提供する高価な専用線が利用されました。

　一方、外部への接続ではキャリアのX.25、ISDNやフレームリレーなどによるパケット網サービスを利用し、仮想的に自社専用の通信網を構築する例も多く見られました。これらは常時利用でき、かつ通信量に応じた課金方式であり、全銀システム（2-1参照）などがこのような通信方法を採用しています。

　また、1日当たり数回など接続頻度が低いサービスを中心に、利用ごとに回線交換サービスに接続し（ダイヤルアップ）、データを送信する例もありました。これは、銀行と一般企業との通信、クレジットカードの通信が一例です。

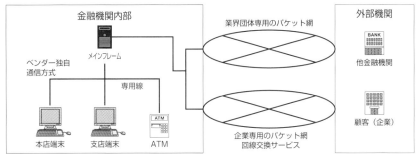

◆金融機関の1970年代から80年代のネットワーク構成例

イーサネットやTCP/IPの台頭とインターネットの広がり

　1990年代半ばから、企業内外で利用されるネットワーク技術やサービスが大きく変化しました。

　まずWindows 95の普及に合わせ、**イーサネット**の利用や、**TCP/IP**とそれを利用したインターネットの利用が企業・個人ともに急速に広がりました。また、広域ネットワークもADSLの普及と光ファイバーの敷設地域の急激な拡大により、高速・低遅延・広帯域化しました。

　このときに、既存キャリア以外にも多数のベンチャー企業がキャリアとして参入し、独自に設置した回線設備と既存の回線インフラを組み合わせることで、安価で多様な通信サービスの提供が進みました。これらのサービス拡大により、パケット交換、ひいては常時接続の普及につながり、ネットワークの利用方法が大きく変化しました。

　これらのキャリアは2000年代以降、**IP-VPN**や**広域イーサネット**といった通信サービスを提供しました。加えてインターネットVPNにより、専用線よりも安価に仮想的な私設ネットワークの構築が可能になりました。これにより、金融機関では国内の支店間や海外拠点を接続した、広域・高速な社内ネットワークの構築が進みました。その結果、常時接続された環境下で大量データの受渡が行いやすくなり、オンライン処理やシステム間連携の利用が進みました。また、バックアップ環境の常時同期が可能になるなど、システムの稼働率（可用性）向上にも寄与しまし

た。IP電話を導入し、コールセンターなど通話サービスを強化した例もあります。

インターネットの普及により、メールやWebなどのアプリケーションが普及し、金融機関社内および金融機関と顧客とのコミュニケーションが効率化されました。オンラインバンキングやオンライントレードをはじめとするセルフサービス型のWebサービスが広がったのはこの時期です。利用者はいつでも自ら金融サービスを利用でき、利便性が高まる一方、金融機関ではサービスにかける人手が削減されました。また、リアルタイム株価サービスやシミュレーションをはじめとするさまざまな金融情報がWebを介して提供され、利用者の金融知識の底上げにもつながりました。

無線通信の発展に伴う活用の拡大

無線通信の利用も、2000年代以降急速に広がっています。社内LAN向けでは、無線免許が不要である**Wi-Fi**（IEEE 802.11a/b/n他）の標準化が進み、急速に広がりを見せつつあります。一方、WAN向けでは、日本国内では1999年のiモード提供以降、世界的には3G（W-CDMA、CDMA2000）以降、モバイルでもパケット通信による常時接続の活用が急速に拡大しています。さらに近接無線技術である**Bluetooth**や**非接触IC**（**NFC**：Near Field Communication）、衛星からの電波を利用した測位システム（GPS）も利用されています。これらは非接触ICカードなどによる決済サービスや、保有属性や位置情報を利用した認証サービスなどに活用されています。

これらの通信技術の発展、通信速度向上、スマートフォンに代表されるモバイル機器の高性能化により、高度なサービスの利用が広がっています。さらに有線・無線を問わず広帯域で高速なデータ通信環境が普及したことで、さまざまな端末から大量のデータを収集できるインフラが整いました。

これらの技術を活用し、金融機関では**モバイル端末を利用したサービス**が広がっています。場所を問わずオンライン処理が可能であることを

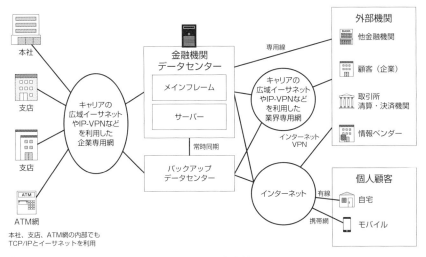

◆金融機関の2000年代以降のネットワーク構成例

活かし、たとえば客先から社内システムにアクセスして情報を閲覧したり契約を締結したりする、あるいはモバイル端末で電子決済を行う、といったことが挙げられます。顧客サービスの観点では、モバイルバンキング、モバイルトレードなど、いつでも使える金融サービスの提供につながり、利便性が向上しています。

　今後はIoT（Internet of Things）など点在するセンサーからの情報を常時収集し、それを金融サービスに応用することも想定されます。顧客の健康情報を常時収集し、状況に沿った保険を提供することがその一例です。

　なおインターネットの利用拡大とともに、社内システムが公衆回線に接続され、外部からのサイバー攻撃を受けることが頻繁に起こるようになりました。さらにモバイル利用が増加し、どこからでも社内システムにアクセスできるようになったことで、一層攻撃を受けやすくなってきています。攻撃によるシステムの誤作動や障害により自社のビジネスはもちろん、金融システム全体に致命的な影響をもたらす可能性が生じており、金融機関では近年セキュリティ対策を強化しています（第6章参照）。

◆通信技術とサービスの変化

28

1-7 情報処理手法の変化
基幹系、情報系とバッチ処理、オンライン処理

金融システムの特性によるシステム分類

　金融システムは、取引処理（トランザクション）の管理に関わる**基幹系システム**（勘定系システムとも呼ばれます）と、市況や金融商品、顧客に関する情報を提供する**情報系システム**に大別されます。

　基幹系システムは金融機関の基幹業務を支える役割を担っており、一度障害が発生すると業務に甚大な影響を与えることになるため、システムに対して高い可用性とセキュリティが要求されます。一方、情報系システムは、当初は業務効率化とステークホルダー間におけるコミュニケーション向上を目的に導入が進められてきました。しかしながら、近年においては、会社の経営戦略や営業に伴うマーケティングにも活用されるなど、企業の収益に直結するようになっており、重要度の観点ではもはや基幹系システムと双璧をなしているといえるでしょう。

オンライン処理とバッチ処理

　また金融システムを処理方法の観点で見ると、「オンライン処理」と「バッチ処理」に大別できます。

・バッチ処理（Batch Processing）

　バッチ処理はその名の由来（Batch：群れ、束）にある通り、データを一括して処理することを意味します。たとえば顧客口座の残高更新や振込・支払について、一定期間内に蓄積された大量の業務データを定期的にシステムに投入・処理する方式です。コンピュータが導入され始めた1950年代、処理プログラムやデータを記載した紙製のパンチカードを取りまとめ、これを処理したことがバッチ処理の原型とされています。

さらにコンピュータが依然として高価であったメインフレーム全盛の時代、資源の無駄を極力なくすよう、システム処理の順番をスケジューリングして共有する必要性からバッチ処理が急速に普及しました。
　バッチ処理のメリットとして、一度、処理を設定すれば、基本的に完了するまで人手がかからず、人的ミスの防止にもつながっています。一方、デメリットとして、システムが大幅に改修されることなく長期間運用される傾向が強く、限られた技術者しかプログラムの全容を把握していないケースが多いために、ブラックボックス化しやすいことが指摘されています。

・オンライン処理（Online Processing）
　オンライン処理とは、クライアント端末が通信回線を通じてホストコンピュータやサーバーに接続し、データ処理をリアルタイム・ベースで実行することを表します。オンライン処理に適する業務はATMやクレジットカード決済、オンライン上での株式売買などで、その性質上、処理結果を即時に反映させる必要がある業務内容であることが理解できると思います。
　オンライン処理のメリットは前述の通り、即時に処理を実行することにあります。またデメリットとしては、バッチ処理と比較して、大量のトランザクション処理には不向きであることが挙げられます。

・センターカット処理（Center Cut）
　さらに、両方の処理特性を混在させた処理「センターカット処理（オンライン・バッチ処理）」もあります。センターカット処理とは、オンライン処理と同様、クライアント端末からホストコンピュータに対して即座に処理要求を行うものの、受け付けた要求はいったん、実行留保します。そしてその間、データを蓄積させることでまとめて処理を実行する方式です。

バッチ処理とオンライン処理の議論

　最近ではコンピュータの処理性能が飛躍的に向上する反面、価格は下落していることもあり、以前と比較すればコンピュータの利用効率は問われなくなりました。したがってバッチ処理の重要性は薄れたとする意見も耳にします。

　しかしながら、IoTとビッグデータ分析の普及に伴い、処理しなければならない情報量が飛躍的に増加していることは事実です。大量のデータを処理する点においては、むしろバッチ処理の重要性は一層増加していると思います。

　さらにITインフラの観点で考察すれば、金融システムにおいても自社内で運用管理する形態から、外部企業が提供するクラウドサービスへの移行が顕著となっています。従量課金制を敷くクラウドサービスを利用するにあたっては、システム資源を可能な限り有効活用する意識が強まることが想定されることから、ある意味でメインフレームを大々的に活用していた時代に回帰するのではないでしょうか。

1-8 端末の変化

端末の高度化と集中処理・分散処理

端末とサービスの変化

　ハードウェアやソフトウェアの進化は、個人やビジネスのニーズ変化に合わせる形で端末を大きく変貌させました。端末は人を含む現実の世界とコンピュータとをつなぐ窓口であり、その進化は提供サービスに大きなインパクトを与えました。

ダム端末からPC、さらにブラウザへ

　1950年代に登場したメインフレームは大量の処理が行える反面、非常に高価であったため、金融機関では文字の表示とキーボード入力のみが行えるダム端末を多数接続して利用する形態が一般的でした。その際、非常に短い時間ごとにメインフレームを利用できる端末を入れ替える**TSS**（Time Sharing System：時分割処理方式）を利用し、CPUを共有して処理を行っていました。

　1980年代後半から90年代にかけては、マイクロプロセッサの進化により、PCの普及が進みました。ダム端末とは異なり、PCでは端末利用者ごとのPCのCPUを利用してデータ処理できます。また、画像や動画、音声などを扱うことも可能になりました。処理はサーバーとクライアントとに分散し、サーバーは共通処理のみを行う形に進化しました。PCのコモディティ化とともに、個人でもPC所有が増えていきました。

　集中から分散をたどってきた潮流は1990年代後半よりまた集中へと変化していきます。Webブラウザの表現力や機能の拡充が進み、処理がブラウザ中心となっていったためです。モバイル端末も普及し始め、端末種が多様化したことで、その形態に依存しない処理が必要になってきたこともブラウザ活用が進んだ背景にあります。

モバイル化とコモディティ化

　2000年代に入りPCなどの端末の小型化やコモディティ化が進むとともに、コモディティ端末が普及し、これまでとは異なる端末利用が広がりました。たとえば、スマートフォンなどのモバイル端末により、PCと同様の環境がいつでもどこでも利用できるようになりました。さらに、「どこでもコンピュータが存在している」ユビキタスコンピューティング概念の発展形ともいえる**IoT**が定着しつつあります。IoTでは社会全体に配置されたセンサーなど多様な端末がインターネットにつながり、大量の情報を集約すると同時に処理の指示を受けることができます。

　このような背景のひとつとして、**クラウドコンピューティング**の普及があります。PCやモバイル端末の利用者は、クラウド上のデータやサービスが利用できます。スマートフォンのような高性能で安価な情報処理端末による場所を問わない情報の活用や、IoT用端末による自動化など、高度なサービス提供につながっています。

　その一方で、コモディティ端末では定型作業が非効率になる場合や、利用者にとってわかりにくい場合もあります。その場合、作業に特化した専用端末が有効です。たとえば、ATMなどは専用端末の一例です。専用端末は高価になりがちでしたが、最近ではコモディティ製品の転用拡大や製造技術や手法の進化などにより、比較的小ロット・低価格で入手しやすくなり、利用が広がっています。

　これらの流れから、「集中」・「分散」、「専用」・「コモディティ」、「固定」・「モバイル」を柔軟に組み合わせ、ビジネスニーズにより適切な端末を利用しやすくなっているのが最近の傾向です。

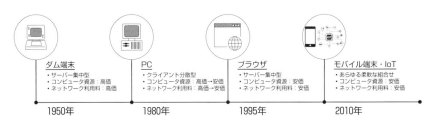

◆端末の推移

1-9 プログラム開発と開発技術の変化
プログラム言語と開発手法の変化

ウォーターフォール型からアジャイル型への変化

　システム開発は、大きく要件定義、外部設計、内部設計、開発、テスト、リリースといった工程に分けられます。金融機関のシステム開発では、当初は既存業務のシステム化が一般的であり、また開発規模が大きかったことから、工程ごとに関係者が承認し、次の工程に進む**ウォーターフォール型**の開発が広く採用されていました。これは手戻りを防ぐ技法として大規模システムの開発に適している一方、前工程の完了後に後工程に着手するため待ち時間が発生しがちです。また、基本的には完了した工程には立ち戻らないため、開発期間中の要件の変更や環境変化には柔軟に対応できません。

　一方、近年金融サービスでも、ビジネス環境や顧客ニーズの急速な変化への対応が求められています。このため、スピードと柔軟性を重視した**アジャイル型**の開発も利用されています。アジャイル型では、依頼主とエンジニアが共同でチームとなり、イテレーションと呼ばれる短期間の開発サイクルを繰り返します。各サイクルでは優先度の高い機能から順番に実装・リリースし、その時点で依頼主・利用者などの関係者に「最大の価値がある」製品提供を目指します。実際に稼働するものを早期に提供しそれを依頼主が利用するため、仕様の誤りや要件漏れ、要件の変化に早期に気付きやすくなり、その結果、手戻りを減らすことが狙いです。また、利用時の実際の評価を受け、仕様を修正できるという特徴もあります。

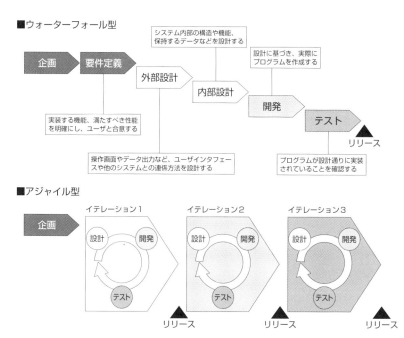

◆ウォーターフォール型とアジャイル型

UI/UXを重視した開発

　現在開発において注目されている考え方に、製品を利用する過程に注目する **UX**（User Experience）が挙げられます。UX改善に向け、使い勝手や信頼性などを重視した設計を行うというものです。利用者のUXは画面表示やキーボード入力などの **UI**（User Interface）を通じて提供されるため、UI改善こそがUX改善の中心的な問題になります。

　セルフサービス型の利用増に伴い、金融機関のサービス提供でもUI/UXは近年一層重視されてきています。システム利用者層が拡大し、誰でも簡単・快適にシステムを利用できる必要が出てきているためです。さらに、スマートフォンやAIスピーカー、各種センサーなどのデバイスが普及し、PCに比べ直感的で多様な入出力方法が広がったことも注目が集まる一因です。一方、UI/UXを重視することは利用者の増加につながるだけでなく、コスト削減が期待できます。作業時間やトレーニ

ングの削減、オペレーションミスの軽減などにつながるためです。

　UI/UXを重視した開発を行うためには、利用者の声をプロダクトに反映させる必要があります。このため、前述のアジャイル開発に加え、システム開発と運用の連携を深め、実際の利用状況からニーズを洗い出し、システムを修正する**DevOps**（DevelopmentとOperationsの組合せ）と呼ばれる手法も利用されてきています。

開発技法の変化に伴う開発言語の変化

　開発技法が変化していく中、金融機関で開発に使用される言語や手法も変化しています。1950年代のシステム導入当初は、コンピュータが最も処理しやすい数字の羅列で記述する機械語、さらにこれに名前（ニーモック）を付けてプログラミングしやすくしたアセンブラ言語が利用されました。1960年代以降にはCOBOLやC言語など、①人間に理解しやすい数式や英語表現を利用、②コンピュータの機種に依存せず共通して利用できる文法体系、③どのように処理するかの手順を記述（手続き型言語）、の特徴を持つ第三世代言語の利用が広がりました。

　その後、Javaに代表される**オブジェクト指向言語**が出現し、現在では広く使用されています。オブジェクト指向とは、必要なデータと処理手順をオブジェクトとして部品化し、それらを組み合わせてプログラム構築する方法です。手続き型言語と異なり、個々のオブジェクトの振る舞いを記述する一方、処理方法はコンピュータに任せます。部品化と再利用が有用であることは、システム開発初期から認識されており、オブジェクト指向では効率的な利用方法が提供されています。

　主な方法として、ある部品のベースに詳細な機能（メソッド）を変更（オーバーライド）、または追加して新たな部品を構成する継承（インヘリタンス）が挙げられます。抽象的なオブジェクトから具体的なオブジェクトを構成するといった、部品の再利用が行いやすくなっています。これはさまざまなオブジェクトの同じメソッドを利用する場合、呼び出し方法を変更しなくとも適切な動きをする（多相性、ポリモーフィズム）点でもメリットがあります。

■継承
あるクラス（※）の持つ機能をすべて持たせた上で、別のクラスを生成すること

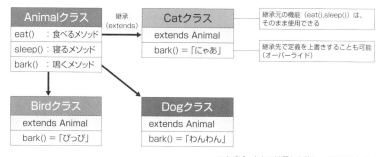

※オブジェクトの性質を定義し、型となるもの

■多相性
継承先で機能の上書きを行うことで、同じ機能に同じインプットを渡しても、オブジェクトによって振る舞いが異なること

◆オブジェクト指向における継承・多相性

スクリプト言語の広がり

　これまではプログラムを機械語に変換する「コンパイル」が必要な言語が大半でしたが、最近ではこれが不要な**スクリプト言語**の利用も広がっています。プログラムの実行が簡単なため、テストと修正を繰り返す用途に向いています。文法がシンプルで学習しやすい場合も多くあります。一方、実行速度が遅くなりがちなこと、実行時の処理が実行環境に依存しやすく複雑な処理の記載が難しいことなどがデメリットです。

　金融サービスでも、アジャイルなUI/UXを重視する開発の広がりに合わせ、この分野に適したスクリプト言語の利用が広がっています。現在最も広く利用されているのは、Web画面のインタラクティブな処理やサーバー側処理に適用される**JavaScript**、システム管理やAIのプログラムで利用される**Python**などが主な例です。

EUCとオフショア開発の広がり

　システム開発規模の拡大により、開発形態も多様化しています。たとえば、業務上必要な簡単な集計処理や帳票の軽微な修正などの簡易で細かな要件に対し、ユーザ自らが開発を行う **EUC**（End User Computing）も広がっています。EUCは、エンドユーザのPC上で稼働することが一般的です。オフィスツールのマクロや簡易的な言語で開発される例が多く、MicrosoftのWindowsやOffice上で稼働するVisual Basic言語とExcelマクロが幅広く利用されています。ボタンなどのパーツをマウス操作で配置して画面デザインを行えるなど、簡易なアプリケーションやツールなら短時間で作成可能です。

　一方、大規模なシステム開発では、技術者確保に加えコスト削減の要請も強く、海外企業にシステム開発を委託するオフショア開発が増加しています。国内で要件定義や基本的な設計を行い、人件費が安く技術者が多い国の企業に詳細設計やプログラム、テストを委託することが一般的です。反面、コミュニケーションの問題が発生しやすいという課題もあり、開発手順や設計書・成果物の標準化や、テレビ会議の利用などの対策がとられています。

第 2 章

金融業界のシステム

2-1 銀行のシステム
銀行の三大業務とシステム

銀行業務とは？

　銀行では、さまざまな業務が行われています。中でも「**預金**」「**貸付（融資）**」「**為替**」は銀行の三大業務と呼ばれ、主要業務とみなされています。本節では、これらの業務を中心に銀行の業務とシステムについて説明します。

　個人や法人顧客が預けたり引き出したりする資金を管理するのが預金業務です。預金の種類は、常時引出が可能な**流動性預金**と、原則一定期間引出が不可能な**固定性預金**に分けられ、それぞれ一般的な商品として普通預金と定期預金が挙げられます。

　一方、顧客から預かった資金を別の個人や法人顧客へ貸し付け、一定の利子を受け取り、運用するのが貸付業務です。**手形貸付**や**証書貸付**（住宅ローン、自動車ローンなど）、**貸付有価証券**などがあります。

　振込による送金など、銀行口座間の資金決済をするのが為替業務です。これは**内国為替業務**と**外国為替業務**とに分けられます。資金決済をする双方が日本国内かつ、日本円での資金決済をするのが内国為替業務です。また資金決済の一方が日本国内で、もう一方が外国である場合や、日本円以外の資金決済をするのが外国為替業務です。

銀行の主要なシステム

　銀行システムは、一般的に預金・貸付・為替業務に関わる**勘定系システム**、外国向けおよび外貨関連処理を行う**国際系システム**、国債など運用管理に関わる**資産管理系システム**、外部システムとの接続を管理する**対外接続系システム**、為替や金融商品、顧客情報などを提供する**情報系システム**や一連の**周辺系システム**（営業店システム、ダイレクトチャネ

ルシステム他、下図参照）などから構成されます。

対外接続系システムは、銀行間の内国為替取引をオンラインで行うための全国銀行データ通信システム（全銀システム）や、日本銀行が運営する日本銀行金融ネットワークシステム（日銀ネット）、各金融機関が保有するATM（Automated/Automatic Teller Machine）・CD（Cash Dispenser）などを中継する統合ATM、クレジットカードオーソリゼーション（与信照会）ネットワークのCAFIS（Credit And Finance Information System）などの外部システムと銀行システムとの接続を管理しています。銀行システムは非常に大規模なシステムであるため、ここでは重要度の高い勘定系システムと、対外接続系システムが接続する全銀システム、日銀ネットを中心に説明します。

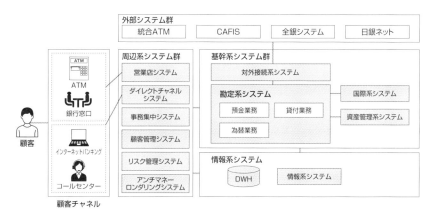

◆銀行システムの全体像

勘定系システムと預金業務・貸付業務

勘定系システムは銀行の三大業務を処理していることから、銀行業務における最重要な基幹系システムのひとつで、これらの業務の会計勘定を管理しています。これは、一般的な複式簿記による帳簿を管理するシステムと考えることができます。

預金口座の入出金（預金業務）、手形などによる貸付やその回収（貸

付業務)、口座振込(為替業務)など、あらゆる取引で該当する勘定科目と取引金額が伝票として起票されます。勘定系システムでは、これを勘定科目ごとに仕訳した上で、個々の勘定項目ごとにまとめた元帳やそれらを集約した総勘定元帳として管理します。必要に応じて、預金残高などを管理することもあります。

　勘定系システム上では取引時の処理内容に応じ、**オンライン処理**、**センターカット処理**(オンライン・バッチ処理)、**バッチ処理**がそれぞれ利用されています。ここでは、まずは預金業務を中心にこれらの処理を見ていきましょう。

　たとえば、ATMから現金を引き出すと、引出後の残高が画面に表示されます。これは、口座からの入出金の都度、オンライン処理で口座残高を更新して表示するためです。システムでは、まず紛失・盗難登録がされた口座の不正利用でないかなどのチェックが行われます。そして、出金希望額に十分な残高があれば、取引金額の出金を記録し、その額を残高から引きます。また、現金(資産の減少)と普通預金(負債の減少)伝票も起票し、総勘定元帳に対して適用します。

　センターカット処理はオンライン取引で通常行うような処理を、大量に一括してバッチ処理として処理する方式です。この際、オンライン処理と同様に1件ずつ伝票を作成し処理がなされます。給与振込や利息計算がその代表的な取引です。オンライン処理とセンターカット処理では、そのタイミングによっては、出金・入金の順番次第で口座残高不足と判定され、本来問題のない処理を行えない場合があり得ます。システム構築の際には、このような処理に注意してロジックを調整しています。

　バッチ処理では各種帳票の作成や、勘定系システム以外のシステムに転送するファイルを作成します。たとえば、情報系システムには取引情報などを転送しています。これらは累積され、データ分析し、マーケティング活動や不正送金などの異常取引分析に活用しています。また、当日中にオンライン処理で行われた総勘定元帳への書込みについて、内容を照合の上バッチ処理で再度書き込み、正式版の総勘定元帳を作成する場合もあります。

次に、貸付業務システム処理の概要を説明します。貸付業務は一般的に下図の流れで行われます。

◆貸付業務の流れ

銀行は申込みを受領すると、まず貸付の可否を審査するために過去の貸付状況、信用情報、財務状況などを確認し、貸出先の個人や企業が破たんしないかの安全性分析を行います。また、確保できる担保の確認やその評価もあわせて行います。これには、財務分析システムや信用格付けシステム、信用情報照会・登録システムなどを用います。

この結果から担当者は貸出説明用の書面を作成し、関係者に承認を依頼します。これを**稟議**（りんぎ）と呼びます。稟議は銀行内の関係者が回覧して承認後、責任者が最終的に決裁します。その後、契約を締結し申込者の口座に銀行から入金、また返済条件に合わせて貸付回収を行います。なお、財務状況や信用状況を基にした審査は一度ではなく、貸出期間中、随時かつ継続的に行われます。

個人や企業そのものではなく、大規模なインフラ事業などのプロジェクトを主体として貸出を行うプロジェクト・ファイナンスも増加しています。この際、プロジェクトの予想収益を評価し、融資を行います。担保はそのプロジェクトの資産を対象にして行われます。

為替業務と全銀システム、日銀ネット

為替業務では、基幹系システムと対外接続系システムを連携して処理を行います。この際、日本国内で主に利用されるのは、**全銀システム**と**日銀ネット**です。

一般社団法人 全国銀行資金決済ネットワーク（全銀ネット）が運営する全銀システムは、全国ほとんどの金融機関（1,276行、31,303店舗〈2018

43

年9月末時点〉)をオンラインで接続しています。そのネットワークを介して銀行間の内国為替取引に伴う為替通知がリアルタイムで行われています。為替通知とは、送金元である仕向銀行と送金先である被仕向銀行との間でやりとりされる送金情報を指します。全銀システムでは1日平均約645万件、12兆円(2017年)の為替通知処理を行っています。

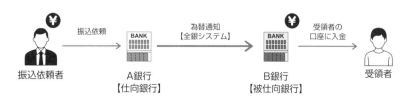

◆送金為替フローの例

　また全銀システムでは、**セントラル・カウンターパーティ**(CCP)としての役割も担っています。下図左側のように、3行がそれぞれ取引をするのではなく、右側のように全銀システムが集中的にすべての取引相手となるとともに、取引を1日ごとに取りまとめ、相殺(ネッティング)して差分のみの決済を行います(清算)。

　この方法により、為替取引は各金融機関と全銀システムの間で完結することとなります。これにより取引先銀行が倒産するなどの場合でも、決済リスクの影響拡大を最小限に抑えられています。また、リスク発生時の支払いに充足するため、全銀システムには各金融機関が担保などを差し入れています。

　こうして全銀システムが清算した決済指図データは、次ページの図の

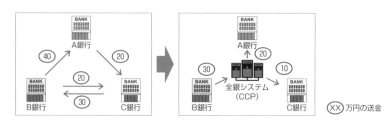

◆全銀システムにおける資金清算の仕組み

ように日本銀行金融ネットワークシステム（日銀ネット）に送信され、資金決済が行われます。日銀ネットとは、日本銀行が運営し、金融機関が日銀に預けている当座預金を用いて資金決済をオンラインで行うコンピュータ・ネットワークシステムです。

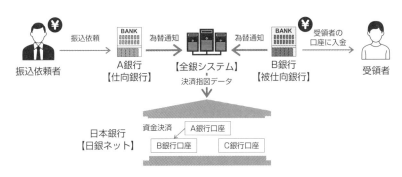

◆**全銀システムと日銀ネット**

なお、決済金額が1億円以上の大口為替取引の場合、決済不履行のリスクが大きくなるため、全銀システムでは取りまとめ（ネッティング）られず、日銀ネットの**RTGS**（Real Time Gross Settlement：即時グロス決済）によって、取引ごとにリアルタイムベースで資金決済が行われます。たとえば、次ページの図のように、A銀行が支払う1.5億円は他の取引と取りまとめられることなく即座に日銀で資金決済された後、為替通知がB銀行へ送られます。1億円以上の取引は、件数ベースでは為替全体の0.2%ですが、金額ベースで見ると70%程度を占めます。

周辺系システムと情報系システム

銀行では、三大業務を支援する勘定系システムのほか、銀行業務において重大な役割を果たす情報系システムや周辺系システムが存在します。そして、必要に応じて勘定系システムと連携する形になっています（ハブアンドスポーク構成）。

まず周辺システムに注目すると、店舗の窓口業務やATM、コールセンター、インターネットバンキングなどの顧客チャネルが挙げられます。

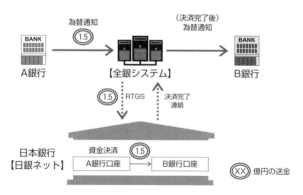

◆1億円以上の為替取引（日銀RTGS利用）

これに加えて、各チャネルを管理するとともに、個々の業務向けに必要な情報や提案資料を提供する**営業店システム**や**ダイレクトチャネルシステム**があります。これらのチャネルを通じた各業務で発生する事務処理に対しては、**事務集中システム**が構築されています。

一方、ガバナンスの観点からは**リスク管理システム**も導入が進んでいます。これにより、収支管理に加え、流動性や財務健全性の確保、貸付先の状況管理、保有する証券の価格変動管理、資金調達のコスト管理などが行われています。

また内部監査機能として、さまざまな事務作業やシステム処理が正しくなされているか、後日の監査で確認できる必要もあります。そこで、監査証跡を取得し、安全に保管できるような**監査システム**も導入されています。

さらに、反社会勢力との取引防止やマネーロンダリング（犯罪等による収益の出典を隠蔽するための取引）対策が重視されてきており、その対応のため、**アンチマネーロンダリングシステム**の活用が進んでいます。

情報系システムに注目すると、マーケティング実施の観点から見れば顧客データ、取引データ、外部データなどを集約した**データウェアハウス**（DWH）の導入が一般的になっています。**顧客管理システム**（CRM：Customer Relationship Management）との連携により、進学や定年など顧客の各種イベントを利用したプッシュ型のマーケティングが実現さ

れています。また、不正取引をチェックする場合にもDWHが利用されています。

◆勘定系以外のシステム

システム名	説明
営業店システム	・営業店運営で利用する ・窓口端末やATMなどの各種端末の表示・処理・管理、紙幣、貨幣、伝票などのモノの管理といった関連するさまざまな業務を行う
ダイレクトチャネルシステム	コールセンター、インターネットバンキングといったダイレクトチャネルを管理し、各業務を効率的で安全に行う
事務集中システム	事務センターに集約された事務作業を支援する
リスク管理システム	・コーポレートガバナンスや各種リスクを管理する ・収支や財務健全性、流動性や貸付先の状況、証券等保有資産の価格変動、資金調達のコストなどを把握・管理し、環境変化やトラブル発生時のこれらの変化(リスク)への耐性を分析する
監査システム	処理の正当性を証明する監査対応で利用する、事務作業やシステム処理の証跡を取得し、それらを安全に保管する
アンチマネーロンダリングシステム	反社会的勢力との取引チェックやマネーロンダリング対策を行う
データウェアハウス(DWH)	・顧客データ、取引データ、外部データなどを集約する ・マーケティングや不正取引状況などの分析活動に利用する
顧客管理システム(CRM)	顧客の各種情報(個人情報、企業情報)や取引履歴、コンタクト履歴などを一元管理する
資産管理系システム	銀行の国債などの資産を運用・管理する
国際系システム	・外国向け処理を行う ・多通貨・多言語に対応した国際勘定系システムや外国為替システム、SWIFTなど

2-2 クレジットカード会社のシステム

クレジットカードにおける決済のシステム

クレジットカードの決済とは？

　クレジットカードの決済とは、カード利用者の「信用（Credit）」を基にした後払いの仕組みです。前払いのプリペイドカードやリアルタイム決済のデビットカードとは異なり、カード加盟店での支払いの際にカード発行会社がカード利用者の代金を無担保で立て替えます。そのため、カード利用者に支払い能力があるかどうか、カード発行会社は事前に信用状況の審査を行います。カード発行会社はカード加盟店からカード利用時の手数料に加え、利用者が分割払いやリボ払いを選択した場合、利用者から手数料などを得ることができます。

　クレジット決済ではカード発行を行うカード発行会社以外にも、加盟店との契約管理を行う加盟店管理会社あるいは決済代行会社、またそれらの関係者に国際クレジットブランド使用権、セキュリティ対策やオーソリゼーションネットワークを提供するブランドホルダーなどの関係者が存在します。主な収益は手数料収入によります。

　日本クレジット協会の統計によれば、クレジットカード発行枚数は、2.7億枚（2017年3月末）、年間のクレジットカードショッピング信用供与額は58兆円（2017年）に上ります。

クレジットカード決済に関わる処理の流れ

　クレジットカード決済の主な処理の流れは、次のようになります。

①審査・申込み

　カード発行会社は審査が通った申込者との間に契約を結ぶことで、クレジットカードを発行します。

◆クレジットカードビジネスにおける関係者

関係者と例	提供サービスとシステム
ブランドホルダー（国際ブランド） 例：VISA、Master Card、JCB	オーソリゼーションネットワーク提供、決済サービス提供、セキュリティ対応など
カード発行会社（イシュア） 例：三井住友カード、楽天カード、JCB	国際ブランドライセンス契約、カード発行、代金請求・支払い、セキュリティ対応など
加盟店管理会社（アクワイアラ） 例：三井住友カード、楽天カード、JCB	国際ブランドライセンス契約、加盟店契約・管理、代金請求・支払い、セキュリティ対応など
決済代行会社 例：ソフトバンクペイメントサービス、GMOペイメントゲートウェイ	加盟店契約・管理、代金請求・支払い、セキュリティ対応など
カード加盟店 例：各種商店、オンラインストア	―
オーソリゼーションネットワーク 例：CAFIS、VisaNet、Gpnet、CARDNET	オーソリゼーションネットワーク提供、決済サービス提供、セキュリティ対応など

②**加盟店契約**

　店舗は加盟店管理会社あるいは決済代行会社と契約を結ぶことでカード加盟店になります。

③**カード利用**

　カード利用者はクレジットカードが利用可能な店舗やWebサイトなどカード加盟店でカードを用いて商品やサービスを購入します。

④**決済情報・代金請求**

　加盟店管理会社あるいは決済代行会社は、送付された決済情報に基づき、カード発行会社に代わりカード加盟店が負担する手数料を差し引いた代金を支払います。

⑤**加盟店管理会社・決済代行会社への代金支払い**

　カード発行会社は、送付された決済情報に基づき加盟店管理会社あるいは決済代行会社に④の代金を支払います。

⑥カード発行会社への代金支払い

カード利用者は、事前登録した銀行口座からの月次の引き落としなどにより、カード発行会社に代金を支払います。

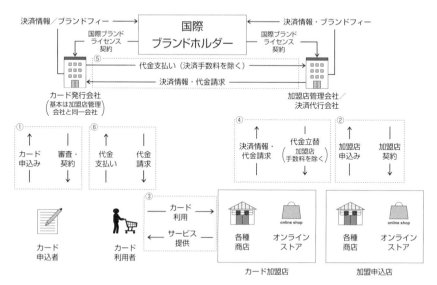

◆クレジットカード決済システムの処理の流れ

クレジットカード会社のシステム

　クレジットカード決済に関わるシステムはカード発行会社や加盟店管理会社、決済代行会社のいずれかが保持し、主に会員管理、与信管理、取引管理をつかさどる**基幹系システム**や、**決済システム**、**情報系システム**、**カード発行システム**などで構成されています。

　カード加盟店でカード決済をすると、ブランドホルダーあるいは各種事業者が提供する**オーソリゼーションネットワーク**を通じて加盟店管理会社や決済代行会社のシステムに決済情報が送られます。その後、利用したカード発行会社の基幹システムがデータを受け取ります。なお、日本では多くの場合、加盟店管理会社とカード発行会社は同一です。

　基幹システムの与信管理機能では、カードの有効性の確認や支払額が

限度額を超えていないかの与信照会（オーソリゼーション）がリアルタイムで行われます。また通常の利用パターンと比較し、セキュリティの観点から利用を承認しない場合もあります。その結果に問題がなければ、基幹システムは決済情報を保管した上で、カード加盟店に承認番号（オーソリゼーションコード）を送信し、決済成立となります。一般的に、この処理にかかる時間は1件当たり平均1～2秒です。

　決済情報を基に、決済システムを通じ代金請求や支払いも行われます。カード発行会社は加盟店管理会社や決済代行会社を通じ、加盟店に加盟店手数料や決済手数料を除いたカード利用代金を支払います。また、カード利用者からも代金を徴収します。これらは基本的に月次のバッチ処理で計算され、各金融機関と決済システム間で決済を行います。最近では、Webサイトで直近の決済情報の閲覧や毎月の支払額の変更（リボ払い）設定、キャンペーン案内なども提供されています。さらに、各関係者でデータ分析によるマーケティング活動や、利用者や加盟店のリスク分析、セキュリティにも活用されています。

　クレジットカード業界のシステムは会員情報保護のため高度なセキュリティを維持する必要があり、PCIDSS（Payment Card Industry Data Security Standard：ペイメントカード業界データセキュリティ基準）が業界の基準になっています。

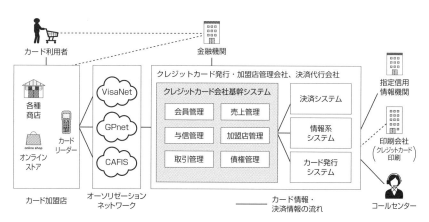

◆**一般的なクレジットカード会社システムの構成**

2-3 証券会社と取引所・決済機関のシステム

証券売買と決済のシステム

証券会社のサービスとシステムの全体像

証券会社では、下表のようなさまざまな業務を行っています。

◆証券会社の主な業務

業務名	業務内容
投資銀行業務	企業の資金調達や企業買収をサポートする
プリンシパル業務	自社資金を用いて企業の資金調達や企業買収をする企業に投資を行う
プライマリー業務	企業が発行した株式や債券などを投資家に販売する
セカンダリー業務	発行済み株式・債券を売買する
プロップ業務	自己資金により証券の売買を行う
オリジネーション業務	自社で証券を発行する
投資相談・アドバイス業務	投資家の資産管理をサポートする

これらの業務は、年金基金や投資信託などの機関投資家、大企業を対象とするホールセール業務、個人投資家や中小企業向けのリテール業務という形でも分けられています。

システムの構成は、証券の売買や決済に関わる**基幹系システム**、証券価格や商品情報、顧客情報などを提示する**情報系システム**、営業員端末やコールセンター、顧客管理システム（CRM）、機関投資家向けの受注システムなどの**対顧客システム**、官庁や顧客向けの**報告システム**などが構築されています。

商品・顧客ごとに制度や業務が異なることも多く、1つの業務にシステムが複数構築されている場合もあります。一方、投資銀行業務に関わるシステムは、多くの場合、案件や顧客を管理するシステムが別途構築されています。全体の情報を取りまとめ、リスク管理、コンプライアンス管理、会計を行うシステムも整備されています。これらのシステムは、

取引所、清算機関、CSD（Central Securities Depository：証券保管振替機構）、決済銀行、情報などを提供する金融ベンダーなどと接続されています。

本節では、証券会社の要である基幹系システムを中心に説明します。

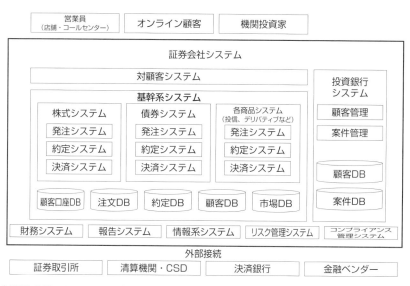

◆証券会社のシステムの全体像

株式売買と取引所のシステム

証券の売買では、直接取引を行うのではなく証券会社を通して行うことが一般的です。これは、取引相手の効率的な探索や、適正な価格での取引（**価格発見**）を実現する効果があります。取引相手を探すためには、証券取引所に取引を集中させて探す場合と、証券会社が相手先を探し直接取引する場合（**相対取引**）とがあります。後者の場合、証券会社自体が取引相手となることや証券会社が顧客ニーズに合わせて証券を作り出して販売する場合もあります。

株式の場合は取引所を利用することが多く、投資家が証券会社に売買注文を出し、その注文が適切であれば取引所に注文を取り次ぐ流れにな

ります。注文の際には、価格を指定する**指値注文**と、価格を指定せず最適な価格での取引を取引所に依頼する**成行注文**があります。

　取引所では注文を集約し、価格発見のためのルールにのっとり売買を付け合わせます（**マッチング**）。よく利用されているルールは「価格優先の原則」「時間優先の原則」を組み合わせた「価格・時間優先の原則」ですが、他のルールが適用される場合もあります。取引所は現在の注文状況を基に、ルールに沿って売買注文の双方をマッチングさせます。これはリアルタイムで行われることが多い（**ザラバ**）ですが、特定時間まで注文を集めた後マッチングする方式（**オークション**）も併用されています。マッチングが成立した場合（**約定**）、注文元の証券会社に結果が通知されます。また、約定結果は次項以降で説明する清算機関にも連携されます。注文や株価、約定価格などの市場情報は証券会社や金融ベンダーに配信されます。

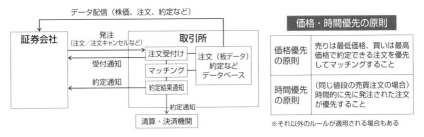

◆取引所の処理とシステム

株式の注文と約定のシステム

　証券会社での株式の注文受付けでは、投資家は対顧客システムを経由して対象の売買・銘柄・株数などの情報を証券会社に伝えます（次ページ上図①）。証券会社では顧客が保有する株式などの口座残高（余力）を基に発注可否を判断（与信）し、またインサイダー取引などの法規制についてのチェックも行います（②）。その後、証券取引所にデータ送信するとともに、注文データベースにも登録します（③）。

　マッチングが成立した場合、取引所から約定を受け取ります（④）。

これは証券会社から対顧客システムを経由して営業員や投資家に通知されます。この際、1,000株中100株のみ成立のように、注文の一部のみがマッチングする場合もあるため、注文データベースとの照合も行います。

さらに証券会社では手数料や税金を計算の上、投資家の受渡金額などを計算し、証券会社内で利用する約定を作成します（⑤）。顧客口座DBの更新もあわせて行い、余力を把握します。

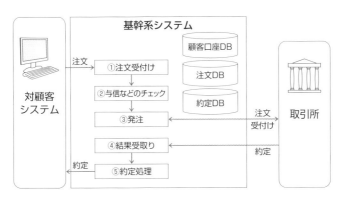

◆注文・約定処理

取引時間終了後、取引所から証券会社には1日の売買結果が配信されます。自社の約定結果と照合（下図①）し、問題がなければ夜間のバッチ処理にて仕訳処理を行った上で顧客残高を更新します（②）。また、取引報告書などの各種報告書を作成し、報告システムなどで管理します（③）。

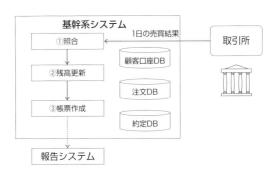

◆取引当日夜間の処理

株式の決済システム

　取引の翌日以降、資金や証券の受渡（決済）に向け、準備を行う必要があります。資金については、証券会社全体の資金の出入りを確認し、必要な資金の調達（資金繰り）に向けたデータを作成します（下図①）。また勘定項目ごとに仕訳処理を実施して、会社全体の会計データを作成し会計システムと連携します（②）。これを受け決済日（日本の株式では取引の3日後）までに銀行に必要な資金を準備し、現金を受け渡します。

　証券の受渡も同様に行います。旧来は紙の証券券面を運搬し受け渡していましたが、現在では大半の株式で券面を**CSD**が預かり電子化しています。この場合、各証券保有者がCSDに口座を持ち、その口座で残高を管理しています。日本では完全に電子化が進んだため、証券の受渡はCSDにあたる証券保管振替機構（保振）のシステム内で口座振替を行います。これは、後述するように清算機関からの指示によります。

　なお、日本では証券会社単位でCSDに口座を持ち、個人投資家の持ち分は証券会社が管理しています。また機関投資家は受託銀行がCSDに口座を保有しており、個別投資家の持ち分は受託銀行が管理しています（2-4参照）。証券会社ではCSDより決済予定を受け取って確認（③）した上で、基幹システム内の顧客残高を、決済処理に合わせて更新します（④）。

　取引所は、約定結果を**清算機関**に送付します。ひとつひとつの取引ごとに証券会社間で証券と現金のやりとりを個別に行うのは非効率なため、

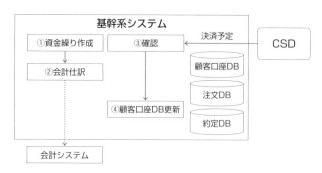

◆決済処理の仕組み

取引を清算機関(日本では日本証券クリアリング機構)でまとめ(ネッティング)、証券・資金の決済機関に対して振替指図を行います。

このとき、証券会社間でのやりとりを証券会社・清算機関とのやりとりに変換し保証することで、証券会社が現金や株式を準備できないリスクにも備えます。そのため、清算機関はCCP(2-1参照)とも呼ばれます。その後、清算機関は振替指示を決済銀行とCSDに送付し、証券会社と清算機関の銀行口座、CSDの口座の間でやりとり(振替)を行います。日本では、CSDにより株式・現金を同時にやりとりする**DVP**(Delivery Versus Payment)で決済が行われています。

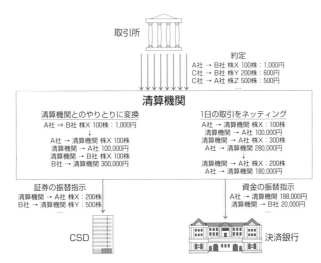

◆**清算機関とのやりとり**

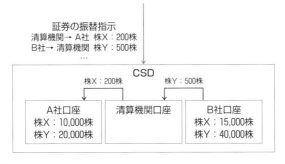

◆**CSDの仕組み**

証券会社の対顧客システム

　顧客と直接関わる証券会社のシステムについて、株式取引を中心に説明します。個人投資家向けには、店頭やコンタクトセンター、オンライントレードなどの取引サービスが提供されています。店頭やコンタクトセンターでは営業員向けシステムが提供されており、PCやタブレットからCRMなどを利用し、顧客情報や顧客口座情報、コンタクト履歴、市場情報などを参照できます。端末上のシミュレーションツールなども併用しながら、投資相談や商品推奨、株式の発注などを行います。

　インターネットを介して手軽に証券取引ができる**オンライントレード**は、手数料が低めに設定されていることもあり利用が広がっています。また、オンライントレード専門の証券会社（ネット証券）も存在感を強めています。オンライントレードでは、証券取引所へ発注ができ、顧客の残高をリアルタイムで提供します。Webブラウザで専用のサイトに接続して利用することが一般的ですが、操作性を高めるためPCやスマートフォン向けに専用アプリケーションを提供する例も増えています。

　機関投資家（法人）は、営業員やディーラーへの電話やメール、もしくは電子的に注文します。最近では機関投資家の**注文管理システム**（**OMS**：Order Management System）から、ネットワークを経由して証券会社のOMSや**執行管理システム**（**EMS**：Execution Management System)に直接注文データを送付することが一般的になってきています。

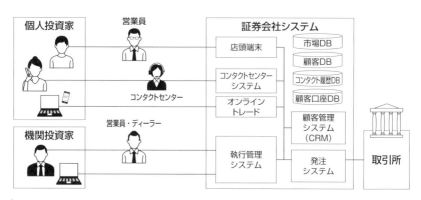

◆証券会社の対顧客向けシステム

債券取引のプロセス

　証券会社では、国や地方公共団体、企業などが利率や期間を設定して発行する債券も売買します。債券保有者は発行時に特定金額を支払い、利率を定期的に受け取った上で、期間終了（満期）の際に支払金額の払戻しを受け取るのが基本的なプロセスです。この債券を満期前に売買する場合、証券会社が仲介します。

　債券は多数の銘柄があること、発行体が同じでも利率・満期日が異なるものが多数あること、流通量（流動性）が限られていること、などの特徴があります。また、株に比べて取引の単位が大きいことが一般的です。これにより、国債など流動性が高いものは取引所で取引されることもありますが、それ以外の取引は相対で行われることが大半で、証券会社では在庫を保有し投資家や他の証券会社の求めに応じて取引条件を提示します。このため、在庫管理や価格計算のシステムを保有しています。また、保有しない債券については、他の証券会社に電話、メール、情報ベンダーのメッセージシステムなどにより在庫と価格を問い合わせ、その結果を基に投資家に販売することがあります。各社の提示条件を一括して閲覧できるサービスも提供されています。

　取引が確定し、約定処理を行った後、約定や決済の内容照合、決済が行われます。清算機関やCSD（国債は日銀、一般債は保振）で清算、証券決済（口座振替）、資金決済を行う点は株式と同様です。

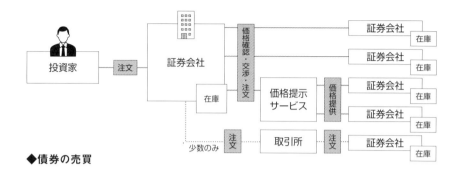

◆債券の売買

デリバティブとIT

　近年では、特定金融商品の派生商品である**デリバティブ**が証券会社で取引されています。これは金融商品の価格などを条件にした契約を指し、広く利用されているものに、**先物**、**オプション**、**スワップ**の3種類があります。

　先物とは、将来ある商品を売買する価格や数量をあらかじめ決定する契約です。

　オプションとは、将来ある商品をあらかじめ決めておいた価格で取引できる権利を売買する契約で、この権利は執行してもしなくても構いません。

　スワップとは、将来にわたって発生する利息を交換する契約です。同じ通貨で固定・変動など異なるタイプの利息を交換する金利スワップ、異なる通貨間で金利と元本を交換する通貨スワップ、異なる通貨間で金利のみ交換するクーポンスワップなどがあります。

　これら3種類以外にも、対象となる商品により債券デリバティブや金利デリバティブ、天候デリバティブなども利用されています。

　デリバティブのうち広く利用されるものは、株式と同様に取引所で取引されます。一方、顧客のニーズに合わせ条件を複雑にカスタマイズし、自社で組成（製造）したデリバティブを、顧客と相対取引で販売する場合もあります。この場合、証券会社が売り手で、投資家が買い手となります。組成の際には、証券会社の金融工学に強みを持つ専門家（**クオン**

ツ）が、商品特性や市場などの過去データを基に大量の計算によるシミュレーションを行って価格を決定し、契約を締結します。

　デリバティブの利用例として、リスクの軽減が挙げられます。保有している株式の「特定の価格で株式を売ることができるオプション」を少額で買うことで、金融商品価格の変動リスクを抑える効果があります。一方、上記の権利を売る場合、少額の収入を得られる反面、価格変動時に大幅な損失を被るリスクを抱えます。したがって、証券会社では、契約からどの確率でどれだけの支払いや収入が発生するのかを計算し、価格やリスクを評価する必要があります。

　新しいデリバティブの開発が進み、取引が急拡大する一方、内容が複雑になる傾向も出てきています。証券会社では過去や現在の市場などのデータを基に、日々デリバティブの価格や変動確率をシミュレーションにより算出し、適宜顧客にも報告しています。価格変動により、費用の支払いや受取り、追加担保の請求を行う場合もあります。加えて、顧客が契約期間全体にわたり、契約に見合った支払能力が見込めるかもあわせて評価します。同時に、自社が保有するデリバティブの価格やリスクを基に、将来を含め自社が過度なリスクを抱えていないかも計算する必要があり、リスク管理システムや会計システムと連携して管理を行っています。

　リスクを低下させるために金融商品をどう組み合わせるか、リスク自体の計算、取引約定の締結、契約終了までの取引先監視などは、ITによる可視化・効率化なしには実現不可能です。

◆先物、オプション、スワップの概要

種類	説明	対処するリスク
先物	・特定の日に特定の証券を特定の価格で売買する契約 ・売買する日の価格を提示する 例：2019年1月31日にA社株をB円で買う先物	価格変動リスク
オプション	・特定の日、もしくは特定の日までに特定の証券を特定の価格で売買できる権利の契約 ・権利は行使してもしなくても良い。たとえばA社株を100円で買うオプションを買った場合、95円なら行使せず、105円なら行使する 例：2019年1月31日にA社株をB円で買うオプション	価格変動リスク
スワップ	・特定の日までの間に得られる金利（利息）や原本・金利の為替変動を二者間で交換する契約 ・同じ通貨の利息部分のみ交換する金利スワップ、違う通貨の元本＋利息を交換する通貨スワップ、違う通貨の利息のみを交換するクーポンスワップなど、さまざまなパターンがある 例：2025年末までの112万円と1万ドルの利息を交換する	金利変動リスク 為替変動リスク

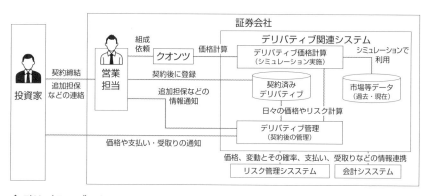

◆デリバティブのシステム

2-4 投資会社のシステム
投資信託と投資顧問を支えるシステム

投資会社とは？

投資会社とは、複数の投資家から資金を集めファンドを組成し、投資家に代わって株式・債券などに投資して資産運用を行う企業を指します。目的や業態により、投資信託業、投資顧問業、ベンチャーキャピタル、ヘッジファンド、プライベートエクイティなど多様な分類があります。

ここでは、多数の投資家から資金を集め運用する投資信託業と、個々の特定の投資家に対して運用助言を行う、もしくは一任を受けて運用する投資顧問業について説明します。

投資信託の関係者

投資信託とは多数の投資家の資金（信託財産）のことで、運用会社で運用の担当者（**ファンドマネージャ**）が株式・債券などの有価証券に分散投資します。運用成果は、投資額の割合に応じ投資家に還元されます。

投資家には個人・機関投資家等の法人など、不特定多数が存在します。ファンドの設定・運用・管理・販売の関係者は下表の通りです。

◆投資信託における関係者

委託会社	・ファンドの運用会社のことを指す ・委託会社は受託銀行に対して運用の指図を行う
受託銀行	・委託会社の指図に従って、ファンドの保管および管理を行う信託銀行を指す ・信託銀行が資産管理を専門とする再信託銀行に保管・管理業務が委託することもある
販売会社	・証券会社や銀行など、投資家に投資信託の募集・販売を行う金融機関を指す ・委託会社によっては、販売会社を通さずインターネットなどで投資家へ直販を行う会社もある
ブローカー	・運用会社がファンドの資金を基に有価証券の売買発注を行う証券会社を指す ・約定した有価証券の受渡・決済は、ブローカーと受託銀行の間で行われる

委託会社は販売会社から投資家の投資資金を預かり、受益権（運用成果の受取権）およびそれを示す受益証券を販売会社経由で投資家に渡します。委託会社では運用内容によりブローカーに発注し、約定結果を受け取ります。

受託銀行は委託会社と信託契約を行い、証券や資金を管理します。委託会社から運用資金を預かり、約定結果を基に運用指図を受け、また後述する基準価格などを計算して双方で照合します。

ブローカーとは運用指図を基に、証券・資金の受渡・決済を行います。

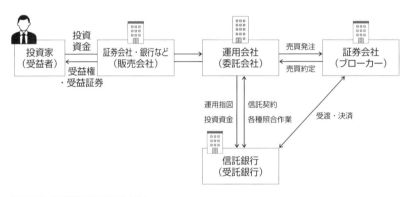

※契約型投信の委託者指図型投資信託の場合

◆投資信託の関係者間の処理

また、ファンドの形態は、主に次ページの表のように分類できます。

投資顧問業の業務内容

投資顧問業とは、特定の投資家に対して株式や債券などの金融商品の運用について、専門家の立場から投資家に助言を行い、また投資家に代わってその運用を行う業態を指します。業務内容は、大きく分けて「**投資一任業務**」「**投資助言業務**」の2つがあります。

投資一任業務では、投資顧問会社が投資家と「投資一任契約」を締結します。投資顧問会社は投資家の運用代理人という立場で、投資に必要な判断と権限を一任された形でファンドの運用（証券会社への売買発注

◆投資信託のファンドの分類

ファンド形態による分類	
契約型投信	・委託会社と受託銀行の間の信託契約に基づき、委託会社の運用指図により、受託銀行がファンドの保管・管理を行う ・投資家は、購入した投資口数（＝受益証券）に応じて、その運用成果を享受する「受益権」を持つ ・ファンドの運用成果は、受益証券の口数に応じて投資家（＝受益者）に還元 ・「委託者指図型投資信託」（委託会社と受託銀行が異なる、現在設定されている投資信託の一般的なタイプ）と、「委託者非指図型投資信託」（受託銀行が運用を行い、投資家が委託会社と受益者を兼ねる）がある
会社型投信	・委託会社が投資法人を設立し、投資家は投資法人が発行する「投資口」を取得することで、ファンドの運用成果を受け取る権利を得る ・日本では不動産投資信託（J-REIT）などがこのタイプ
販売形態による分類	
公募投資信託	不特定多数（50名以上）の投資家に販売することを目的としたファンド
私募投資信託	・特定少人数の投資家に販売することを目的としたファンド ・投資家の種別により、いわゆるプロ向けの「適格機関投資家私募」と「一般投資家私募」の2つに分類される ・適格機関投資家は規制（金融商品取引法）で定められており、主に銀行・保険会社・投資法人・年金運用基金など専門の金融機関を指す
追加購入が可能かどうかによる分類	
単位型投資信託	ファンドの新規設定後、追加購入が不可能なファンド（ただし解約は可能）
追加型投資信託	ファンドの新規設定後、いつでも追加購入が可能なファンド
投資対象による分類	
株式投資信託	主に国内・外国の株式を投資対象とするファンド
公社債投資信託	主に国内・外国の債券を投資対象とし、株式を一切含まないファンド

や売買約定の受取り、信託銀行とのやりとり）を行います。投資家は対価として、投資顧問料を支払います。一方、投資助言業務は、投資顧問会社が金融商品の投資判断について報酬を得て投資家に助言します。投資家は助言を基に、独自判断で投資を行います。

　投資一任契約は、もともとは年金基金や事業法人など規模の大きい機関投資家と投資顧問会社間で直接締結されることが多く、販売会社は存在しませんでした。最近では、小口・一般投資家向けで同じスキームが展開されています（**ファンドラップ**、SMA：Separate Managed Accountなど）。ファンドの保管・管理業務は投資家が信託銀行と信託契約を締結し、投資顧問会社は投資家の信託財産の運用を信託銀行へ指図し、結果を照合します。

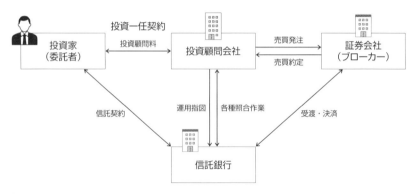

◆投資顧問の関係者間の処理の概要（投資一任業務の場合）

各業務の処理と利用されるシステム

　ここでは投資信託業を例に、主なオペレーション業務とそれに必要なシステムを簡略に述べていきます。

（1）発注・約定照合業務

　委託会社では、ファンドマネージャがファンドごとに投資対象の商品・銘柄を選択し、トレーディング部門が証券会社に発注します。発注情報は多くの場合、**注文管理システム**（**OMS**）から証券会社に対し、業界標準の**FIX**（Financial Information eXchange：電子証券取引）メッセージで送付されます。トレーディングの部署では証券会社からの約定情報に基づき、OMSより約定伝票を作成し、管理します。

　約定管理を行う部署では、ミドルオフィスシステム上で証券会社からの約定連絡表（コンファメーション）と約定伝票の内容を照合し、内容が正しいことを確認した上で計理システムへ伝票入力されたのち、当日のファンドごとの残高計算を行います。また、受託銀行へ運用指図書を送付し、運用の指図を行います。

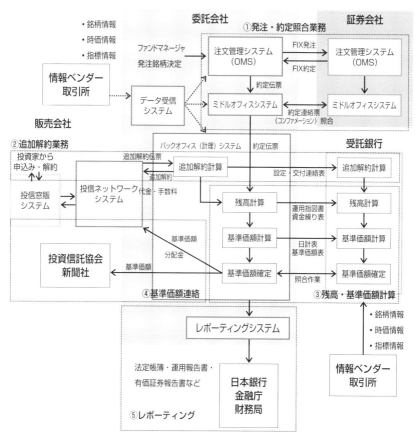

◆投資信託のシステム

（2）追加解約業務

　販売会社では、投資家よりファンドの追加設定および解約の申込みを受け付け、それぞれの口数を販売会社の投信管理システムから委託会社へ毎朝連絡します。この際、現在ではITベンダーの投信ネットワークシステムにより複数の販売会社・委託会社間で連携が可能になっており、委託会社側の計理システムまで情報が自動で取り込まれます。委託会社では追加解約計算処理を行い、ファンドの総口数と元本金額、販売会社へ支払う販売手数料を算出します。

　委託会社の計算結果は受託銀行側へ連絡され、双方のシステム間の計

算結果が正しいかを照合します。また、委託会社から販売会社に対し、追加設定・解約の計算結果として、追加設定・解約代金と手数料情報を返信します。

（３）残高・基準価額計算

　ファンドに投資されている株式・債券などの有価証券と現金の時価総額合計を「**純資産総額**」と呼びます。また純資産総額をファンドの総口数（受益権総口数）で割った金額を「**基準価額**」と呼びます。基準価額は、１口または１万口単位の金額となります。

　委託会社のバックオフィス（計理）システムでは、前ページの図に記載されている通り、①から約定情報、②から追加設定・解約計算結果、さらに外部の情報ベンダーや取引所から受信した各商品・銘柄の時価情報を入力情報に用い、残高・基準価額計算を行います。

　まず各商品勘定別（株式・債券ごと、および邦貨と外貨建商品別）の残高計算を行い、それぞれの計理仕訳（取引を勘定項目ごとに分類する処理）・評価損益、および現金の資金繰り結果を算出します。ファンド別の総勘定元帳（勘定項目ごとに取引を記載した帳簿）を「日計表」と呼び、これを基に純資産総額を計算した上で基準価額を算出します。この計算は受託銀行側の計理システムでも行われ、双方のシステム間で照合作業し、各ファンドの商品残高・純資産総額および基準価額が１円単位で一致していることを確認します。この作業により、当日に発表される基準価額が確定します。各委託会社ともに、営業日の17時から18時に確定するのが一般的です。

　ファンドが決算を迎えた場合は、運用結果に基づき投資家へ還元する分配金の計算、信託報酬（委託会社・受託銀行・販売会社が得る手数料）やその他諸費用の支払い、決算財務諸表の作成・照合作業もあわせて行います。

（４）基準価額連絡

　確定した基準価額は、委託会社が関係各社へ連絡を行います。各販売

会社に対しては、ネットワークシステムを介して、販売会社側の投信管理システムへ直接連携されます。その他、投資信託協会や各新聞社にも基準価額の連絡を行います。この情報を基に、各社Webページや翌日の朝刊などに、ファンドごとの基準価額一覧が掲載されます。

(5) レポーティング

当日の業務終了後、委託会社の計理システムのバッチ処理などで、各種帳票および報告用データが作成されます。代表的なものとして、月次あるいはファンドの決算期ごとに報告官庁への提出が必要な法定帳簿、有価証券報告書(金融庁が提供するEDINET向け)、投資家向けに開示する運用報告書があります。委託会社の中には、独自にレポーティングシステムを構築し、計理システムと連携し必要なデータ連携を行っているところもあります。

2-5 保険会社のシステム
保険の組成・販売からクレーム処理を支えるシステム

保険会社の業務

　保険とは、保険加入者から保険料を集め、特定のイベントに対し契約時に定められた保険金を支払うサービスです。つまり、**イベント発生時の金銭などのリスクを移転する金融サービス**です。対象となるイベントは、①人の生死に関するもの、②偶発的な事故に関するもの③双方の特性を持つものが挙げられます。①は生命保険、②は損害保険、③は医療保険やがん保険などがその一例です。想定外の費用が必要となるイベントを対象に、リスクを保険料でカバーしようというものです。

　保険会社では、イベントの発生確率や、その際に必要な費用に関する情報を収集し、保険商品を設計します。たとえば、自動車保険では車の車種や利用年数、年間走行距離、運転手の年齢・性別・事故歴などの情報を基に、イベントの発生確率を評価します。一方、イベント時に支払う保険金（事故時の医療費、修理費用、再購入費用など）も評価した上で、保険の契約条件や保険料を決定します。生命保険では、性別ごとの平均余命を示した標準生命表もイベントの発生確率計算に利用されています。預かった保険金は証券や債券、不動産などで運用することが一般的なので、その予定利率も考慮に入れます。保険の事業費も勘案し、保険を設計します。

　契約者は自分のリスクと必要な保険金を考慮して、商品を選択して契約します。ヒアリングを基に営業員が商品や条件の提案を行うことが一般的です。契約後、契約者は保険料を支払います。一方、保険金の運用成績が想定を超えた場合、契約により配当金が支払われる場合もあります。

　保険会社では、保険料や運用資産から保険金支払いの準備資金（保険契約準備金）を積み立てます。保険金支払いが大きくなり得る案件は、

保険会社が再保険会社の保険を契約し、リスクを移転することもあります。

実際にイベントが発生した場合は、保険契約者は営業員やコールセンターを経由し、保険料の支払いを申請します（クレーム）。保険会社は、実際に起きた状況を調査し、損害状況を査定した上で保険金を支払います。

保険の多くは対象期間があり、保険により再契約の案内があります。

◆保険の種類と例

保険の種類	保険例
生命保険	終身保険、定期保険、養老保険、学資保険
損害保険	自動車保険、火災保険、旅行保険、傷害保険、海上保険
その他	がん保険、医療保険、介護保険

保険会社の処理の流れ

保険会社の基本的な処理の流れは、次のようになります。なお、保険の種類により、詳細な手順は異なります。

①保険商品を設計し、組成します。保険対象となるイベントの発生確率や支払金額、予定する運用の利率や事業費とあわせ、保険数理と呼ばれる計算により保険料率（保険金に対する保険料の比率）を決定します。

②顧客のリクエストに対し、保険商品を提案し、見積りを作成します。顧客が受け入れた場合、契約書を作成し申込みを受けます。

③申込み内容を審査した上で、問題がなければ契約し保険証書を送付します。保険会社も契約期間の間、保険内容を管理します。

④契約に基づき、保険料・配当を保険会社・契約者間でやりとりします。

⑤保険料を取りまとめ、市場や不動産で運用し、運用益を得ます。

⑥保険対象のイベントが発生しクレームを受けた場合、査定を行い、保険金を支払います。事故処理などを伴う場合、経過管理も行います。

⑦保険満期時に再契約や配当支払いなどの処理を行います。

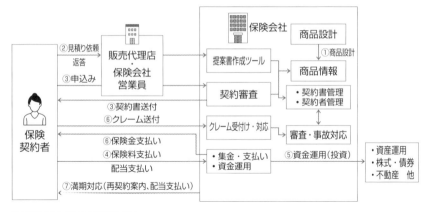

◆保険における処理の流れ

保険会社のシステム

　保険会社のシステムは**基幹系システム**に加え、**数理システム、資産運用システム、提案システム、財務システム、チャネル管理システム**などに分かれます。なお、生命保険・損害保険ごと、さらに個々の保険ごとにシステムに違いはありますが、ここでは共通する部分を中心に説明します。

　基幹システムでは、契約管理、商品管理、営業管理、請求・支払い、査定、クレーム処理などのシステムで構成されます。契約管理では、保険契約の内容やその前提となる情報を管理します。その際、申込書を基に契約可否の査定を行うことから、契約締結までの状況管理も行います。契約者の名前や支払先などの変更にも対応します。保険料の受取情報、保険金の支払情報も管理しています。また、クレーム処理では、顧客のクレームやその証跡、査定結果、保険金支払状況を管理します。自動車保険のようにクレーム処理が事故対応などで長期にわたる場合、処理状況を詳細に管理する機能を持ちます。

　基幹システムには契約情報や顧客情報、クレーム情報などのデータベースが含まれます。このデータからどのような顧客にどのようなイベントが発生するかの情報を分析し、新たな保険商品の設計が可能になりま

す。最近では運転状況を常時収集し保険料を変化させる自動車保険もあり、クレームに至る前の詳細状況を蓄積する例も出てきています。

　数理システムでは、契約情報、顧客の属性情報などに加え、外部の統計情報を合わせ、保険料や保険金を計算します。あわせて、必要となる保険契約準備金の計算なども行います。保険解約時の返金額決定、商品開発、保険会社の将来収支予測などの計算も担います。

　保険は個々のニーズや状況に応じてカスタマイズすることが一般的で、それにより保険料や保険金、支払条件が変化します。そのため、営業員が利用する提案システムが提供されています。たとえば生命保険であれば、ライフプランツール、保険料支払いや保険金・配当のシミュレーションなどを準備していることが一般的です。

　資産運用システムでは、投資会社が保有する株式・債券などの運用に加え、不動産の運用にも対応しています。また、財務システムと連携し、資産と負債（保険金）を相互的に管理するALM（Asset Liability Management）システムや、それらを信用リスクをはじめとする他のリスクを含めて管理するリスク管理システムが稼働しています。損害保険を中心に、再保険システムを保有することもあります。

　保険は自社の営業員だけではなく、代理店を通じて販売することが多い商品です。このため、販売チャネルの形態ごとにサービス提供やチャネル管理のためのシステムが提供されています。クレームもこのチャネルを通じて行われます。最近では、効率化や顧客利便性向上の観点から、コールセンターやインターネットのチャネルが強化されています。基幹システムは、これらのチャネルに加え、外部の金融機関や他社連携（LINC（生命保険）、e-JIBAI（自賠責保険）のシステムなどにも接続しています。

　システムの特徴として、生命保険では、病歴や診断履歴など契約者の機微な個人情報を管理するため、高いセキュリティが求められます。また、サービス提供が数十年にわたるため、システムもまた長期の運用を考慮する必要があります。一方、損害保険では多種多様な対象やイベントに対する保険を扱える傾向があります。

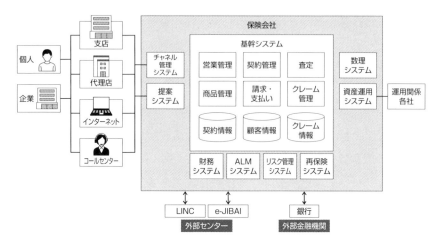

◆保険会社のシステム構成例

第 **3** 章

金融ビジネスを支える
データサイエンス手法

3-1 金融ビジネスとデータサイエンス
金融データの種類と発生機構

金融機関におけるデータサイエンスの重要性

　金融業は情報生産産業と呼ばれるように、これまで他の産業に先駆けて情報化が進められ、堅牢な金融制度と緻密に組み上げられた金融理論を背景として、業務の情報システム化とシステムにより電子化されたデータの利用が行われてきました。

　しかし、近年ではFinTechの文脈で語られるように、金融ビジネス自体の構造が大きく変わろうとしています。ビジネスの構造が変化するということは、ビジネスに関わるデータの発生機構や、個々のデータの持つ意味が変化するため、これまでとは異なるアプローチでデータを扱ったり、また扱われてこなかったデータを活用したりするなどして、金融ビジネスの構造変化を捉えた新しいサービスを構築することが求められます。

　このような背景から、金融機関において**データサイエンス**の重要性が高まっています。データサイエンスとは、統計学、機械学習、データマイニング、データベースなどの学問分野から成る、データを扱う手法に関する学問です。データサイエンスのあらゆる手法を用いて金融ビジネスの現状を把握し、状況に合わせて金融サービスを高度化させていく必要があります。本章では、金融機関が今後も成長を続けるために必要不可欠な「データサイエンス」、その中でも特に「機械学習」の手法について解説します。

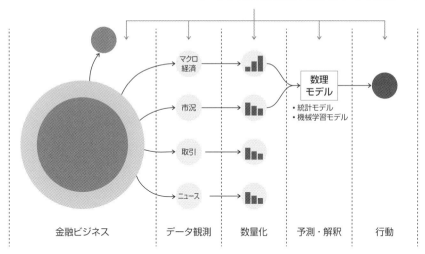

◆金融ビジネスとデータサイエンス

金融機関におけるデータとは？

　データとは、観測や調査の記録結果であるとされており、今日ではこれらはすべてコンピュータ上に電子的に記録されたものを指しています。本章では、データをその性質から**「構造化データ」**と**「非構造化データ」**に分け、それぞれのデータ特性に合ったデータサイエンスの手法を解説します。

　本章で述べる構造化データとは、電子的に記録された時点において、リレーショナルデータベースなどのように、行（レコード）と列（属性）を持つ表形式データを指します。いわゆるデータサイエンスの入門書において「データ」というと、ほとんどがこの表形式データを指しています。一般的な表形式データは、複数の属性を有するレコードの集まりで構成されます。また、この属性の集まりを指してデータの性質を表す「特徴量」または「特徴ベクトル」と呼びます。

　一方、非構造化データとは、データとして電子的に記録された時点では表形式をとらないデータ、たとえばテキスト、画像、音声などが該当

します。このようなデータを分析するためには、レコードごとに特徴量を持つ表形式データ、もしくは表形式データに似た形に加工する必要があります。近年では、このような非構造化データを扱うために、さまざまな手法が考案されてきています（3-5～3-7参照）。

構造化データ	非構造化データ
表形式データ	テキスト、音声、画像
（属性1／属性2　レコード1：100／A　レコード2：120／B）	・テキストデータ xx年度下期における日本経済の見通しは…… ・音声データ わたしは

◆構造化データと非構造化データ

金融機関のデータ活用の歴史

　金融機関では、以前から統計学を活用した、さまざまな金融商品やリスク管理の手法が開発され実用化されてきました。具体的には、銀行では**貸出業務における顧客の信用スコアリング**、証券では**運用におけるポートフォリオ組成**、保険では**保険数理による保険料金の算定**などです。このようなデータ活用においては、主に本書で定義する「構造化データ」に対して、数理ファイナンスや金融工学などの金融理論から演繹的なアプローチを行う統計学の手法が用いられてきました。

　しかし最近では、以前から扱われてきた構造化データに対して、上記の演繹的アプローチではなく、データから帰納的なアプローチを行う**機械学習**の手法を適用する試みや、自然言語処理や画像処理の技術を用いてこれまで扱われてこなかった「非構造化データ」を活用しようという試みがなされています。

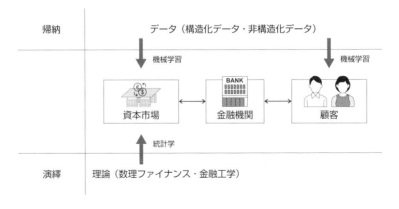

◆金融機関における機械学習の活用

業務視点から見た金融ビッグデータ

　ここ数年、企業のデータ活用を促す言葉として、**ビッグデータ**という言葉が流行語のように使われてきました。ビッグデータは、その性質を3V（Volume〈量〉、Velocity〈速度〉、Variety〈種多様性〉もしくはこれにVeracity〈正確さ〉などを加えて「4V」ということもあります）というキーワードで説明されることがしばしばあります。Volumeはデータ量が大きいこと、Velocityは断続的に発生するデータであること、Varietyはデータの種類や内容が多様であること、Veracityはデータが正確であることです。

　それでは、金融機関におけるビッグデータにはどのようなものがあり、どんな性質を持っているのでしょうか。金融機関の扱うデータは株式、債券、為替などの資本市場データと、顧客ごとの残高や取引履歴などの顧客データに分類することができます。資本市場データと顧客データについてそれぞれ眺めてみると、必ずしも3つのVすべてが等しく重要ではないことがわかります。

・資本市場データ
　資本市場データには、**マクロ経済情報**、**上場企業の財務・業績情報**、

マーケット情報などがあります。マクロ経済情報とは、公的機関が発行する指数やレポート、上場企業の財務・業績情報は決算短信や有価証券報告書およびニュース情報、マーケット情報は株式市場における売買の注文情報（板）や現状いくらで売買できそうか（気配）といったヒストリカル情報です。

　特にマーケット情報は、電子的な取引市場におけるマイクロ秒単位の注文・約定の情報であり、刻々と大量のデータが発生するという特徴があります。データの内訳としては、個々の注文や板情報などの生データ、また四本値（始値、高値、安値、終値）や日足／月足（相場の動きを1日／1カ月単位で表したもの）などの加工／集計データです。また、マクロ経済、企業財務・業績など、制度にのっとり加工／集計され、公的機関や企業から定期的に発表されるデータもあります。これらのデータは、発生元もしくは情報ベンダーを通じて電子的に表形式で取得できることが多く、構造化データとしてITシステム内に保存されてきます。

　一方で、これらの情報は専門性が高く一般消費者には解釈が難しいため、公的機関やメディア、エコノミストや証券アナリストなどが、ニュースやレポートといった形でマクロ経済や個別企業、マーケットに関する解釈を加えた情報を発信します。これらの情報は、テキストデータおよび図表やグラフなどの画像データといった非構造化データとして残ることになります。

　資本市場データは、①生データもしくは加工／集計データが、客観性の高い構造化データとして残り、②一部の専門家などの人を通してテキスト化された主観性の高いデータが、非構造化データとして残ることになります。つまり、加工や集計を通さずに生データが直接的に観測できるのは、取引市場のデータのみであり、それ以外の情報をデータとして観測するまでには、一定の時間差が発生することになります。

　このように、生の大量データが断続的に発生する（Volume、Velocity）マーケットデータと、さまざまな主体によって生成される多様な（Variety）加工／集計データ、テキストデータがあるというのが、資本市場データの特徴だといえます。

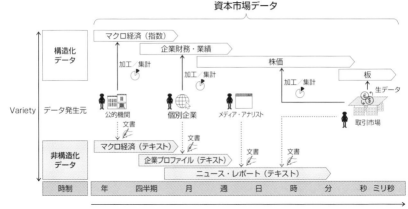

◆資本市場データ

・顧客データ

　顧客データの性質は、データの発生するチャネルによって異なります。

　デジタルチャネルを主な顧客チャネルとする金融機関の場合、サービスに関連する顧客行動はすべてデータとして観測可能であり、ITシステム構築時に、主にリレーショナルデータベースとして設計された表形式データやログデータが効率的に顧客データとして蓄積されていきます。また、一般にデジタルチャネルを利用する消費者の購買行動は主体的で頻度が多いという特徴があることから、顧客ごとの取引データが蓄積しやすく、データを用いた顧客分析に適しているといえます。

　このようなデジタルチャネルから得られる顧客データは、資本市場におけるマーケットデータと同様、表形式データとログデータが連続的に発生し続けることになりますが、データ量はリアルタイムの値動きなどを扱うマーケットデータよりも小さくなります。

　一方、店舗やセールスなど、物理チャネルを主とする金融機関における顧客情報は、会話を中心としたコミュニケーションの中に含まれており、その中にはデジタルチャネルでは発生することがない、個人的で多様な情報が多くあります。しかし、これらの情報はデータとして残すことが難しく、残すことができる場合でも、セールスという人を通して、

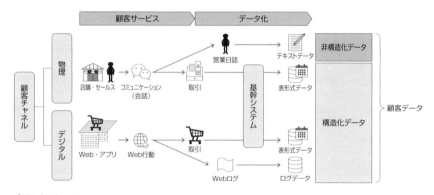

◆顧客データ

営業日誌などのテキストデータとして残ることになります。そのため、これらのテキストは、記載する人物に依存した主観的なものとなります。

このように物理チャネルによって得られるデータは、顧客ごとの背景や趣向などのVarietyに富んだ情報を含む反面、多数のセールス担当者によってデータ化が行われるため、データ品質のバラツキが大きく、扱いづらいデータであるという側面があります。

・その他のデータ

SNSや衛星画像など、資本市場や顧客以外のデータについても、活用に向けた研究が進んでいます。前述したように、マクロ経済や企業状況などは、企業や個人の活動について調査を行い、これを集計／加工したものが四半期ごと、月ごとに発表されます。これらの情報は資本市場に影響を与えるものですが、リアルタイムに観測すること（ナウキャスティング）はできません。このような課題を解決するため、SNSのテキスト情報や、船舶の動きや石油タンク備蓄状況などの衛星画像を用いて、景況感や鉱工業生産を指数化するなど、経済状況をリアルタイムで観測するための研究も行われています。

◆金融機関におけるビッグデータ

		金融データ		その他データ
		資本市場データ	顧客データ	
構造化データ	表形式	・マクロ経済指標 ・企業財務・業績 ・マーケット（板、気配 etc.）	・個人属性（年齢、性別 etc.） ・残高 ・取引履歴 ・Web行動ログ	—
非構造化データ	・テキスト ・音声 ・画像	・マクロ経済レポート ・企業財務/業績（テキスト部） ・ニュース/アナリストレポート	・営業日誌 ・会話音声	・衛星画像 ・SNS

3-2 機械学習とは?
これから機械学習プロジェクトに参加する人のための入門知識

機械学習とは？

　機械学習とは、**与えられたデータに潜むルール（パターン）を機械により見付け出すこと**です。従来のプログラミングの場合、人間が定義することで機械は動作しますが、機械学習の場合、機械にデータと機械学習の手法を与えることでデータの特徴を学び、そこに潜むルールを見付け出します。

　機械学習は、ビジネス要件により、「**解釈性（説明性）**」と「**予測（精度）**」のいずれに重きを置くのかについて語られることが多くあります。「解釈性」とは与えられたデータがどのような性質を持ち、何を要因として結果が得られたのかを理解することを目指します。一方、「予測」とは過去の経験から将来を語るように、過去のデータを学習することで、未知のデータがどのような結果をもたらすのかを的中させることを目指します。

　たとえば、証券ビジネスのリテール業務における「解釈性」とは、ある金融商品の購入という結果は、どのような顧客の特性が要因として存

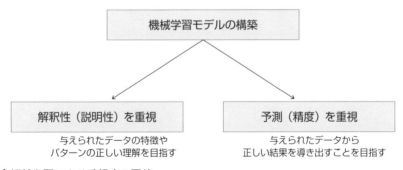

◆機械学習により重視する要件

在するのかを見いだすことです。「予測」とは、その金融商品の購入確率が高い顧客を抽出することです。

機械学習プロジェクトのプロセス

ここでは、「予測」に重きを置いた機械学習モデルをビジネスに適用するプロジェクトに着目します。一般的に、機械学習モデルを使用するプロジェクトは、次のようなプロセスをたどります。

STEP1：ビジネス理解と分析デザイン

ビジネス課題を理解し、このプロジェクトにおいて何を実現したいのかというゴールを明確化し、定量的な目標値の設定とアプローチ方法を設計します。

STEP2：データの収集・理解

ビジネス課題を解決する機械学習モデル構築（モデリング）のため、データ準備と前処理を行います。このステップの中では、確保したデータの傾向を確認するとともに、特徴量設計を行い、モデリングに必要な形式にデータを整形します（3-8参照）。一般的に、他のステップと比較すると、このステップが最も多くの工数を要します。

STEP3：モデリング（学習）

ビジネス課題とデータに対応するいくつかの適切な手法を選択し、機械学習のモデル構築を行います（3-4〜3-8参照）。多くの機械学習モデルは、構築前にハイパーパラメータと呼ばれる設定値をあらかじめ調整する必要があるため、このステップで分析者が行います。

STEP4：評価・検証

構築したモデルの精度や推論速度などがビジネス課題を解決するにあたり、十分なパフォーマンスを発揮するか否かを検証します（3-3参照）。検証の結果、よりパフォーマンスの高いモデルを目指す場合には特徴

量の再設計やハイパーパラメータの再設定などのチューニング作業を行います。機械学習モデルは構築してから検証を行うまで、その効果がわからないことが多いため、これらを繰り返し行うことでより良いモデルにしていきます。また、必要な場合には、このプロジェクトにおいて実現したいゴールの見直しも改善方法のひとつです。

STEP5：適用（デプロイ）

実際のビジネス現場において十分なパフォーマンスを発揮すると判断したモデルを実際のビジネスの現場に適用します。

STEP6：モニタリング

実際のビジネスにおける検証を継続的に進め、必要に応じてチューニング作業を行います。STEP4が過去データを用いた評価・検証であるのに対し、本ステップは未来のデータを用いた評価・検証です。

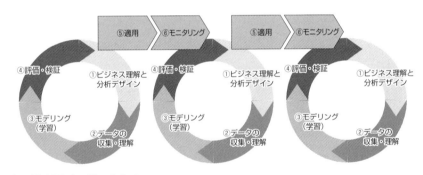

◆機械学習プロジェクトのフロー

機械学習モデル

機械学習モデルは、次ページの図のように分類することができます。

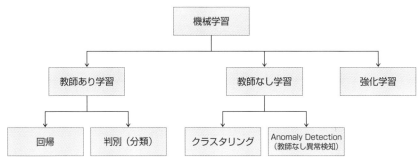

◆機械学習モデルの分類

教師あり学習

　教師あり学習には、連続値の予測を行う回帰モデルと与えられたクラスごとにデータを識別する判別モデルがあります。「結果」とのその「要因」の関係性は、その関係性を示すデータが事前に大量に与えられることでパターンとして学習することができ、未知のデータが発生した際には、どのような「結果」となるかを予測することができます。

　機械学習の分野では、「結果」は**ターゲット**や**教師ラベル**、目的変数などと呼ばれます。また、「要因」は**特徴量**や**説明変数**などと呼ばれます。教師あり学習は、このターゲットと特徴量をペアとして持つデータを基とした機械学習のことです。

・回帰モデル

　ターゲットが量的データ（連続値）の場合、回帰モデルを採用します。たとえば、企業業績の予測を行う場合、回帰モデルを使用することが考えられます。売上金額をターゲットとし、その売上げの変動には、為替や設備投資、マクロ指標などに加え、ニュースやアナリストレポートなどのテキスト情報も特徴量となることが考えられます。

　回帰モデルの学習データの例は、次ページの図の通りです。各銘柄レコードの特徴量には、売上げや利益などといった情報が考えられます。ターゲットは、それらの情報が公開された一定期間後の株価です。

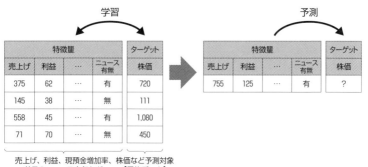

◆回帰モデルの学習と予測

- **判別モデル**

　ターゲットが質的データ（クラス、カテゴリー）の場合、判別モデルを採用します。与えられたデータを複数のクラス（カテゴリー）に分類するためのモデルです。

　多くの判別モデルは、各クラスの予測確率を出力します。そのため、予測結果として質的なクラスが必要な場合は、適切な確率の閾値を設定し、予測確率から予測クラスを算出します。ビジネス目的によっては、予測確率をスコアとして使用する場合もあります。たとえば、銀行の与信業務では、審査対象となる顧客の一定期間後のデフォルト確率を予測する与信モデル（判別モデル）が作成できます。このモデルを活用し、予測確率に閾値を設けて融資の自動審査や予測確率（スコア）に応じた融資枠の決定を行うことが考えられます。

　モデル構築にあたり必要となるデータの例は、次ページ上図の通りです。各顧客レコードの特徴量は、年齢や性別、収入などといった情報が考えられます。ターゲットは、過去に審査した顧客が融資を受けた一定期間後のデフォルト発生有無です。

教師なし学習

　教師なし学習は、ターゲットが事前に決まっていない特徴量のみを持つデータについて、その特徴量の傾向を学習しモデル化する方法です。

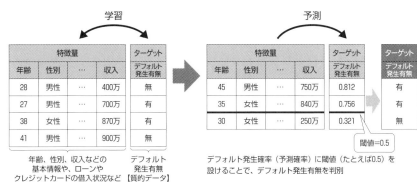

◆判別モデルの学習と予測の例

教師なし学習には、**クラスタリング**や**Anomaly Detection**（教師なし学習による異常検知）などの手法があります。

・クラスタリング

　似た特徴量を持つデータをグルーピングする手法をクラスタリングと呼びます。ビジネスへの活用の場面では、グルーピングした結果から、グループ（クラスタ）ごとに施策を検討し役立てます。たとえば、銀行のリテール部門であれば、顧客の年齢や年収といった基本情報に加え、顧客の子どもの人数や年齢、住宅ローンの融資状況などの情報を使用してクラスタリングを行い、類似する顧客グループごとに適切な資産運用の方法を提案することができます。

　クラスタリングには、**階層的クラスタリング**と**非階層的クラスタリング**

	特徴量					特徴量			クラスタ
	年齢	年収	…	子どもの人数		年齢	年収	…	子どもの人数	
レコード1	28	500万	…	1		28	500万	…	1	1
レコード2	35	1,000万	…	3		35	1,000万	…	3	2
レコード3	37	1,200万	…	3		37	1,200万	…	3	2
レコード4	29	450万	…	1		29	450万	…	1	1

◆クラスタリングの例

の2種類があります。階層的クラスタリングは、与えられたデータとクラスタとの関係性を階層構造化することができます。この関係図を**デンドログラム**と呼びます。事前にクラスタ数が決まっていなくても、デンドログラムを見ながら事後でクラスタ数を設定することができます。

下図は、デンドログラム作成によるクラスタ数設定のイメージです。与えられたデータを階層構造化し、分析者は可視化された樹形図を見ながら適切なクラスタ数を6つと判断し決定しています。

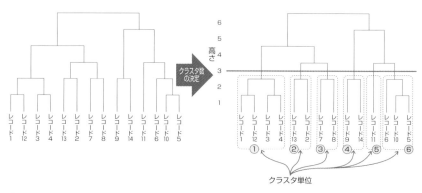

◆デンドログラム作成によるクラスタ数設定のイメージ

一方、非階層的クラスタリングは、最終的に作成したいクラスタ数があらかじめ決まっている場合に採用します。代表的な手法は**k-means法**です。作成したいクラスタ数と初期値を与え、座標上近いデータ同士をまとめます。階層的クラスタリングよりも計算量が少ないという利点が

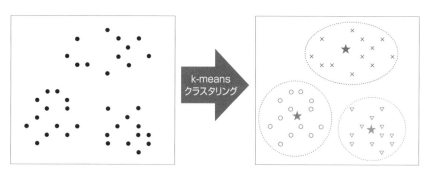

◆非階層的クラスタリングの例：k-means法

ありますが、学習の度にグルーピングの中身が変わる可能性があり、計算時に与える初期値を複数使用するなどの工夫が必要となります。前ページの下の図は、3個のクラスタにクラスタリングした結果です。

• Anomaly Detection（教師なし学習による異常検知）

　機械の故障、不正な取引など、異常を知らせる機能はいろいろな場面で必要とされます。ある閾値を超えた状況を異常と定義するとき、これを知らせるプログラムは簡単に作ることができます。しかし、CPUの稼働、メモリの使用量、ディスクアクセスなど、あらゆる活動データが複雑に絡み合っている場合、異常はそのときどきで異なるものとなり、定義が難しくなります。

　Anomaly Detection（異常検知）には、教師なし学習と教師あり学習の双方のアプローチがありますが、異常な挙動が多種多様なものである場合、教師なし学習による異常検知がしばしば採用されます。

　教師なし学習による異常検知として、株式の不正な取引を検知する東証（日本取引所グループ）の例があります。東証では2018年3月に、売買審査業務にAIを適用開始したことをアナウンスしました。ここでは、過去の異常性がないと仮定された取引データを学習し、このパターンから著しく異なる出来高や株価推移を異常と検出し、アラートを出力する仕組みが導入されていることが考えられます。

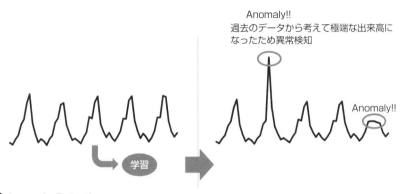

◆Anomaly Detection

3-3 機械学習の評価

機械学習の評価方法は用途に応じたものとするべき

最も重要な汎化能力

　機械学習を評価するにあたり最も重要なことは、**作成した機械学習モデルが将来発生する未知のデータに対してどれくらいよくフィットするかを事前に見積もること**です。しかし、未知のデータは手元にはないため、手元にある既知のデータで学習と評価を行う必要があります。

　学習時に既知のデータにフィットさせ過ぎると、逆に未知のデータに対する予測力は落ちます。これが**過学習**という状況です。限られた既知のデータを活用し、いかにして過学習を避け、未知のデータに対する予測力を高める（**汎化**）かがポイントとなります。

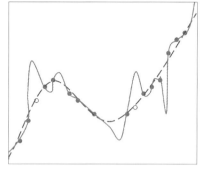

※実線が過学習モデルで、点線は汎化能力が高いモデル。既知のデータ●で学習し、未知のデータ○を予測するとき、過学習モデルでは高頻度で誤った予測結果となることがわかる

◆過学習のイメージ

汎化能力を確認する手法

過学習の主な原因は、**学習データの量に比べて予測モデルが複雑過ぎる（特徴量が多過ぎる）こと**です。よって予測モデルが過学習しているとわかれば、モデルをシンプルにする（たとえば特徴量を減らす）か、学習データを増やすことで汎化能力を向上させることができます。ここで、予測モデルが過学習しているかどうかを確認する2つの手法を紹介します。

・ホールドアウト法

既知のデータをランダムに2つに分割し、片方のデータを用いて学習を、残りのデータを用いてテストをします。学習データに対する予測精度に比べて、テストデータに対する予測精度が著しく悪いとき、モデルは過学習しているといえます。

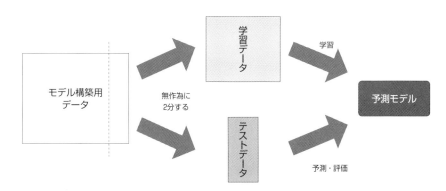

◆ホールドアウト法の仕組み

通常、学習データとテストデータの分け方は無作為ですが、株価予測など、時間の経過とともに構造が変わっていく事象の未来予測をしたい場合は、古いデータを学習データ、新しいデータをテストデータとします。

・クロスバリデーション法

　ホールドアウト法では学習データ、テストデータに偏りがあるとモデル性能に悪影響があります。これを補う方法にクロスバリデーション法があります。

　まず、既知のデータを無作為にK個に分割し、そのうちの1グループをテストデータ、残るK-1個のグループを学習データとします。K個に分割した学習データとテストデータのセットを用いてK回検証を行います。そうやって得られたK回の予測精度の平均をこのモデルの精度とします。金融機関口座の解約や、商品の購買予測など、時間の経過により構造があまり変わらない事象の予測をしたい場合は、クロスバリデーション法による検証が有効となります。

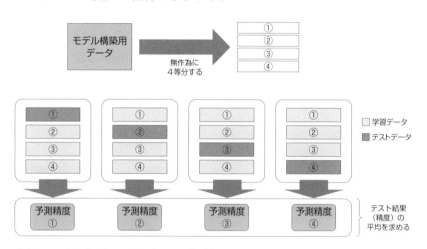

◆クロスバリデーション法（K=4の場合）

機械学習の精度

　機械学習モデルを予測問題に適用する場合では、精度「どれだけ予測が当たるか」が最も重要な性能といえます。ここでは、"正"、"負"を判別するような2値の判別モデルと、連続値を扱う回帰モデルについて精度評価の方法を解説します。

判別モデルの精度指標

右表は **Confusion Matrix**（混同行列）と呼ばれるものです。Confusion Matrixは、判別モデルを用いたときに、分類した値（陰／陽）とその正誤（真／偽）について結果をまとめた表です。

◆Confusion Matrix

		モデルの予測	
		正	負
真のクラス	正	True Positive 真陽性（TP）	False Negative 偽陰性（FN）
	負	False Positive 偽陽性（FP）	True Negative 真陰性（TN）

たとえば、偽陽性（FP）は、モデルの予測が正であったが、実際のクラスは負であり、結果として間違えていたケースです。

判別モデルの精度は、Confusion Matrixを用いて次のいくつかの評価指標で測定することができます。

- **Precision**（適合率）：$\text{Precision} = \dfrac{\text{TP}}{\text{TP} + \text{FP}}$

- **Recall**（再現率）：$\text{Recall} = \dfrac{\text{TP}}{\text{TP} + \text{FN}}$

- **Accuracy**（正確度）：$\text{Accuracy} = \dfrac{\text{TP} + \text{TN}}{\text{TP} + \text{FP} + \text{FN} + \text{TN}}$

- **F-measure**：$\text{F-measure} = \dfrac{2 * \text{Recall} * \text{Precision}}{\text{Recall} + \text{Precision}}$

企業の倒産リスクを判別するモデルを例に考えてみましょう。

Precisionは、倒産すると予測した企業が実際に倒産する割合です。Recallは、実際に倒産した企業のうち、モデルが倒産すると予測できていた割合です。PrecisionとRecallはトレードオフの関係にあり、どちらかを高めると、もう片方は低下します。

Accuracyは全体の中から倒産する・しないを正しく判定する割合です。一見万能な評価指標に見えますが、企業の倒産が全体の0.1%と少ない場合、すべての企業に対して倒産しないと判定すると、99.9%の精度を持つモデルと評価されてしまいます。このようなケースでは、Precision

とRecallの調和平均である、F-measureを用いることで偏りのあるデータにも対応することができます。

回帰モデルの精度指標

　回帰モデルの精度は**RMSE**（Root Mean Squared Error：二乗平均平方根誤差）がよく使われます。RMSEはモデルが予測した値と実際の値との差の2乗平均の平方根を計算した誤差であり、モデルの精度が高ければ0に近付きます。下図のプロットは実際の値、実線が回帰モデルで、点線がモデルの誤差です。

　たとえば売上げなど、百万などの単位を持つターゲットを予測する場合、RMSEは数十万から数百万の値となるのに対し、株価の騰落率など、0.1程度のターゲットを予測する場合、RMSEは小さい値となります。そういった意味で、RMSEは予測ターゲットの単位（分散）を保持した評価指標といえます。一方、その単位を削除（調整）したのが**決定係数**です。

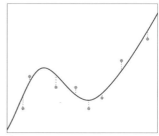

◆回帰モデルと誤差のイメージ

　決定係数は予測モデルが目的変数をどれだけ説明できているかを表し、1が最大（このときモデルの予測結果とターゲットが完全に同じ動き）となります。

良いモデルとは？

　ここまで予測精度を中心に機械学習の評価ポイントを説明してきましたが、他の指標として、推論速度、運用・保守コスト、解釈性があります。**推論速度**とは予測結果を算出する速さであり、HFT（7-7参照）など、高速で予測結果を出力する必要がある場合に重要視します。**解釈性**は、「予測結果に至った理由をモデルがわかりやすく説明する能力」です。たとえば、マーケティング部署にとって、売上げを正確に予測できてもそれ自体に意味はありません。売上げを予測する際に、どの特徴

量が効いているかを調べることにより、売上げを向上させるために必要な施策が見えてきます。このようなケースでは予測精度よりも解釈性が重要な指標となります。

　機械学習はどのように評価するかで、最適な手法が異なります。評価指標を決めるとき、利用シーンに対する深い理解が必要となります。モデルを構築する前にモデルの利用者と十分なコミュニケーションをとって利用シーンを深く理解し、予測精度、推論速度、運用・保守コスト、解釈性の中からどの指標を採用するのかを決めることが重要となります。

3-4 表形式データに対する機械学習

さまざまな機械学習モデルとその特徴

機械学習モデルの系譜

本節で紹介する機械学習モデルの系譜をまとめると下図のようになります。それぞれの手法の特徴を押さえることで、データや目的に合わせた適切な手法の選択が可能となります。

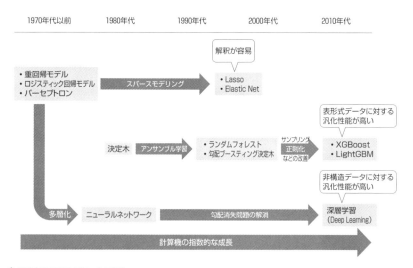

◆機械学習モデルの系譜

表形式データとは？

表形式データ（Tabular Data）は名前の通り、行（レコード）や列（属性）といった構造を持つ表形式のデータのことです。CSVファイル、Excelファイル、リレーショナルデータベースにおけるテーブル、Webサービスにおけるアクセスログなどは、すべて表形式データと捉えるこ

とができます。多くの場合、各レコードに予測したい対象を対応させ、各属性に予測のターゲット（目的変数）や特徴量（説明変数）を対応させます。

	Key	ターゲット	特徴量1	特徴量2	…	特徴量K
	101	○	0.1	A	…	1,000
	102	×	0.5	A	…	2,000
予測対象	103	○	0.2	B	…	1,500
	104	×	0.2	B	…	5,000
	…	×	0.1	C	…	3,500

ターゲット：予測のターゲット
特徴量：さまざまなデータ型、単位が用いられる
特徴量の順序に意味はない

◆表形式データ

表形式データで用いられる前処理（ダミー変数化、正規化）

　機械学習を適用する上で**データの前処理**は重要なステップです。ここでは最低限の前処理法として、ダミー変数化と正規化について説明します。

　ダミー変数化は、質的データ（記号列や文字列）を機械学習モデルが認識容易な形式とするために行う前処理です。これは次ページ上図のように、記号列や文字列を0と1のデータに変換する処理です。たとえば与信評価でデフォルトの有無、性別、勤務形態などをターゲットや特徴量として使用する場合、ダミー変数化の処理が必要となります。

　正規化は、機械学習モデルが異なる量的特徴量間の比較を容易に行えるように、特徴量の単位をそろえる前処理です。一般的な方法は、平均を0、標準偏差を1に調整する手法です。たとえば与信評価で年齢、借入金額などを特徴量として使用する場合、正規化によってモデルの精度や解釈性が向上する場合があります。

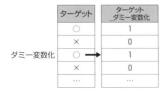

◆正規化、ダミー変数化

最もシンプルな線形モデル

線形モデルは下図の式のように、各特徴量に対応する重み（係数）を

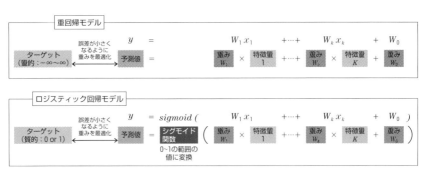

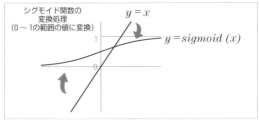

◆重回帰モデルとロジスティック回帰モデルのイメージ

掛け、足し合わせた値を予測値とするモデルです。ターゲットが量的な値の場合、**重回帰モデル**と呼び、ターゲットが質的な2値の場合、**ロジスティック回帰モデル**と呼びます。

　ロジスティック回帰モデルでは、ダミー変数化したターゲットの値（0 or 1）にうまくフィットするよう、シグモイド関数を用いて予測値を0から1の範囲の値に変換します。この場合予測値は、ターゲットが1となる確率と解釈できます。線形モデルにおける"学習（最適化）"とは、予測値とターゲットの誤差が最も小さくなるような重みを求めることです。下図のように、2つの特徴量と1つのターゲットからなるデータに対してロジスティック回帰モデルを適用した場合、その境界線（決定境界）は1本の直線で表現されます。

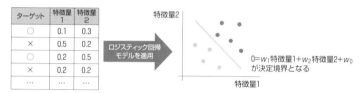

◆ロジスティック回帰モデルの決定境界

　線形モデルはターゲットと特徴量の関係を最もシンプルに表現したモデルのひとつであり、解釈が容易です。各特徴量を正規化している場合、重みの絶対値がその特徴量の予測に対する影響度を表し、重みの符号が影響の方向を表します。

　たとえば、リテール業務などの売上げをターゲットとして線形モデルを構築すれば、（たとえ予測すること自体にビジネス的な価値がなくとも）売上げに影響を与えている特徴量を抽出することで、マーケティングや商品企画への活用が期待できます。また、実装が容易で、推論速度が短いという特徴があります。一方で、特徴量に重みを掛けた値の和によって予測値を算出するという特徴から、特徴量に異常に大きい／小さい値（**異常値**）や**欠損値**が含まれる場合に、データの除外・補完・補正などの前処理が必要になります。

特徴量が膨大にあるデータに強いスパース（線形）モデリング

　線形モデルは、データの特徴量の数が非常に多い場合に汎化性能が著しく低下することが知られています。すなわち、未知のデータに対して精度良く予測できる重みを求めることが困難になります。これは、たとえば100個の変数を持つ連立方程式10個を解く場合、方程式を満たす解は無限に見付かることに対応します。

　この課題へのひとつの対応策が**スパース（線形）モデリング**（**Lasso**：Least absolute shrinkage and selection operator、**Elastic Net**）です。これは、予測に寄与しないと判断した重み（係数）をゼロにし、可能な限りシンプルなモデルを求める線形モデルの改良手法です。ある重み（係数）がゼロということは、その特徴量を使用していないことと同値であるため、特徴量選択（Feature Selection）と誤差の最小化を同時に行う手法と捉えることができます。

　本書では詳しい解説は省略しますが、具体的には正則化（Regularization）という方法を用いて重みの絶対値の和が小さくなるように学習を行います。スパース（線形）モデリングで最も有名な手法がLassoであり、それを拡張した手法がElastic Netです。

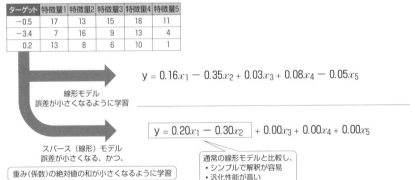

◆スパース（線形）モデリングのイメージ

スパース(線形)モデリングは、前述した線形モデルと同様の特徴を持ちます。市場データや、3-5で紹介するテキストデータを表形式化したデータなどの特徴量が膨大にあるデータに、解釈容易なモデルを適用したい場合は、まずElastic Netを選択してみましょう。

多種多様なデータに対応できる決定木

　決定木(Decision Tree)は、特徴量がある閾値以上か否かというIF-THENルールによって対象の分割を繰り返すモデルです。決定木のイメージは下図の通りです。ある程度分割を行った後に、末端のグループ(葉)における代表的な値を予測値とします。具体的には、ターゲットが量的な場合は平均値、質的な場合は多数派の値を予測値として採用します。

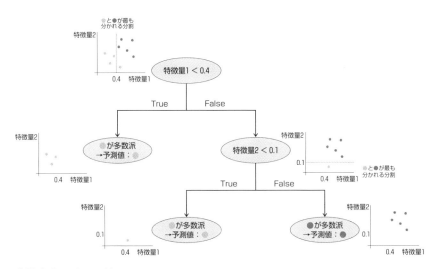

◆決定木のイメージ

　決定木における"学習(最適化)"とは、予測値とターゲットの誤差(あるいは誤差に相当する指標)が最小となる分割を求めることです。仮に2つの特徴量とターゲット(2値)からなるデータに対して決定木を適用した場合、次ページの図に示すように、その境界線(決定境界)は軸

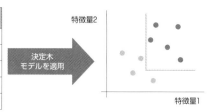

◆決定木の決定境界

に垂直な格子状の直線で表現されます。

　決定木は、IF-THENルールによって対象を分割するモデルであるため、線形モデルと比較し異常値の影響を受けにくいモデルといえます。また、多くの機械学習ツールにおいて、欠損値の前処理なしにモデルの学習が可能です。さらに、特徴量ごとに、分割に使用された回数やその効果を集計することによって、各特徴量の**重要度**（Importance）を計算することもできます。

　これらの特徴は、多種多様なデータが混在する表形式データを分析するにあたり非常に大きなメリットです。一方で、決定木単独では汎化性能が低いことが経験的に知られているため、後述するアンサンブル学習を決定木に適用し、汎化性能を向上させる方法が一般的です。

汎化性能を向上させるアンサンブル学習

　複数のモデルを組み合わせ、汎化性能を向上させる手法を**アンサンブル学習**と呼びます。代表的な手法としてバギング、ブースティングがあります。これら2つの手法について、個々のモデルに決定木を採用したモデルをそれぞれ**ランダムフォレスト**、**勾配ブースティング決定木**（Gradient Boosting Decision Tree）と呼びます。

　ランダムフォレストは、データの一部をサンプリングしたデータで、それぞれ個別に学習し、その多数決（平均）を予測値とするモデルです。勾配ブースティング決定木は、最初にベースラインとなるモデルを生成し、これを改善するように新たなモデルを生成・追加していく手法です。具体的には、現状のモデルの残差（予測値と実測値の差）を予測するこ

とで、それらを足し合わせた値がターゲットに近付くように学習を行います。

学習の処理効率の観点では、並列にモデルの学習を行うことができるランダムフォレストが優勢である一方、汎化性能は勾配ブースティング決定木に軍配が上がる場合が多いです。特に、勾配ブースティング決定木にサンプリング・正則化などの改善を行った**XGBoost**、**LightGBM**などのモデルは、汎化性能の観点では最先端のモデルといえます。

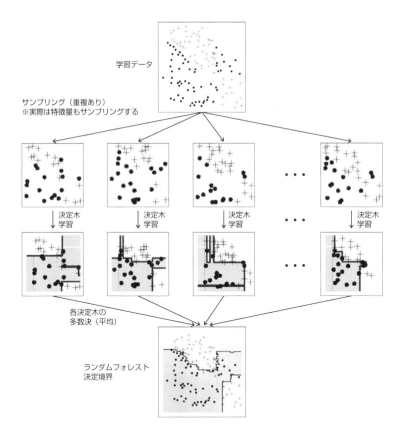

◆ランダムフォレストのイメージと決定境界

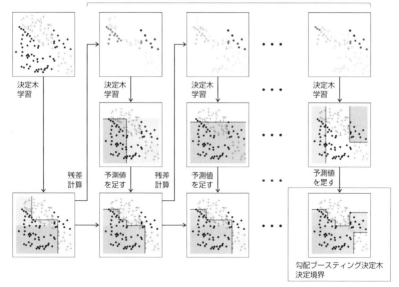

◆勾配ブースティング決定木のイメージと決定境界

ニューラルネットワークと深層学習

　ニューラルネットワークは、主に画像・テキスト・音声などの非構造データに対して用いられるモデルです。顔認証、チャットボット、音声認識など多くのソリューションに用いられています。本節では基礎的な枠組みを説明します。まず、ロジスティック回帰モデルはネットワーク表現と呼ばれる形式で、次ページ上図のように記載できます。

　このようにネットワーク表現を行ったロジスティック回帰モデルは、**パーセプトロン**とも呼ばれます。シグモイド関数の部分は活性化関数と呼ばれ、シグモイド関数以外にもさまざまな関数が適用できます。これを発展させて、次ページ下図のように複数のパーセプトロンを層状に連結させたのがニューラルネットワークです。図左側の特徴量に該当する層を入力層、図右側の予測値に該当する層を出力層、入力層と出力層の中間の層を隠れ層と呼びます。ニューラルネットワークの決定境界は、活性化関数や層の数によってさまざまな形状をとります。

ロジスティック回帰モデル　$y = f(w_1 x_1 + w_2 x_2 + \cdots + w_k x_k + w_0)$
(f：シグモイド関数)

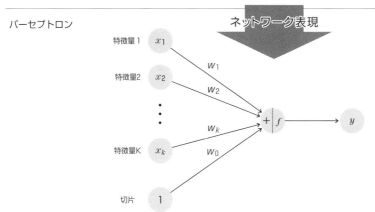

◆ロジスティック回帰のネットワーク表現（パーセプトロン）

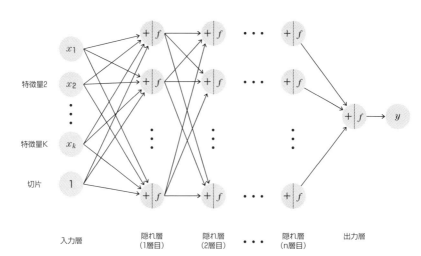

◆ニューラルネットワークのイメージ

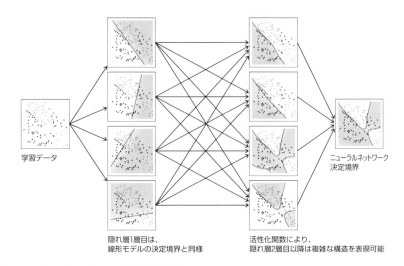

◆ニューラルネットワークの決定境界

　ニューラルネットワークにおける"学習（最適化）"とは、線形モデルと同様に、予測値とターゲットの誤差が最も小さくなるような重みを求めることです。本書では詳しい解説は省きますが、ランダムに与えた重みの初期値を、誤差逆伝播法という方法を用いて少しずつ更新していくことで、予測値をターゲットに近付けます。

　ニューラルネットワークは、階層を深くすることでモデルの表現力をより豊かにすることが可能ですが、勾配消失と呼ばれる問題によって、学習が困難になることが知られています。この問題をある程度解消し、階層を深くしたニューラルネットワークを一般的に**深層学習**（Deep Learning）と呼びます。

3-5 テキストデータに対する機械学習

テキストデータの数値データへの変換と応用

テキストデータの活用

3-1で述べたように、金融機関において、これまでテキストデータはあまり活用されてきませんでした。けれども、最近では従来の数値データ（売買の注文情報など）に加えて、決算短信や有価証券報告書、ニュースなどのテキストデータを活用しようという試みが金融業界に広がっています。

自然言語処理とは？

自然言語とは、本来は人間同士がコミュニケーションをとるためのものですが、これをコンピュータに処理させることを**自然言語処理**といいます。

自然言語処理は、文書分類やセンチメント化（文章のスコアリング）、機械翻訳、文書要約、質問応答などのさまざまな応用タスクで使用されていますが、大きく2つに分けることができます。ひとつはコンピュータがテキストを理解する仕組みである**文書理解**（文書分類やセンチメント化など）、もうひとつはコンピュータがテキストを生成する仕組みである**文書生成**（機械翻訳や質問応答など）になります。

これらのタスクを行う業務ドメインにより、用いるテキストデータの種類は異なります。たとえば、株価予測にテキストデータを用いる場合は、決算短信やアナリストレポート、有価証券報告書などを活用し、騰落率の高い銘柄を選出する予測モデルを構築することを目指します。また、経済指標の予測であれば、内閣府が公表している景気ウォッチャーや日銀さくらレポートなどのマクロ経済に言及したテキストデータを用いることで予測に役立てることができます。

形態素解析の概要

　自然言語処理では、意味を持つ最小単位を**形態素**と呼び、自然言語を分析する場合は、いったん、形態素に分解した上で分析を行います。形態素解析では、単語の品詞情報などを保持する辞書や文法に基づいて形態素に区切り、形態素の品詞も抽出します。

　日本語の形態素解析器はさまざまなものがありますが、最も進化したエンジンとして京都大学とNTT研究所が1990年代後半に共同開発したMecabがあります。また、2016年に同じく京都大学が開発したJUMAN++は後述する深層学習の一種であるRNN（Recurrent Neural Network）をベースにしており、さまざまな形態素解析器が存在します。

　ニュース記事やWeb上の文書には新語や固有名詞（たとえば、「Instagram」など）が多く含まれています。このような文書を形態素解析するためには新語や固有名詞に強い辞書（たとえばNEologd辞書）を使用する必要があります。また、形態素解析しただけでは自然言語処理において役に立たない形態素が残ってしまうため、助詞や助動詞などの品詞は除くことがあります。辞書の選択と整備は、目的に応じて適切に行う必要があります。

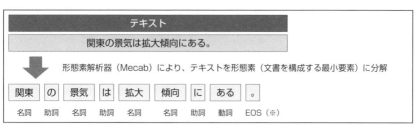

※文末を表す記号

◆形態素解析の仕組み

　形態素解析とは異なるより簡単な分析方法に、**N-gram解析**があります。これは言語をある単位（たとえば、文字単位、形態素単位、品詞単位）に分割し、後続のN-1個を含めた状態で出現頻度を求める方法です。た

とえば、Nの値が1の場合は、「ユニグラム（uni-gram）」、2の場合は「バイグラム（bi-gram）」、3の場合は「トリグラム（tri-gram）」と呼ばれ、通常はトリグラム以下がよく使用されます。

N-gram解析において、隣接する形態素の組合せを共起関係といい、それが表れる頻度を共起頻度といいます。N-gram解析では共起頻度を分析できますが、これを用いてテキストを特徴付けることができます。

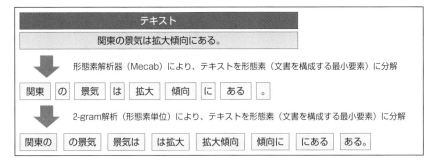

◆N-gram解析（形態素単位の場合）

このように分割した形態素を基に、以降で予測に役立つ特徴量を作成しましょう。

単語の出現頻度を基にした特徴量の作成方法

自然言語はテキストデータに分類されますが、機械学習モデルに入力するためには、数値データに変換する必要があります。具体的な数値データへの変換方法として、one-hotベクトル表現、BoW、TF-IDF、LDAなどがあります。

・one-hotベクトル表現

まず、形態素をベクトルで表すときはone-hotベクトル表現で表します。one-hotベクトル表現は、要素の数が対象とする全文書の形態素の数と同じで、個々の文書について、その文書に含まれる形態素の要素だけ1（残りがすべて0）のベクトルです。これによりテキストを要素が0ま

たは1の数値ベクトルに変換することができます。

・BoW（Bag of Words）

また、one-hotベクトル表現を拡張し、形態素解析を行った文書群を次のように出現頻度に着目して表形式にしたものをBoW（Bag of Words）といいます。BoWの形式にすることによって、後述のTF-IDFやLDAなどの手法を適用できるようになります。文書ベクトルは特徴量の数が形態素の数になり、存在する形態素のみ、ベクトルの要素の値が出現頻度になります（下図の文書①など）。

特徴量

	単語① 景気	単語② 上昇	単語③ 下落	単語④ 回復	単語⑤ 悪化	・・・
文書①		1	2			
文書②	1			3	2	
文書③	2	4		1		・・・
文書④		2	2	1		
文書⑤			1			

文書①では単語②が1回、単語③が2回出現する

◆BoW（形態素の出現頻度）の仕組み

・TF-IDF

TF-IDFは、その文書の特徴語を抽出するときに使用する値で、ある文書内で出現頻度が高い形態素ほど値が大きくなるTF値（Term Frequency）と、多くの文書に出現する形態素は重要でないとし、値が小さくなるIDF値（Inverse Document Frequency）を掛け合わせることによって算出することができます。つまり、ある文書におけるTF-IDF値が高い形態素は、その文書内で出現頻度が高く、他の文書にはあまり出現しないことになります。すなわち、TF-IDFでは、BoWの出

現頻度に、文書における形態素の重要度を加味していることになります。

	単語① 景気	単語② 上昇	単語③ 下落	単語④ 回復	単語⑤ 悪化	...
文書①		2.3	2.1			
文書②	0.8			3.8	1.8	
文書③	2.1	4.6		0.9		...
文書④		2.8	2.1	0.9		
文書⑤			1.3			

表上の数字は文書における形態素の重要度を表しており、たとえば文書①の単語②のTF-IDF値は2.3である

◆TF-IDFの仕組み

・LDA

　形態素の数が多い場合は、特徴量の数も多くなり、計算量の観点から機械学習モデルでは扱いづらくなります。そのため、特徴量を減らす必要がありますが、その代表的な方法のひとつにLDA（Latent Dirichlet Allocation：トピックモデル）があります。

　LDAは、文書が複数の潜在的なトピックから確率的に生成されると仮定したモデルであり、文書内の各形態素は、あるトピックが持つ確率分布に従って出現すると仮定します。LDAでは、分析者がトピック数を指定することにより、文書群から文章が何のトピックであるかを抽出することができ、文章とトピックの行列を作成することができます。これにより、LDAではトピック間の類似度やそのトピックの意味（金融を表すトピックなど）を解釈できるようになります。

　これらの手法で作成した特徴量を使って、3-4で説明した機械学習モデルで予測することができます。

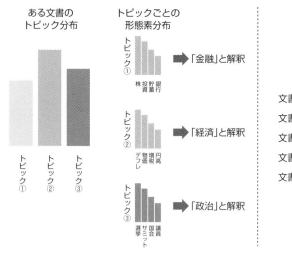

◆LDA（トピックモデル）の仕組み

分散表現ベクトル化による特徴量の作成方法

　TF-IDFやLDAでは形態素の出現頻度に着目して特徴抽出を行いましたが、形態素の語順を考慮して形態素の意味をベクトル化する方法に**Word2Vec**があります。

　Word2Vecでは形態素が数値ベクトルで表されますが、意味的に近い形態素は、距離的に近い数値ベクトルに変換されます。このような形態素の数値ベクトル化を分散表現といいます。特に、下図に示した従来のone-hotベクトル表現では、1つの要素のみ1で他の要素が0である形態素分の特徴量が必要なベクトルになりますが、分散表現ベクトルでは任意の数の特徴量のベクトルとして表現することができます。

One-hotベクトル	景気	0	1	0	0	0	0	0	0	0	0	0
分散表現ベクトル	景気	0.8	1.3	0.2	0.5	0.8	1.1	0.1	0.7			

◆One-hotベクトルと分散表現ベクトルの違い

形態素を分散表現ベクトル化することで、形態素同士の意味の近さを計算することができるようになります。たとえば、「景気」と「物価」の類似度と「景気」と「バブル」の類似度を比較することで、「物価」と「バブル」のどちらの形態素が「景気」に意味が近いかを把握することができます。

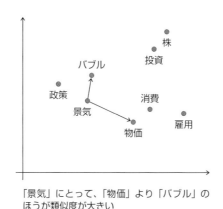

◆**Word2Vecによる分散表現ベクトル化**

　Word2Vecによる分散表現ベクトル化を実現する方法には、周辺形態素から対象の形態素を予測する**CBOW**（Continuous Bag-of-Word Model）と、ある形態素から周辺形態素を予測する**Skip-Gram**のモデルがあります。Skip-Gramのほうが、精度が高く、よく使われています。次ページの図に示すように、分散表現はニューラルネットを用いた学習により得ることができます。

　入力層から中間層への重み行列が形態素の分散表現ベクトルの集合になり、これを埋め込み行列（Embedding matrix）と呼びます。Word2Vecには、周辺形態素が似ている場合や、対義語同士の意味の違いをうまく学習できないという問題がありますが、後述の深層学習の一種であるLSTM（Long Short Term Memory）などを用いて、埋め込み行列を更新することで、これらの問題も克服できるようになります。

　なお、2016年にFacebookが発表した「**FastText**」という手法を用い

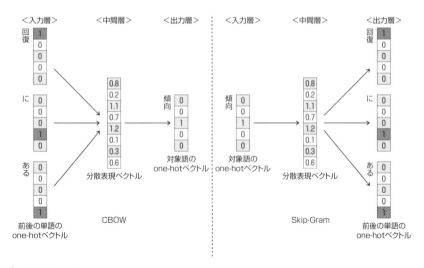

◆CBOWとSkip-Gram

れば、これまで5日かかっていた学習が10秒足らずで終了し、精度も落ちない結果になると報告されています。FastTextではsubword（部分語）に分解したものを学習に入れることで、原形（例：Come）と活用形（例：Coming）の関係性をうまく学習できるようになります。

また、文書を分散表現ベクトル化する**Doc2Vec**（paragraph vector）もあります。前述のWord2vecと同様に、CBOWに該当するdmpv（Distributed Memory）とSkip-Gramに該当するDBOWの2つのアルゴリズムが存在しますが、dmpvは文書ベクトルと単語ベクトルを同時に学習するため、dmpvのほうが精度が高いことが報告されています。

分散表現ベクトルを用いた予測モデル

ここまで分散表現ベクトルを用いた特徴量の作成方法について述べてきました。ここからは、分散表現ベクトルを用いた予測モデルについて説明します。

自然言語処理の分野では、深層学習の一種である**RNN**（Recurrent Neural Network：再帰型ニューラルネットワーク）が大きな成功を収めています。RNNはニューラル言語モデルの一種ですが、ニューラル

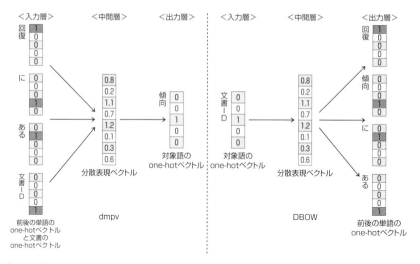

◆dmpvとDBOW

　言語モデルは、文書分類、センチメント化など、文章をスコアリングするモデル（many-to-one）と質問応答のように文書を生成する系列変換モデル（many-to-many）の２つに分けられます。

　自然言語はある時点の発話が、それ以降の発話に影響を及ぼしているという時系列データとしての性質を持っています。たとえば、「景気」という形態素が来たら、その次に「は」や「が」といった助詞が来ることが予想できます。

　RNNではその時点の入力形態素に加えて、過去に出現した形態素の情報として１時点前の隠れ層の値を利用し、隠れ層の状態を逐次的に更新していくことで文脈を学習していきます。文書を生成する系列変換モデルも本質は文章をスコアリングするモデルと変わらず、分類問題を繰り返し解いて、次の形態素を生成しています。入力形態素は、one-hotベクトルから対応する埋め込み行列の分散表現ベクトルを用いることで、予測精度が向上します。

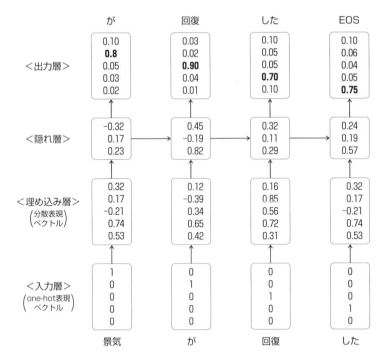

◆RNNによる予測の仕組み

　RNNでは2〜3ステップ前の形態素の情報しか覚えられないといわれているため、実際は、長期記憶を可能とした**LSTM**（Long Short Term Memory）がよく利用されます。特に、系列変換モデルでは、Encoder（質問文を受ける構造）で特徴抽出した最初のほうの形態素の情報がDecoder（応答文を生成する構造）まで伝播しづらくなる特性を有しているので、直接的にEncoderの情報をDecoderにつなげる注意機構（Attention）を導入することで、予測精度が向上します。

　系列変換モデルは機械翻訳の分野で成功を収めており、Googleの翻訳においても系列変換モデルを用いたことで精度が向上しました。また、日本マイクロソフトが開発した女子高生AIのチャットボット「りんな」は女子高生らしい受け答えができると話題にもなりました。

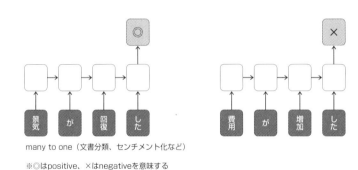

many to one（文書分類、センチメント化など）

※○はpositive、×はnegativeを意味する

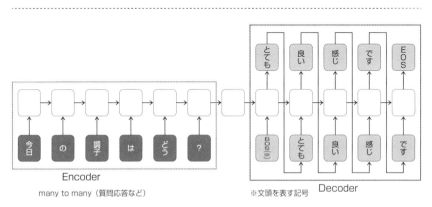

many to many（質問応答など）　※文頭を表す記号

◆many-to-oneの構造とmany-to-manyの構造

大和地域AI（地域愛）インデックス

　テキストデータに対する機械学習の活用事例として、大和地域AI（地域愛）インデックスを紹介します。これは、地域別の景況感を最先端のAIモデルで算出した指数によって、定量的かつ速報性を持って示すことができるものです。前述した形態素解析、Word2Vecなどによる自然言語処理を応用しています。

　具体的には、次のような流れで指標を示します。

STEP1：事前学習

　景気ウォッチャー（毎月、内閣府が調査し発表している景気に関する指標）の文章を形態素解析し、形態素単位に分割します（次ページ図①）。

Word2Vecを用いて、景気ウォッチャーを形態素単位で分散表現ベクトル化し、ニューラルネットワークに入力可能なデータ形式に変換します（②）。

　LSTMを用いて、景気ウォッチャーの文章と評価値（◎、○、□、△、×）の関係を学習します（③）。

STEP2：インデックス作成

　さくらレポート（日本銀行による地域経済報告）の文章を形態素解析、分散表現ベクトル化します（④）。

　学習済みモデル（③のモデル）にさくらレポートの文章を入力し、個別指数を算出します（⑤）。

　自然言語処理の技術は、画像、音声分野でも活用され、さまざまな応用タスクを実現する際の基本になります。

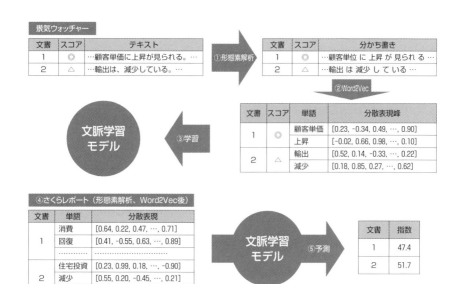

◆大和地域AI（地域愛）インデックスの流れ

3-6 画像データに対する機械学習

画像データは数値データの集合体

画像データと画像認識技術

「画像データ」とは、単なる画素（ピクセル）の集合体です。一般に各ピクセルは、0〜255までの整数値を取り得る256階調で表現されます。特にカラー画像は三色（RGB）で表現されるため、ピクセルごとに約1,678万（256×256×256）の値を扱うことができます。たとえば、解像度が1920×1080でカラー画像の場合、総ピクセル数は約620万（1920×1080×3）になります。すなわち画像データとは、非常に多くの数値データの集合体であるといえます。

近年、画像データに機械学習を適用した例として、自動運転や顔認証

画像データ → 数値データ

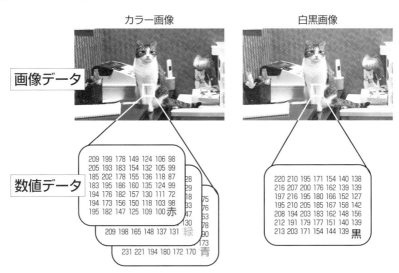

◆画像データとは？

などの**画像認識技術**が注目を集めています。画像認識技術とは、画像データから特徴を抽出することで対象を認識する**パターン認識**の一種です。すなわち、与えられた画像に写っているものが「何か？（何に一番近いか？）」を理解するための技術になります。

ここで前ページの図の画像に対して、画像内に写っているものが「何か？（猫 or 犬 or 人）」を判定するタスクを考えてみましょう。まず、この画像の中には「猫」だけでなく、「置物」や「テーブル」が含まれていることが見て取れます。そのため本タスクを解くには、対象（ここでは猫）の特徴をうまく「抽出」した上で、その部分が何かを「識別」する処理が必要となります。たとえば、何らかの手法を用いて「抽出」と「識別」を行った結果、猫、犬、人である確率がそれぞれ0.8、0.15、0.05であった場合、「この画像には猫が写っている」とある程度の自信を持って答えることができます。これが、画像認識（特に**画像分類**）タスクを解く一連の流れになります。

このように画像認識タスクの多くは、**特徴の「抽出」**と**物体の「識別」**という2つの処理から構成されています。そのため、それぞれに対してさまざまな手法が提案されています。特に深層学習以前では、研究者らの知見と経験のたまものと呼べる手法が数多く提案されてきました。

深層学習以前の手法

画像認識の精度を向上させるためには、物体の形状をよく捉えている特徴を「抽出」する必要があります。そのような特徴として、物体の角や**縁（エッジ）**がよく用いられ、画像内の小領域を表現した特徴量であるため「**局所特徴量**」と呼ばれます。一般に局所特徴量の「抽出」には、**空間フィルタリング（フィルタ）**が用いられます。

フィルタ処理とは、着目画素とその周辺画素を重み付けし、それらの和をとったものを着目画素の新たな値とする処理を指します。たとえば、画像からエッジを抽出するフィルタのひとつとして、**Sobel Filter**がよく知られています。またフィルタ処理は、画像の前処理にも用いられ、ノイズの影響を低減する**平均化フィルタ**などが有名です。

画像例

計算例

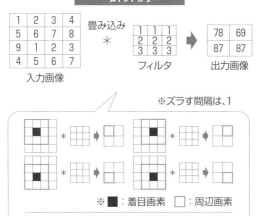

◆畳み込み処理とその例

　一方「識別」では、**ランダムフォレスト**などの機械学習を用いた手法がよく用いられます。そのため深層学習以前では、知見と経験を基に手

動でフィルタを構成し、そこで得られた局所特徴量と機械学習手法とを組み合わせた手法が一般的でした。しかし深層学習の登場により、画像認識の処理フローとその精度は、大きく変わりました。

CNNとその仕組み

2012年の画像認識コンペティションILSVRC（ImageNet Large Scale Visual Recognition Challenge）にて、2位以下の手法に大差を付けて優勝したことで、深層学習に基づく手法が一躍脚光を浴びました。このときの優勝モデルは**AlexNet**と呼ばれ、トロント大学のチームが**畳み込みニューラルネットワーク**（**CNN**：Convolutional Neural Network）を用いて構築したモデルでした。

CNNの起源は、神経生理学的な知見を基に考案された**ネオコグニトロン**［K.Fukushima et al., 1982］であるといわれています。ネオコグニトロンとは、特徴抽出を行う「畳み込み層」と、「プーリング層」と呼ばれる層を階層的に配置した構造を持つ**ニューラルネットワーク**です。CNNでは、このネオコグニトロンと類似の構造を持つニューラルネットワークを構築し、誤差逆伝播法による学習方法を採用することで、画像認識タスクにおいて成功を収めました。

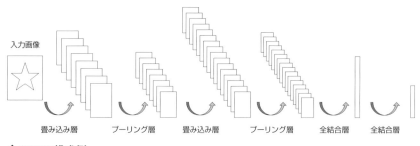

◆CNNの構成例

CNNが優れた画像認識精度を実現する理由を述べるために、前述の2層の役割を説明します。

まず**畳み込み層**とは、畳み込み計算を行うフィルタを指し、そのフィ

ルタ値に応じて新たな特徴量を作り出す処理を行う層です。前述のSobel Filterがその一例となります。初期の層では、エッジなどの局所的な特徴量が抽出され、層を重ねていくにつれて局所的な特徴量が組み合わさった大域的な特徴量が抽出されます。これにより画像内にある対象物の（大域的な）特徴が捉えられ、確度の高い認識が可能となります。

一方**プーリング層**とは、ある小領域に対して最大値（平均値や最小値も用いられる）を抽出する操作を行うことで、物体の位置ズレを許容した特徴量への変換を行う層です。

CNNでは、誤差逆伝播法を用いて、畳み込み層で用いるフィルタ値を学習します。そのため、手動でのフィルタ値制御を必要としません。これが、深層学習以前の手法と異なり、かつ高い画像認識精度を実現する理由のひとつです。

ILSVRCの代表的なモデル

AlexNetの登場以降、CNNを用いた手法が主流となり、ILSVRCでは毎年のように新しいモデルが発表されてきました。優れた認識精度を示したモデルを確認していくと、いずれも「層数の増加」と「層自体の改良」が見られます。

たとえば、127ページ上図のAlexNet、VGGNet、GoogLeNet、ResNetでは層数は8から34へ増え、インセプションやResidualといった改良層が見て取れます。

画像認識技術は、多岐にわたる応用分野があり、金融分野への導入も始まっています。たとえば株価の推移を画像として捉えることで、株価の騰落を予測する事例などが挙げられます。このように金融分野においても画像認識は必要な技術となっているので、本節で紹介した技術や手法は、理解しておくようにしましょう。

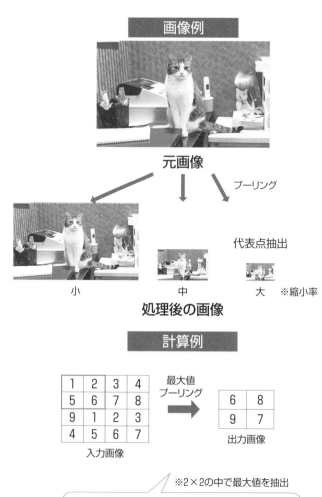

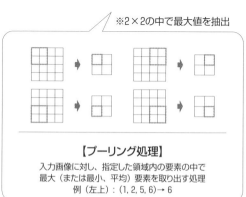

◆プーリング処理とその例

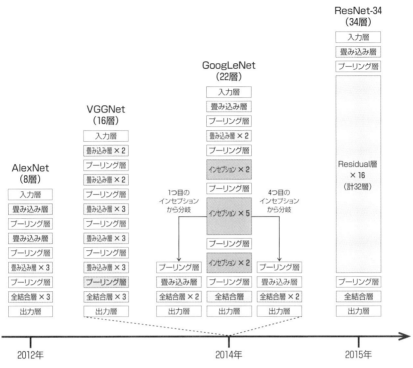

◆ILSVRCの代表的なモデルの階層

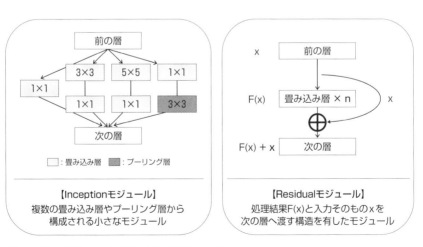

◆InceptionモジュールとResidualモジュール

3-7 音声データに対する機械学習

音声データは単なる数値の系列

音声をコンピュータに処理させる

　音声をコンピュータに処理させることを**音声処理**または**音声言語処理**といいます。代表的な応用タスクとして、音声をテキストに変換する音声認識（Automatic Speech Recognition：ASR）、テキストを音声に変換する音声合成（Text to Speech：TTS）、音声から話者の感情を推定する音声感情認識（Speech Emotion Recognition：SER）などがあります。

音声データとは？

　「音声」とは人間の声帯あるいはスピーカーが振動することによって発生する空気の振動です。この空気の振動を、マイクロホンによって電気信号に変換し、ADコンバータによりアナログ−デジタル変換を行ったものを、「**音声データ**」（Audio Data、Speech Data）と呼びます。具体的には、サンプリングによって一定の時間間隔で信号を抽出し、量子化によって信号の強さを数値化します。1秒当たりのサンプリングの回数を**サンプリングレート**と呼び、サンプリング1回当たりに記録する情報量を**量子化ビット数**と呼びます。

　サンプリングレート・量子化ビット数が十分に大きい場合、元の波形を復元することが可能であるため、音声データから音声を再生することができます。サンプリングレートは、音楽CDの場合は44.1KHz、携帯電話の場合は8KHzが一般に用いられます。量子化ビット数は必要とする音質に応じて4、8、16、32bitなどが用いられます。音声データの最も代表的なファイル形式はwavフォーマットです。

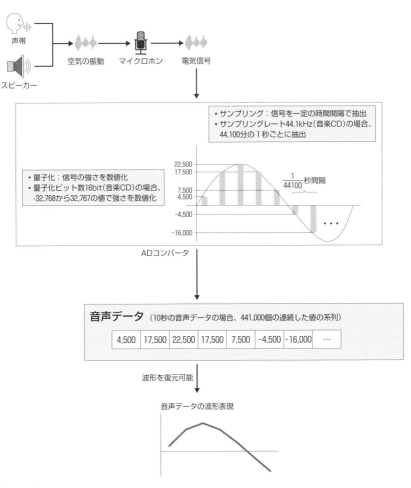

◆音声データ

音声データの前処理（短期間フーリエ変換）

　音声データは大量の連続した値の系列であるため、何らかの特徴量を抽出した上で機械学習を適用する方法が一般的です。このときに使われる手法が**短期間フーリエ変換**です。

　短期間フーリエ変換は、音声を一定の区間（フレーム）で切り出しフーリエ変換を行うことで、横軸を時間、縦軸を周波数とした2次元の特

徴量を抽出する方法です。具体的には、一定区間の音声データを周波数の異なる正弦波（余弦波）の重み付和で表現することで、時間ごとの各周波数の強さを算出します。周波数の強さを色で表現したものは、**スペクトログラム**または**声紋**と呼ばれます。

　短期間フーリエ変換によって得られた特徴量は一部冗長であるため、情報圧縮を行った**メルフィルタバンク出力**や、**メル周波数ケプストラム係数**（mel frequency cepstral coefficient：MFCC）といった特徴量がしばしば用いられます。これらの特徴量は画像データやテキストデータの分散表現と近しい形状をしているため、深層学習の手法を適用することが可能です。

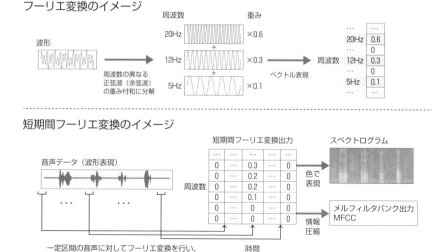

◆フーリエ変換と短期間フーリエ変換のイメージ

深層学習を用いた音声処理

　従来、音声認識などの応用タスクは音声処理に特化した独自の技術要素を組み合わせることで実装されていましたが、深層学習の発展によって、画像認識、自然言語処理と同様の枠組みで実現する方法が可能とな

りました。

　具体的には、CNNやLSTMなどの手法を音声波形やメルフィルタバンク出力に適用することで、音声とテキストなどの関係を直接学習します。このような学習法を**End-to-End学習**と呼びます。音声処理におけるEnd-to-End学習は推論速度などの課題が残るものの、研究レベルにおいては高い精度が報告されており今後の発展が期待されています。

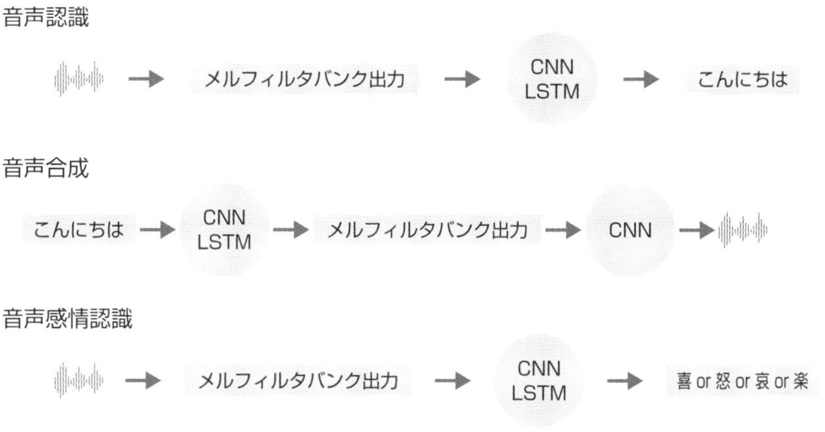

音声認識

〰️ → メルフィルタバンク出力 → CNN LSTM → こんにちは

音声合成

こんにちは → CNN LSTM → メルフィルタバンク出力 → CNN → 〰️

音声感情認識

〰️ → メルフィルタバンク出力 → CNN LSTM → 喜 or 怒 or 哀 or 楽

◆**音声処理におけるEnd-to-End学習**

音声処理の活用

　音声処理の活用法は、次のようなものが代表的です。

・音声入出力

　音声認識、音声合成を用いることで音声を入出力とするデバイスが実装できます。金融業界においても、音声入力を用いた対顧客向けサービスや、バック業務の効率化事例が多く報告されています。

・音声対話システム

　音声入力に自然言語処理や強化学習を組み合わせることで、より人間

に近しいタスクを行える音声対話システムの構築が可能となります。既にレストラン予約が行える音声対話システムがGoogleにて開発されており、電話問合せの自動応答などの応用が期待されています。

• **音声のスコアリング**

音声感情認識を行うソリューションは古くからありますが、機械学習の発展に伴いその実用性は増しています。感情だけでなく、成約確率、クレームリスク、解約リスクなどのビジネス価値の高いターゲットを音声からスコアリングできれば、マーケティングやコンプライアンスチェックなどの活用が期待できます。

3-8 データ活用推進のアプローチ（1）（分析編）

より高度な機械学習モデルを構築するための次の一手

特徴量の追加と加工

特徴量エンジニアリング（feature engineering）とは、モデルの性能を向上させるために、既存のデータを変換したり、外部ソースからデータを入手したりして、新たな特徴量をデータセットに追加することです。

特徴量エンジニアリングは、うまく行えばモデルの性能を大きく向上させられるポテンシャルを持っていますが、適切な特徴量の作成には、モデル構築の目的（ビジネステーマ）とデータについての深い知見が求められます。また、試行錯誤を繰り返すことが多く、時間と労力を伴う作業でもあります。

一例として、ある企業の株価予測モデルを作成したい場合を考えます。使用するデータおよび特徴量としては、過去の株価推移や決算情報などが第一に考えられます。さらに、一般的な投資家が取引材料にすると考えられるデータ（たとえば、株価推移のデータから得られる一目均衡表・RSIなどのテクニカル指標の情報や、外部ソースから得られる企業の想定為替レートと実勢との乖離などの情報）を特徴量として適切に追加できれば、予測モデルの性能を改善できる可能性があります。

最適なハイパーパラメータの選択

機械学習モデルが持つパラメータの中で、データセットからの学習では決まらず、事前に設定が必要なパラメータを**ハイパーパラメータ**と呼びます。モデルの作成時には、ほとんどの場合においてハイパーパラメータの設定をあらかじめ行う必要があります。ハイパーパラメータの例としては、ランダムフォレストにおける決定木の数、ニューラルネットワークにおける層の数などが挙げられます。

ハイパーパラメータの選択は、モデルの精度にも影響を与えます。精度の高いモデルを作成したい場合には、複数のハイパーパラメータを使って実際にモデルを学習させた後に、最も精度が良くなるパラメータを採用します。このように、最適なハイパーパラメータの値を探索することを**ハイパーパラメータチューニング**と呼びます。

　ハイパーパラメータチューニングを自動的に行う手法としては、**グリッド探索**（grid search）、**ランダム探索**（random search）、**ベイズ最適化**（Bayesian optimization）などがあります。しかし、深層学習モデルのように学習に時間がかかる場合には、学習中の結果も確認しつつ、前回の結果と比較して学習を途中で打ち切るなど、人手によるチューニングもよく行われています。

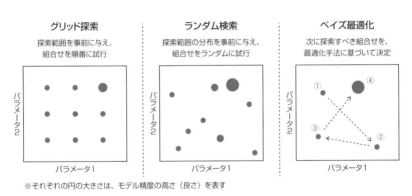

◆ハイパーパラメータチューニングの代表的手法のイメージ

複数のモデルによる多数決

　アンサンブル学習（ensemble learning）とは、複数のモデル（弱学習器）を組み合わせて1つのモデルを生成する手法です。アンサンブル学習では、「3人寄れば文殊の知恵」という言葉でよくたとえられるように、それぞれの弱学習器の性能がそれほど高くない場合でも、その予測結果を多数決で統合することによってモデル全体の性能向上を狙います。よく使われる手法としては、バギング（bootstrap aggregating：bagging）、

ブースティング (boosting)、スタッキング (stacking) があります。

バギングは、アンサンブルに用いる個々の弱学習器の学習において、すべての学習データを使うのではなく、その一部を抽出したデータで別個に学習する手法です。それぞれの弱学習器が異なるデータセットで学習するために汎化性能が向上し、また学習の計算を並列処理できるという利点もあります。バギングを使用する代表的なアルゴリズムとしては、ランダムフォレストが挙げられます。

ブースティングでは、最初にベースラインとなる弱学習器を生成し、これを改善するような学習を行って新たな弱学習器を生成していく手法です。より具体的には、前回生成した弱学習器が誤って予測したデータに重点を置き、その予測を改善するように次回の学習が行われます。ブースティングにおける学習は逐次的に行われるため、バギングのような並列処理はできません。

スタッキングは、モデルを多段に積み上げていく手法です。まず、1段目ではさまざまな弱学習器の学習を行い、続く2段目では、1段目の各弱学習器の出力（予測値）を使って、最終的な予測を行う学習器を生成します。言い換えれば、2段目では、1段目のどの弱学習器をどう組み合わせれば最も性能が上がるかを学習します。データ分析コンペティションなどでは、さらに段数を増やした複雑なスタッキングモデルが用いられることもありますが、必要な計算量が非常に多くなる上に、モデルが複雑で扱いにくくなってしまうというデメリットもあります。

転移学習とファインチューニング

転移学習（transfer learning）は、深層学習モデルにおいて、ある領域で大量のデータで学習させたモデルの一部を転用し、別の領域における少量のデータで追加学習させることで、精度の良いモデルを効率良く構築する手法です。

例として、CNN（畳み込みニューラルネットワーク）を用いて、画像から猫の種類を判別するモデルを作ることを考えます。もし、何もない状態からモデルを作るとしたら、まずは分類対象となる猫の画像を大

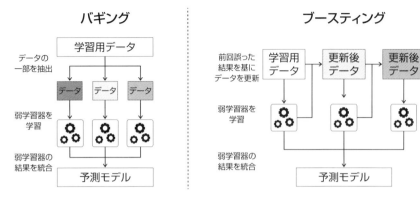

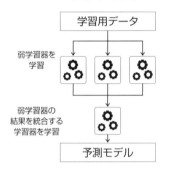

◆アンサンブル学習の代表的手法のイメージ

量に用意する必要があり、またモデルの学習にも相当の時間がかかることが想定されます。

　2014年の画像認識コンテストにおいて優勝した、VGG16という有名なモデルがあります。VGG16は、畳み込み層×13と全結合層×3の全16層で構成されており、膨大な画像データセットから動物や乗り物などの1,000カテゴリーを分類できるように学習されています。VGG16のパラメータ（重み）は一般に公開されていて、誰でも利用することができます。

　転移学習のアイデアでは、この優秀な画像分類モデルであるVGG16を、猫の判別モデルに転用することを考えます。VGG16の層のうち、画像の特徴抽出を行っていると考えられる13層の畳み込み層を転用（コピー）

し、そこに新たな全結合層を接続します。そして、今回用意した猫の画像データを使って学習し、畳み込み層のパラメータを固定して全結合層のパラメータのみを更新すると、何もない状態からモデルを作るよりもずっと少ないデータ量と学習時間で、ある程度精度の高い分類モデルを構築できることが知られています。

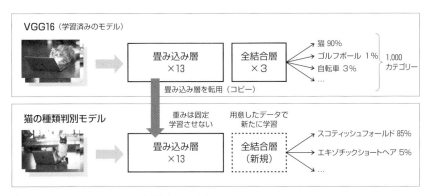

◆画像分類タスクにおける転移学習の例

先ほどの例では、流用する畳み込み層のパラメータは再学習させず固定としましたが、パラメータを固定せず学習データに合わせて更新する場合には**ファインチューニング**（fine tuning）と呼ぶこともあります。

トレンドのキャッチアップ

次ページの図は、人工知能学会の金融情報学研究会（SIG-FIN：Special Interest Group on Financial Infomatics）の発表件数の時系列推移を表したものです。SIG-FINは、機械学習の金融分野への応用に関する研究会としては日本で最もよく知られている研究会で、多くの研究者、実務者が参加しています。SIG-FINでの発表件数は、近年になり急激に増加しており、産学を問わず金融分野におけるデータサイエンスの活用がホットイシューとなってきていることがわかります。

金融システムに携わる技術者としては、このような動向に無縁ではいられません。本節で解説した技術も既に金融分野では当たり前のように

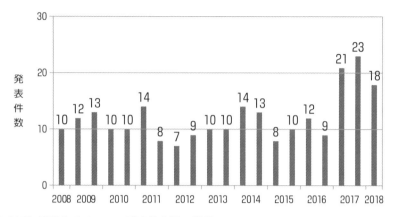

◆人工知能学会 SIG-FIN　発表論文数の推移

使われています。金融分野は他の業種に先んじて先端的な技術やアイデアが応用される傾向にあるため、関心のある技術者は、この分野の最新の動向にも気を配っておく必要があります。

　データサイエンス・機械学習に関する最先端の研究は世界中で進められており、今でも驚異的なスピードで進化を続けています。そのため、これまでに挙げたような手法よりも効率的かつ効果的な手法がいずれ登場することが想定されます。自分の活用する手法やアイデアが「時代遅れ」にならないためにも、最先端のトレンドへのキャッチアップは非常に重要です。

　最先端の研究を知るための場として、まず挙げられるのが国際会議（カンファレンス）です。代表的なものとしては、機械学習分野のNIPS（Neural Information Processing Systems）とICML（International Conference on Machine Learning）、データマイニング分野のKDD（International Conference on Knowledge Discovery and Data Mining）、自然言語処理分野のACL（Association for Computational Linguistics）などがあります。いずれの国際会議も、世界中の研究機関や企業から多数の論文が投稿され、参加者数も機械学習への関心の高まりとともに近年急激に増加しており、トレンドのキャッチアップだけでなく研究者や企業間のネットワーキングにも適した場となっています。

国際会議よりも手軽に、インターネット上で最先端のトレンドをキャッチアップできる場としてはarXiv（アーカイブ）があります。arXivは、物理学、数学、計算機科学などの研究論文の投稿・閲覧が誰でも無料で行えるWebサイトで、現在はアメリカのコーネル大学図書館が運営しています。arXivは学術誌ではなく、論文投稿時も簡単な審査があるのみで査読はありませんが、上記のような国際会議への投稿に先駆けてarXivに論文が掲載されることも多いため、世界中の研究者が注目しています。arXivに日々投稿される論文の傾向をチェックするだけでも、ある程度のトレンドを把握することができるでしょう。

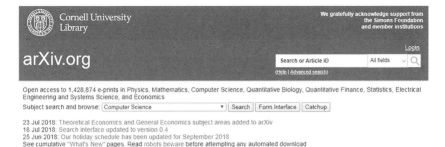

出典：https://arxiv.org

◆arXivのトップページ

3-9 データ活用推進のアプローチ(2)(インフラ編)

価値ある知見を素早く生み出すためにインフラ面で意識すべきこと

データ活用についてインフラ面で意識すべきこと

　データ活用を推進する上で、インフラ面で意識すべきことを本節では「分析ワークフロー全体を素早く回せる基盤の実現」と定義します。機械学習／AIの情報システム（以下、データ分析基盤）の構成要素は、①収集、②蓄積、③加工、④基礎分析、⑤モデル構築・評価、⑥適用（デプロイ）に分けられます。

　そこで本節では、機械学習／AI向けに、最初に下図に示したデータ分析基盤のリファレンスアーキテクチャを基に、従来の情報活用基盤との違いを説明します。次に機械学習／AIの文脈において意識すべきポイントを3つ紹介します。

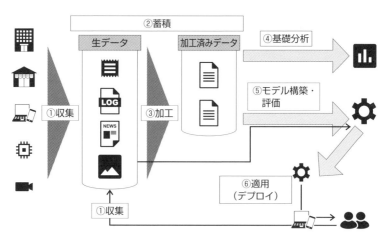

◆データ分析基盤のリファレンスアーキテクチャ

データ分析基盤リファレンスアーキテクチャ

既存のデータウェアハウス（DWH）のような情報活用基盤と、機械学習／AI向けのデータ分析基盤との違いは、端的にいうと「データ量が大規模」、「計算リソースが大規模」、「要求の変動が激しい」ことです。1990年代より存在するDWHは、事前見積りの上でサーバーを購入・構築し、Oracleに代表されるRDBMSを導入して利用を開始するのが典型例ですが、一方で機械学習／AIの基盤には不向きであることも多いのです。以下にデータ分析基盤に対する3つの要求について、詳しく説明します。

1つ目は、「**加工前の生データを長期間（＝半永久的に）蓄積できる基盤**」です。機械学習／AIの文脈では仮説検証のプロセスを頻繁に行います。一方で、加工作業ではある定点での仮説と前提が本質的に反映されるため、新しい仮説やニーズへの対応には生データが必要不可欠です。

データの蓄積コストは加速度的に下がっているものの、逆にデータの価値は増大しています。そのためデータ活用企業がとるべき基本方針は、「データは可能な限り収集し、原則破棄しない」ことです。当然、各種法規制への対応は必須ですが、安易な加工・廃棄は価値の毀損につながります。**データのライフサイクル管理対策**は企業として取り組むべき課題のひとつです。

また、蓄積したデータを活用しやすく維持する工夫も重要です。たとえば、メタデータの管理やデータクレンジングがあります。データは活用されてはじめて価値を生みます。データを経営資源と捉えた、メンテナンスの必要性・重要性への理解は大切です。

2つ目は、「**ビッグデータを扱える基盤**」です。すなわち、データの容量（Volume）、生成の速度（Velocity）、種類の多様性（Variety）、正確さ（Veracity）の4要素（**ビッグデータの4V**）に対応できることです。ビッグデータを現実的な時間で経済的に処理するための基盤には、一般に他の情報システムと異なるテクノロジーが選択されます。たとえば扱うデータが大量の場合、その転送にもコストがかかるので、加工と蓄積

を同一の分散基盤上で行えるHadoopを選択する、などです。

最後に、「**機械学習のモデル構築・評価を大量に迅速に行える基盤**」です。予測性能や安定性、推論時間などの指標を用いてモデルを評価する上で、比較候補のモデルは多いほど良いです。モデル構築作業は並列化可能であり、同時に使える計算資源が大量であるほど作業期間を短縮できます。また、機械学習向けのインフラ（例：GPU）も有用です。

なお、データ基盤には下表に示すようないくつかのパターンがありますが、機械学習／AI向けのデータ分析基盤にはデータレイクが特に注目されています。

◆データ基盤のパターン

用語	解説	主な用途	データ量	ユーザ数	応答時間
データマート（DM）	業務目的別に、個別に集計されたデータ、もしくはDWHのビュー	ビジネスユーザ向けの定型レポート	小	大	小
データウェアハウス（DWH）	・各種業務システムを横断して収集し、長期的に蓄積したデータベース ・概念は1990年前後に登場	・データアナリストの非定型分析 ・DMの入力			
データレイク	・生データを大量に半永久的に蓄積できるデータ基盤 ・本項の「蓄積」要素に相当 ・概念は2010年前後に登場	データサイエンティストの仮説探索／検証、モデル構築	大	小	大

意識すべきポイント1：パブリッククラウドの活用

データ分析基盤の各種要求を迅速かつ安価に実現するためには、AWS（Amazon）やAzure（Microsoft）、GCP（Google）などの**パブリッククラウド**（以下、クラウド）が有力な選択肢となります。並列・分散処理や一時的な計算資源利用などはクラウドの得意分野です。実際、大手クラウド各社はデータ分析基盤、機械学習／AI関連のマネージドサービスを数多く提供しています。これらのサービスは自社開発、商用製品やOSS利用と比較して機能面・価格面で優位です。

一方で、金融業界でのクラウド活用に向けた課題のひとつはセキュリ

ティです。これに対し大手クラウド各社は金融分野における情報システムのセキュリティ基準などを定める組織である**FISC**（The Center for Financial Industry Information Systems：公益財団法人金融情報システムセンター）の安全対策基準への対応や、クラウドサービスのセキュリティ標準を定めた規格であるISO/ICE 27017などの外部認証取得を表明しています。

これは金融業界においても、システム特性を問わずクラウドを十分活用できることを意味しますが、一方で利用者側に適切な実装を要求しています。クラウドに関わるエンジニアは利用サービスへの理解やベストプラクティスの習得、最新情報へのフォローアップが不可欠です。

またデータ分析基盤は、業務特性上、データの機微性を低くする、障害時の社会的影響を小さくするなどの設計上の工夫が可能です。そのため、FISCの提言するリスクベースアプローチにおいて、クラウド活用を行う典型的なパターンに落とし込むことが容易です。

意識すべきポイント2：適用（デプロイ）に対する検討

特にオンラインでのモデル利用においては、適用（デプロイ）の環境や手法を検討しておく必要があります。実利用シーンでは、モデル構築環境と利用環境はしばしば異なります。インフラ面ではコンテナ技術（Docker、Kubernetes）などを活用すると、可搬性が向上します。

利用シーンとして、Webサービスを例に挙げると、機械学習モデルのサービスには、2014年頃に提唱された、HTTP経由のAPIなどで連携する複数の小さいサービス群にて、1つのアプリケーションを構成するマイクロサービスアーキテクチャが適しています。その理由は、モデル自体の改善やリリースサイクルを、他のサービスと分離できるためです。また、新旧モデルを、トラフィックを振り分けて同時に運用し、その結果を見て新モデルに切り替える手法など、実際の結果に基づく適用（デプロイ）手法も採用しやすくなります。

ところで構築済みモデルの実行はモデル構築作業に比べて、必要な計算資源が少ないため、クライアント・エッジ側への適用もひとつのオプ

ションです。たとえばスマートフォン・カメラデバイス側にモデルをデプロイすることで、オフラインで顔認識を行わせることもできます。

　最後に、実際の利用ログを収集・連携しフィードバックできる仕組みを初期から組み込むことが大切です。予測と実際の差異をデータで観測しモデルの再学習を行うサイクルの設計・運用は、継続的に価値を生み出す機械学習／AIシステム・サービスの第一歩であるからです。

意識すべきポイント3：機械学習サービスの発展

　機械学習／AIの活用に合わせて、最低限の知識で機械学習／AIの導入・利用が可能な環境が整っています。これらの関連サービス・プロダクトは**MLaaS**（Machine Learning as a Service）と呼ばれ、大きく**汎用API群**と**開発プラットフォーム**の2つに分別されます。

　汎用API群は画像・動画処理、自然言語処理、音声処理などの典型的なシナリオに対する機械学習APIサービスで、主要クラウド各社から提供されています。専門家により膨大なデータを利用して構築されたこれらのモデルは今後の改善も期待できるため、積極的な利用をお勧めします。

　開発プラットフォームは分析・モデル構築・適用（デプロイ）の部分を中心としたサービスで、セットアップが不要、経済的（完全従量課金制）、GUIでの構築が可能、などの特徴を持ちます。利用用途やスキルレベルを考慮して、サービスを選定・利用すると良いでしょう。

　また、モデル構築における作業を自動化できるプロダクトも近年登場しています。たとえば、モデル選択や特徴量生成のタスクです。自社のデータ分析の課題と予算次第ですが、活用する価値は十分にあります。

　上述の機械学習関連サービスの具体例を次ページの表に記載します。

◆機械学習関連サービスの具体例

分類	種別	サービス名、提供会社名
汎用API	・画像処理 ・動画処理	・Amazon Rekognition ・Google Cloud Vision API/Video Intelligence
	自然言語処理	・Amazon Comprehend ・Google Natural Language
	音声処理	・Amazon Polly / Lex ・Google Cloud Speech API
開発プラットフォーム		・Amazon SageMaker ・Google Cloud Machine Learning Engine/Cloud AutoML
自動化プロダクト	モデル作成	DataRobot
	特徴量作成	dotData（NEC）

今後求められるインフラ面での心構え

　機械学習／AI分野は今後も目覚ましい発展が期待されます。情報収集やトライアンドエラーを通して、時代に適したサービス・アーキテクチャーを見極め、インフラ面でも変化に追随することが大切です。

　またデータを持った者が勝者といわれる分野ですが、自社のビジネスにおいて、価値を生み出せるコアデータのほとんどは自社にあります。外部のデータやサービスを積極的に活用しつつ、コアデータからの価値創出に注力が可能な体制・環境を整えられるかがポイントです。

3-10 データ活用推進のアプローチ(3)(人材・組織編)

データ活用企業になるために組織として求められること

データサイエンティストに必要なスキル

　本章ではここまで、金融ビジネスにデータサイエンスを応用しビジネス成果をあげるために必要な手法や考え方、技術について述べてきました。その中身はひとことでまとめると、**金融データサイエンティストが習得しているべき、データ分析の方法論と技術知識**という内容に他なりません。

　金融データサイエンティストが、わかっているべき方法論、同時に必要となる技術知識などについては理解いただけたとして、対して、職務遂行のためにデータサイエンティストに必要とされる経験・能力とは、何なのでしょうか。

　ハーバード・ビジネス・スクールが発行する経営学雑誌『Harvard Business Review』上で、「データサイエンティストは21世紀で最もセクシーな職業だ」という有名な表現が掲載されたのは、2012年10月号でした。この「セクシーな職業」という表現には、「やりがいの大きい職業」「給与が高い職業」という意味に加え、「なるのが難しい職業」という意味も含まれています。データサイエンティストが、多様で幅広い経験や能力が求められる難易度の高い職種であることは事実です。

　次ページの上表は、データサイエンティスト協会によるデータサイエンティストの定義です。ここから読み取れるのは、データサイエンティストとは、データ分析を遂行してビジネスに貢献するために、数理統計や機械学習についての学問的知識を持ち、プログラミングを駆使してデータを操作でき、かつ、対処するビジネスについての業務知識もわかっていなければならない、という要求です。ビジネスとITを横断した、幅広い経験と知識、多様な能力が必要とされるため、データサイエンティ

ィスト人材は人数が少なく、総務省も『情報通信白書』などを通じ、近い将来に人材が大きく不足するという予測を公表しています。

◆データサイエンティスト協会によるデータサイエンティストの定義

データサイエンティストの定義		
データサイエンス力、データエンジニアリング力をベースにデータから価値を創出し、ビジネス課題に答えを出すプロフェッショナル		
データサイエンティストの三大スキル	①データサイエンス力	情報処理、AI、統計学などの情報科学系の知恵を理解し使う力
	②データエンジニアリング力	データサイエンスを意味のある形に使えるようにし、実装、運用できるようにする力
	③ビジネス力	課題背景を理解した上で、ビジネス課題を整理し解決する力

　金融データサイエンティストとしては、金融ビジネスに対する深い理解とビジネス課題を設定する能力、金融システムや外部から得られるデータに対する深い造詣、またそれを分析しそこから新たな知見を見いだしビジネスにつなげる能力が必要といえるでしょう。

◆データサイエンティストの典型的なタスクフローと必要となるスキル

	典型的なタスクフロー	関連する章・節	①データサイエンス力	②データエンジニアリング力	③ビジネス力	必要となる作業量
1	ビジネス課題や目標に対するビジネスゴールの明確化	3-5			○	10%
2	ビジネスゴールへ到達するために必要なデータサイエンス解決策の明確化	3-5	○	○	○	
3	データ分析環境の選択と整備	3-1・3-9	○	○		70%
4	データの収集と複数データリソースの結合	3-1		○	○	
5	データの品質評価と基礎集計	3-1・3-2	○	○	○	
6	データの分析母集団の定義、モデル学習用教師データの定義	3-1・3-2	○	○	○	
7	データの加工（カテゴリー化、ダミー化、正規化、合成変数の作成など）	3-1・3-2	○	○		
8	モデルの学習計画立案	3-2	○		○	15%
9	モデル作成	3-2・3-4〜7	○	○		
10	モデルの精度評価	3-3	○		○	
11	複数モデルの作成と精度チューニング、チャンピオンモデルの決定	3-3・3-8	○	○		
12	モデルをビジネス適用した場合のビジネス効果シミュレーション（バックテスト）	3-3・3-8		○	○	5%
13	分析報告書の作成と報告の実施	3-3			○	

データサイエンティストの体制化

　データサイエンティストは、とても優秀なスーパーマンでないと務まらないかのような表現をしてきましたが、実際にはそうではありません。データサイエンティストには非常に幅広い能力、経験、知識が求められることは事実なのですが、現実的にはすべてを兼ね備えたスーパーマンはごく少数であり、多くのデータサイエンティストは、得意なスキル領域と不得意なスキル領域を自分で認識して、得意な領域を活かし、不得意な領域をカバーしながら、ビジネス成果をあげています。典型的な例でいうと、相対的にシステムエンジニア出身のデータサイエンティストはデータエンジニアリング力が高く、ビジネスの現場出身の場合は業務知識とビジネス力を武器とし、研究者とデータサイエンティストを兼ねる人材はデータサイエンス力に強い傾向がうかがえます。逆に極端にいえば三者とも、自分の得意な領域以外のスキル領域は「まだ継続して勉強中」であることが多いのです。

　このように、データサイエンティストに求められる能力が多様で、かつ、大多数のデータサイエンティストがすべての能力を兼ね備えてはいないからこそ、データ分析チームやデータ分析プロジェクトにおいては、役割分担や分業の考え方が非常に重要になります。

データ分析を実施するにあたり必要となる役割（ロール）

　データ分析を実施するにあたり必要となる役割（ロール）について、次ページの表にまとめました。6つのロールを記載していますが、データ分析チームやプロジェクトを立ち上げる際に、必ず6人必要になるという意味ではなく、6つのロールひとつひとつについて、得意な人材を担当者として割り当てることが適切です。3人で2ロールずつ担当する体制でも、1人で6ロールすべて担当する体制でも、6人で1ロールずつ担当する体制でも構いません。「担当者のいないロール」ができてしまわない、スキルマップとして穴のないチーム体制が重要です。

　こうすることによって、得意不得意のスキルについて濃淡がある現実

的なデータサイエンティストを適材適所で組織し、データ分析プロジェクトに必要なスキル領域をすべて充足した穴のない、完成度と実現性がともに高い分析チームを組成することが可能になります。

注意点ですが、各ロールの担当人材は、[○] や [△] のスキルについてまったくわからなくても良いということではなく、相対的に深度は浅くとも、[○] や [△] のデータサイエンティストスキルについて理解をしている必要があります。データ加工ロールの担当人材は、データサイエンス力やビジネス力への理解がないと、モデル精度の向上とデータ処理速度を両立させる適切なデータの収集や特徴量の作成が実現できません。特定のロールについて、データサイエンティスト志向のまったくない人材を割り当てて代替するチーム体制は、データ分析プロジェクトの失敗リスクとなり得ます。

◆データ分析チーム／プロジェクトで必要なロール

	必要な役割（ロール）		データサイエンティストのスキル		
			①データサイエンス力	②データエンジニアリング力	③ビジネス力
1	アナリティクスマネージメントロール	・データ分析プロジェクトのプロジェクト管理 ・他部門交渉	○		◎
2	ビジネス分析ロール	・ビジネスゴールの設計と修正調整 ・データ分析結果のビジネス解釈	○	△	◎
3	データサイエンスモデリングロール	・データサイエンスによる数理的データ傾向発見 ・数理アルゴリズムによるモデル作成	◎	○	△
4	データ加工ロール	・データの収集と結合 ・データの加工と合成	△	◎	○
5	インフラロール	・データ分析を行うITインフラの整備 ・作成したモデルのビジネス適用実装	○	◎	△
6	リサーチロール	・プロジェクトに類似したビジネス事例の収集 ・課題を解決する新しい数理理論の探索	○		○

データサイエンティストの育成

データサイエンティストに求められる能力が多く、かつ、大多数のデータサイエンティストがすべての能力を兼ね備えてはいないからこそ、データ分析チームにおいては、各メンバーの育成が重要な課題となります。各データサイエンティストが自分の不得意なスキル領域を育成で補

完することによって、当然個々の能力は高まり、データ分析チーム全体における分析総合力の底上げにつながります。

◆データサイエンティスト育成項目の例

データサイエンティスト育成項目		習得スキルの例
①データサイエンス力 ＝数理統計的知識	・統計知識 ・数学知識	統計的検定、相関、回帰、確率論、情報工学、ベイズ統計、最適化問題 など
	・アルゴリズム知識 ・機械学習知識	ロジスティック回帰、ディシジョンツリー、ランダムフォレスト、サポートベクターマシン、ディープラーニング など
②データエンジニアリング力 ＝ITスキル	データベース	データベースソフトウェア、SQL、Hadoop など
	プログラミング	Python、Java、R、C、Scala、JavaScript など
	データ分析ソフトウェアの操作	TensorFlow、SAS、SPSS、Spark、Google API など
	ITインフラ	GPU、Kubernetes、Ubuntu、Docker など
③ビジネス力 ＝優秀なビジネスマンとしての能力	業界知識	銀行、証券、保険、クレジットカード、小売り、製造 など
	専門ビジネスプロセス知識	マーケティング、リスク管理、財務、人事 など
	プロジェクトマネジメント能力	PMBOK、BABOK、CRISP-DM など
	プレゼンテーション能力	情報整理能力、資料作成能力、交渉能力 など

A　各メンバーが自分の不得意なスキルを育成し習得する

B　データ分析チームとして、保有者が少ないスキルを集中的に育成しスキル保有者を増やす

　データサイエンティストに求められる能力は多く、継続的な自己学習が求められます。そのためデータサイエンティスト人材は、自己研鑽とスキルアップに敏感です。所属するデータ分析チームの環境や対応案件の内容が、自身のデータサイエンティストスキルの育成に有益であると判断すればそのチームに定着しやすく、逆に自身のスキル育成スピードが鈍化しているかもしれないと感じると、急速に現状のチームからの離脱を検討し始める傾向も認められます。

　育成メニューや育成システムの充実は、データ分析チームにとってチームの総合力向上という観点で重要というだけでなく、むしろチームメンバーの満足度向上と離脱防止に大きな効果があるという点でより深刻に重要だといえます。周囲の他のデータサイエンティストの順調なスキルアップ状況を目にすることによって、さらに育成制度への満足度は上

がり、ひいてはデータ分析チームへのロイヤリティも相乗的に向上していきます。育成の充実により、人材を外部調達せずとも、社内調達した人材をデータサイエンティストに育成することも実現可能となります。既存のデータサイエンティストメンバーの外部離脱防止という観点からも、外部からの獲得が困難なデータサイエンティストの内製調達という観点からも、データサイエンティスト育成は、現代のデータ分析組織において死活問題となり得る極めて重要な課題であると認識しなければいけません。

データ活用企業になるために

データ分析を行う上で必要な経験や能力、それを醸成するための組織的な教育の重要性をお伝えしましたが、最終的にデータ分析が会社の利益に貢献するためには、分析結果や予測モデルを利用するユーザ部門との連携が不可欠といえます。分析や予測の精度が優れていることと、それが企業に貢献することは同じ意味ではありません。ユーザ部門の課題や知見を共有し、それを分析や予測の材料にすることによって、ユーザ部門ひいては会社に貢献できるようになります。

データサイエンティストチームは自分の分析スキルを磨く一方で、ユーザ部門が納得する分析や予測結果を導き出せるように心がける必要があり、そこではじめて、データ活用企業としての道を歩んでいるといえるでしょう。

第 **4** 章

データサイエンスによって実現される金融ビジネス

4-1 金融機関への導入が進むチャットボット

自然言語を用いた人間とロボットとの対話

チャットボットとは？

チャットボットとは、ロボットが自然言語を用いて人間と対話（チャット）するシステムの総称です。チャットボットの歴史は古く、1966年に開発されたELIZAが起源とされています。自然言語処理技術の進展などにより、チャットボットが実用に耐えられるレベルに進化し、2016年頃より多くの企業で導入されるようになりました。証券会社、銀行などの金融機関での導入も広がっています。

人間とチャットボットはどのような対話を行うのでしょうか。代表的な対話としては、①人間がチャットボットに対して問合せを行いロボットが回答する「QA型対話」、②人間がチャットボットにタスクを依頼する「タスク指向型対話」が挙げられます。本節では証券会社、銀行での導入実績が豊富な「QA型対話」を中心に解説します。

QA型対話

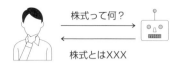

タスク指向型対話

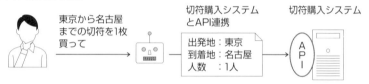

◆チャットボットの代表的な対話形態

金融機関がチャットボットを導入する理由

　金融機関におけるチャットボットの導入は、お客様向けに導入する場合と、従業員向けに導入する場合とに分けられます。

　お客様（個人投資家）向けにチャットボットを導入する場合、お客様からの問合せに、24時間365日対応可能という利点が挙げられます。たとえば、日中に働いている方を対象とした金融商品を販売する場合、夜間、休日にもコンタクトセンターにオペレーターを配備し、いつでも問合せに対応できるようにするのが望ましいのですが、コスト面の関係で難しい場合があります。また、金融商品に関する問合せに対応する場合は、金融商品取引法などの専門的な知識が求められますが、対応できる人材の獲得は往々にして困難です。その点、チャットボットで対応する場合、お客様からの問合せに対応できるようにするために、人間がチャットボットに知識を学習させる作業は必要となりますが、その後は、問合せに対し24時間365日対応することが可能となります。

　従業員向けにチャットボットを導入する場合、業務効率化という利点が挙げられます。金融機関の組織は大きく、フロントオフィス、ミドルオフィス、バックオフィス部門に分かれており、それぞれが専門性の高い業務に従事しています。金融機関に限らず会社が大きくなっていくのに伴い、部門が細分化され専門性が高まると、他部門への問合せが増加する傾向があるとされています。このような状況下においては問合せ業務をチャットボットに任せることで、業務効率化が期待できます。

　チャットボット導入の副次的な効果として、利用者が気軽に質問ができるようになる点が挙げられます。人間に問合せを行う場合、過去に問い合わせた内容であったり、対応者が繁忙であったりすると、心理的に問合せしにくい傾向にありますが、チャットボットへの問合せではそのような状況にはならないと考えられます。実際に導入した企業から、今まで問合せをしなかった人も、チャットボット導入を機に問合せをするようになったという声が上がっています。

チャットボットの原理

　チャットボットは、入力された質問文をどのように理解し、応答するのでしょうか。一例を紹介します。

　チャットボットは日本語の質問文をそのままの形では理解できないため、まずはチャットボットが理解できる形に文章（質問文）を変換（ベクトル化）します。その後、チャットボットに事前登録されている全質問文と入力された質問文の類似度を計算し、最も類似度が高い質問文を特定し、この質問文に紐付く回答文を応答します。

　下図の例では「ファンドラップって何？」が最も類似度の高い質問文であり、「ファンドラップとは×××」が質問文に紐付く回答文となります。

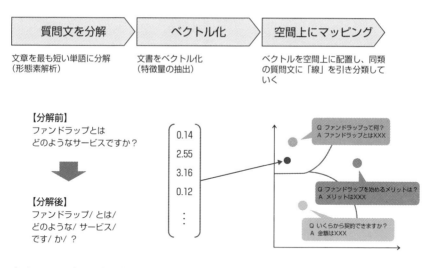

◆チャットボット上で行われる自然言語処理の例

チャットボット製品の導入を行うエンジニアに必要なスキル

　チャットボットを人間とロボットが対話をするシステムと捉えると、ストレスなく対話ができるようにするための**対話設計**のスキルが重要で

す。たとえば、質問文に情報が不足している場合、人間は必要に応じて質問者に聞き返し、質問の意図を確認します。このように私たちが何気なく行っている工夫を、人間とチャットボットとの対話の中に組み込む必要があります。また、より自然な対話を行うためには、対話の約6割を占めるとされている雑談にも対応する必要があります。

　もうひとつの重要なスキルは**データ分析**のスキルです。QA型のチャットボットの場合、チャットボットにQAを登録する必要がありますが、過去の問合せ履歴のすべての内容をチャットボットに登録し、質問に正しく返答できるようにチューニングすることは、時間やコストの面から現実的ではありません。上記を効率的に行うためにも、過去の問合せ履歴（データ）を分析し、問合せの多いカテゴリーや質問文を抽出するスキルが求められます。

人間とロボットとの対話の今後

　2018年時点では、人間とチャットボットとの対話は、人間がキーボードで質問文の入力を行い、チャットボットが回答文を表示する形が一般的です。今後はより自然な対話を実現するため、音声での対話も増えていくことが予想されます。代表的なサービスとしては、4-2で解説するスマートスピーカーが挙げられます。また、さらなる発展として、表情・声のトーンなどの非言語情報も活用しての対話も増えていくことが予想されます。代表的なサービスとしては、4-3で解説するコミュニケーション・ロボットが挙げられます。

　人間にとって自然な形で、ロボットと対話できる時代が間もなく訪れるのではないでしょうか。

4-2 スマートスピーカーが作り出す未来

「声」で操作する新しいインタフェースの可能性

スマートスピーカーとは？

スマートスピーカーとは、音声でデバイス操作ができるスピーカーのことです。スマートスピーカーの頭脳にあたるAIアシスタントが音声の内容を理解し、適切な処理を行うことから、**AIスピーカー**とも呼ばれています。スマートスピーカーは360度どの方向からも音を拾えるよう複数のマイクを備えているため、スマートフォンの音声アシスタントと異なりデバイスの前で話しかける必要がなく、同じ部屋程度の声が届く範囲であれば、離れていても操作することが可能です。

スマートスピーカーがはじめて世の中に登場したのは、Amazonが「Alexa」というAIアシスタントを搭載した「Echo」を発売した2014年です。ここ1～2年で急激に注目を集めるようになった理由は、AIアシスタントを構成する機械学習・自然言語処理といったAI技術の発達、音声を拾うマイクデバイスや処理を行うインフラが高性能になったことです。ハード・ソフト両面でテクノロジーが発展したことにより、スマートスピーカーはようやく日常生活で使えるレベルになったといえます。

現在、世界および日本においてスマートスピーカー市場をリードしているのはAmazonの「Echo」と、Googleの「Home」でしょう。これら2社に次いで、日本ではLINEの「WAVE」が有名です。

AmazonとGoogleがリードしている理由は、AIアシスタント自体の精度が高いこと、そして「機能拡張」の開発がしやすいことにあります。スマートスピーカーはデフォルト機能として、アラーム設定や予定登録などができますが、拡張機能の利用で家電操作や外部サービスとの連携など、できることの幅が一気に広がります。この拡張機能はスマートフォンでいう「アプリ」に相当し、エンジニアが自由に開発・公開するこ

とができます。本書ではこれを「拡張機能」と呼ぶことにしますが、Amazon Echoでは「スキル」、Google Homeでは「アクション」などと呼んでいます。現在、日本国内で使えるAmazon Echoの拡張機能数は1,500を超え（2018年11月時点）、日々その数は増えています。

スマートスピーカーとFinTech

FinTech企業では、スマートスピーカーを使ったさまざまな拡張機能を提供しています。日本の金融機関では、マーケット情報やニュースの読み上げ、口座の残高確認など、情報を照会する機能が目立ちます。一方、海外の金融機関では先進的な事例も存在し、大手銀行のバンク・オブ・アメリカでは、口座の各種照会機能に加えて口座間の送金、デビットカードの停止など、顧客の口座を音声で直接操作できるサービスをリリースしています。

では、拡張機能を開発するためにエンジニアは何をすれば良いのでしょうか。スマートスピーカーとAIアシスタントそれぞれの役割と仕組みを踏まえながら、以降で説明していきます。

スマートスピーカーとAIアシスタントの役割と仕組み

利用者がスピーカーに話しかけてからスマートスピーカーが応答するまでの流れは、次ページの図のようになります。

まず、私たちはAIアシスタントごとに決められた言葉（ウェイクワード）を話しかけ、AIアシスタントを起動します。よく耳にする「アレクサ」、「オーケーグーグル」などがウェイクワードにあたります。

起動したAIアシスタントはタスク指示待ちの状態となり、私たちは「やりたいこと」を続けて話します。「やりたいこと」の音声データをAIアシスタントが解析し、適切な拡張機能に処理を振り分けます。振り分け先の拡張機能が判断できなかった場合や単なる雑談の場合は、AIアシスタント側でその旨を応答します。拡張機能が呼ばれた後は、拡張機能側が設計した対話に従い、私たちは機能を利用します。

スピーカー本体は、ノイズを除去したり、声が聞こえる方向からの音

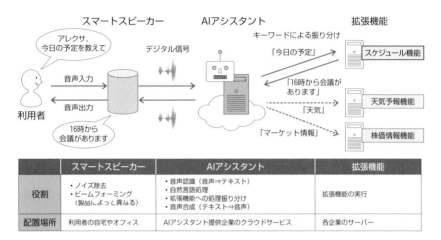

◆スマートスピーカーとAIアシスタントの役割と仕組み

を強調したりする（**ビームフォーミング**）など、音の質を高める役割をしており、実際に音声を解析するAIアシスタントは外部のクラウドサービスに存在しています。拡張機能のアプリケーションはAIアシスタントとは別のクラウド、または各企業のサーバーに配置されているので、これらの連携はインターネットを経由して通信しています。

　エンジニアは拡張機能とAIアシスタントから拡張機能を呼び出す連携部分を開発します。開発は、インターネット環境があれば手軽に試してみることができます。AmazonやGoogleでは拡張機能のコーディングエディタ、AIアシスタントとの対話シミュレーターをインターネットサイト上で提供しているため、機能の開発からAIアシスタントの応答確認までをブラウザを使って行うことが可能です。

　また、拡張機能はAWSやGoogle Cloud Platformなどのクラウド上に配置すれば、自前のサーバーは不要です。AIアシスタントと拡張機能間の連携部分の開発は、AIアシスタントごとに書き方のルールが決まっているため、プログラミング初心者でもそれほど難しくありません。ちょっとした拡張機能の開発であれば、それほど時間はかからないでしょう。実際に開発した拡張機能を世の中に公開するには、公開先のAIアシスタントを提供している企業への申請・審査が必要となります。

開発のポイントは「対話設計」

　スマートスピーカーの拡張機能開発において、エンジニアが気にするべき重要なポイントは、**対話設計**です。音声入力はタッチスクリーンのような画面がないため、利用者が迷わず機能が利用できるような対話にする必要があります。

　スマートフォンの場合、私たちがはじめて使うアプリを目の前にしたとき、アイコンの形やメニュー名、ナビゲーションなどの情報から、そのアプリで何ができるか、どのように使うのかを大まかに把握することができます。しかしながら、画面がないスマートスピーカーの場合、利用者に「できること」を理解させるためには、自然な対話による誘導や、利用者が使うさまざまな表現にも対応できるように配慮した応答パターンを設計する必要があるでしょう。

　また、自然で簡潔な会話で利用者を飽きさせず、利用者を対話に引き込むUX（User Experience）の観点も重要です。たとえば、一呼吸でいえないほどの長い機能名や、スピーカーの応答が冗長なものは利用者に不快感を与えます。UXを高めるため、エンジニアは機能の網羅性テストだけではなく、あらゆる表現でスピーカーに話しかけて応答が自然かどうかを確認したり、第三者に使ってもらい様子を観察したりするなど、実際の利用シーンを想定したテストが必要になります。

「音声」が新しいインタフェースの選択肢になる

　私たちの身近な入力デバイスとして、PCの登場によって「キーボード、マウス」が、スマートフォンの登場により「タッチスクリーン」が定着するようになりました。スマートスピーカーの普及により、今後は新たな入力方法として「音声」が私たちの生活に浸透していくでしょう。最近ではタッチスクリーン付きのスマートスピーカーも登場しており、音声と画面といった複数のインタフェースを組み合わせたサービスも生まれています。エンジニアは音声入力が適している場面を見極め、利用シーンに合わせた適切なインタフェースを選択していく必要がありそうです。

4-3 コミュニケーション・ロボットの実態と今後

金融業界をはじめとした用途の広がりの可能性

コミュニケーション・ロボットとは？

コミュニケーション・ロボットとは、広義には文字通りコミュニケーションが可能なロボットを指します。コミュニケーションの相手は人間であることを想定して語られる場合がほとんどです。具体例を挙げると、Amazon EchoやGoogle Homeなどの登場で身近に目にすることが多くなったスマートスピーカーがあります。

一方で狭義のコミュニケーション・ロボットは、次の2つの条件を満たすロボットを指します。1つ目が、**自然言語を用いた対話**（verbal communication）が可能であることです。2つ目が、**非言語情報（表情、視線、声色など）を用いた対話**（non-verbal communication）が可能であることです。非言語情報を用いた対話をするためには、ロボットが身体性を備えている必要があります。たとえば身体性を備えている最も有名なコミュニケーション・ロボットとして、ソフトバンクロボティクスのPepperがあります。非言語情報を用いた対話が限定的となってしまうスマートスピーカーは、狭義にはコミュニケーション・ロボットではないといえます。以下、狭義のコミュニケーション・ロボットを対象として解説します。

コミュニケーション・ロボットの用途

コミュニケーション・ロボットは、各業界でさまざまな用途に活用されています。現在の主な用途には、次のようなものがあります。

- **店舗案内**

  コミュニケーション・ロボットが店頭に立ち、来店するお客様の案内

をします。たとえば金融機関の例では、ロボットをコンシェルジュとして活用し、ロボットが来店する顧客に店舗内の案内をしたり、順番待ちをしている顧客と会話することで待ち時間を飽きさせない工夫をしたりすることで、顧客満足度向上を実現している例があります。2015年にみずほ銀行が世界ではじめてPepperを銀行の店舗内に導入し、店舗での口座開設のサポート役として活用するなど、さまざまなサービス提供を行っています。

・介護福祉

高齢化が進み介護スタッフが不足する傾向にある介護施設などで、コミュニケーション・ロボットは被介護者との会話を通してレクリエーションを提供します。被介護者にとってはコミュニケーションを通した物忘れや認知症予防の効果が、介護者にとっては高齢者とのコミュニケーション上のやりとりが軽減するといった効果があり、そのニーズは今後ますます増加すると思われます。

・エンターテインメント

家庭内やオフィス内でコミュニケーション・ロボットが人とのつながりを持ち、癒やしというエンターテインメントを提供します。持ち主によるロボットの扱い方によってしぐさや会話内容が変わる機能を有し、主に人間の心のケアをする存在となります。

コミュニケーション・ロボットのテクノロジー

コミュニケーション・ロボットに採用されるテクノロジーは、大きく3つに分類されます。

1つ目は、ロボットとの対話に用いられるインタフェースです。インタフェースには、音声、テキスト、画像、センサーなどがあります。たとえば音声であればロボットに搭載されているマイクを通して、テキストや画像であればカメラを通してデータを取得します。

2つ目は、AIです。前述のマイクやカメラを通して取得したデータは、

AIで文字を理解したり感情を認識したりするやりとりを経てロボット内に蓄積されます。蓄積された個々人とのコミュニケーションデータはロボットにて学習されることで、パーソナライズされたコミュニケーションが実現可能となります。

3つ目が、ヒューマノイドです。ロボットが人間のような表情変化、体温変化などを備えることで、非言語情報によるコミュニケーションが活性化します。

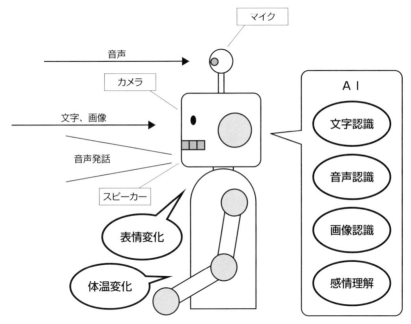

◆コミュニケーション・ロボットに採用されるテクノロジー

金融業界におけるコミュニケーション・ロボット

金融業界におけるコミュニケーション・ロボットの活用事例はまだそれほど多くありません。そうした状況の中、今後金融業界でコミュニケーション・ロボットが普及するためには、次の2つの要素が必要です。

1つ目は、**個人の認証**です。金融業界でコミュニケーション・ロボッ

トを扱うユースケースには、ロボット自体が個人のプライバシー情報を扱うものが当然出てくると想定されます。そうしたケースの中で、対話する相手が誰なのかをロボットが正確に把握できないと、プライバシー情報の漏えいにつながることになります。カメラやセンサーを用いた生体認証や、近年技術の進歩が大きい音声認識による個人の判別が広く実用化されることにより、この問題は解決されるでしょう。

　2つ目は、**ロボットの移動性**です。現時点で世に公開されているコミュニケーション・ロボットは、Pepperのように1カ所に固定されることが一般的であるか、タカラトミーのRobiのように機能を限定的にすることで移動性を確保するかの2パターンが主流です。機能性を十分に維持しつつ、広範囲の移動がロボットの判断で可能となれば、たとえば銀行の店舗業務のうち、カウンターまで移動して顧客を案内する業務や、移動しながら店舗を巡回し困っていそうな顧客を案内する、といった業務に活用するなど、その用途も現在よりさらに広がるでしょう。

4-4 銀行の企業融資におけるデータサイエンスの活用
新しい融資サービスに向けた動き

銀行の機能

　私たちが普段、銀行を利用するとき、銀行の機能についてあまり意識することはありませんが、銀行は金融機関として次の3つの機能を持っています。1つ目は、預金を基に貸出が行われ、貸し出された資金は貸出先の預金となるというように、預金が新たな預金を生み出し預金通貨が増加していく「**信用創造機能**」です。2つ目は、現金を使わないで預金口座の振替で送金や支払いができる「**決済機能**」、3つ目は、資金に余裕がある個人や企業から預金を集めて、資金を必要とする個人や企業に融資する「**金融仲介機能**」です。

　この中で最も重視されているのが「金融仲介機能」です。企業を中心とした融資から得られる利息は銀行の主な収益源になっています。銀行がこの機能を果たすためには、主に、融資した後に貸出先の経営状態が悪化し資金が回収できなくなる貸し倒れリスクをできる限り回避すること（**信用コストの削減**）と、貸手と借手の間に発生する借手の信用状況に関する情報格差の解消（**情報生産機能**）が必要です。そのため、情報生産機能向上のために信用評価の高度化が求められています。

信用評価で行われる分析の種類

　銀行で行われている信用評価は主に2つの分析を組み合わせています。ひとつは、**定量分析**です。売上高や経常利益などの決算書に記載されている数値や、それらの数値から計算される財務比率（たとえば、経常利益÷売上高×100％で表される売上高経常利益率）といった定量データを使った分析です。もうひとつは**定性分析**です。業界動向や技術力、取引先、経営者の資質など、企業へのヒアリングや実地調査で収集される

定性データを使った分析です。

　これらの分析は貸出先ごとに行われます。貸出先の中心が中小企業となる場合、貸し倒れリスクが高い企業も含まれることになります。さらに、1件当たりの融資金額が小さいため、そこから得られる利息も小さくなります。

　中小企業への融資で銀行が収益を上げるためには、リスクを一定の基準で適切に評価し、融資の数を増やす必要があります。しかしながら、審査担当者の実務経験によって貸出金利にバラツキが見られることがあります。このような課題を解決する方法のひとつとして、貸し倒れリスクのスコアを算出するモデルの利用が進められてきました。

主なリスクスコア算出モデル

　貸し倒れリスクのスコアを算出するモデルは、基本的に貸し倒れリスクと関係がありそうな財務データや企業の属性データを説明変数にして、貸し倒れが発生する確率を算出します。モデルを作成することにより、審査担当者が異なっても、入力データが同じであれば、同じ結果が得られ、信用評価のバラツキを抑えることができます。

　主に利用されているのは**ロジスティック回帰モデル**で、モデル構築に使用される変数は、財務データなどの定量データと、業種など数値化しやすい一部の定性データです。このモデルの利点は、たとえば、算出された確率が低い場合に、どの変数に原因があるのか確認することができることです。審査担当者は、原因と思われる変数についてさらに詳しく調査したり、銀行内外に対して貸し出す際の判断理由を説明したりすることができます。

中小企業への融資の課題と新しい融資サービス

　中小企業にとって、資金が必要なときに融資が受けられることは事業の成否に関わる重要事項です。現状、中小企業の資金調達先は銀行が中心となっていますが、銀行から融資を受けるためには、少なくとも過去3期分の決算書や資金繰り計画をはじめとする書類の準備が必要です。また、貸し倒れリスクが高い場合などには銀行内の承認手続きが増え、

融資の承認が下りるまでに時間がかかることがあります。そのため、希望するタイミングで融資が受けられないことがあります。

このような状況を変える動きとして、イギリスやアメリカ、中国を中心にP2Pレンディングやトランザクションレンディングと呼ばれる新しい融資サービスが提供され始めています。

• P2Pレンディング

P2Pレンディングは、Peer-to-Peerレンディングの略語で、インターネット上で金融機関を介さずに貸手と借手をマッチングさせることで融資を実行するサービスです。P2Pレンディングは、ソーシャルレンディングと呼ばれることもあります。また、混同されやすい言葉としてクラウドファンディングがありますが、クラウドファンディングはP2Pレンディングよりも広い概念で「寄付型」、「報酬型」、「融資型」、「投資型」などに分類されます。P2Pレンディングは融資型クラウドファンディングにあたります。

日本では、貸手から借手に直接融資をすることが難しいなど、貸金業法による制約があるためP2Pレンディングを提供する企業は多くありません。今後、法整備が進められれば、参入企業の増加も期待されます。

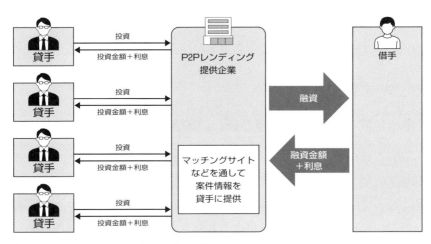

◆日本におけるP2Pレンディングの仕組み

・トランザクションレンディング

　トランザクションレンディングとは、ネットショップやインターネットバンキングなど、特定のサービスを提供するプラットフォーム上でやりとりされる履歴データを基に信用評価を行い、融資を実行するサービスです。信用評価に使用されるデータには、クレジットカードの決済履歴データやクラウド会計システムに日々入力される取引伝票データ、預金口座の入出金データなどがあります。融資対象者はプラットフォームの利用者に限定されますが、プラットフォーム上で日々やりとりされる精度の高い電子化されたデータを基に信用評価が行われるため、従来の銀行よりも審査の時間が短く、審査に通れば利率は高いものの融資を受けることができます。

　日本では、eコマースを中心に提供する企業が広がってきており、一部の金融機関においても取り組みが始まっています。

銀行の企業融資におけるデータサイエンスの活用

　融資の根幹となる信用評価において、現状、財務データなどの定量データを用いたモデルの活用は進んでいますが、企業へのヒアリングや実地調査で集められたデータ、いわゆるテキストデータへのモデルの活用は進んでいません。一方、ディープラーニングをはじめとするデータサイエンスに目を向けると、その進展は目覚ましいものがあり、大量の画像データを学習し未知の画像データが何であるかを判別する精度や、大量のテキストデータを学習し関連性の高い文書を抽出する精度は年を追うごとに向上しています。

　今のところ、実際の審査業務の中で、審査担当者に代わってテキストデータを分析し、最終的な融資判断を行えるレベルまでには達していませんが、これまでに蓄積された融資案件の膨大な資料の中から類似した案件を抽出するなど、審査担当者を支援するツールとして利用することは有効だと考えられます。また、審査担当者の経験による分析結果のバラツキの抑制や分析期間の短縮にもつながると考えられ、今後の積極的な活用が期待されます。

4-5 保険業における データサイエンスの活用

データサイエンスが変える保険の未来

保険でデータサイエンスが注目されている理由

　保険では企業や個人のリスクに関係する、さまざまなデータの分析が必要であり、以前から**保険数理**と呼ばれる統計手法が活用されてきました。保険はいわば、統計学をベースにしたビジネスということができますが、近年になり、IoTやビッグデータを活用した新しいタイプの保険商品の開発ニーズが高まってきたことにより、機械学習やAIといったデータサイエンスに関心が集まっています。

　また、商品開発以外にも、業務の高度化・効率化のため、顧客接点やバックオフィスにおいてデータサイエンスは活用されつつあります。データに基づいたリスクの分析が業務の基本である保険は、データサイエンスの活用により大きく変わる可能性があります。

データサイエンスを活用したリスクの細分化

　保険はいつ生まれたのでしょうか。諸説がありますが、現在、私たちが利用しているような近代的な保険が生まれたのは産業革命以降だといわれています。産業革命以降の機械化の進展により、人々の行動範囲が飛躍的に拡大しましたが、これによって保険のニーズも多様化しました。これを支えたのが18世紀以降、発展してきた確率論と、それをベースにした保険計算技術、それにデータの蓄積でした。

　保険には保険原理と呼ばれる原則があり、これを支えているのが確率論の基本定理である**大数の法則**です。大数の法則とは、確率pで起きる事象について、n回の試行をしたときr回その事象が起きたとします。このとき、試行の数nを大きくすればr/nはpに近付いていくというものです。

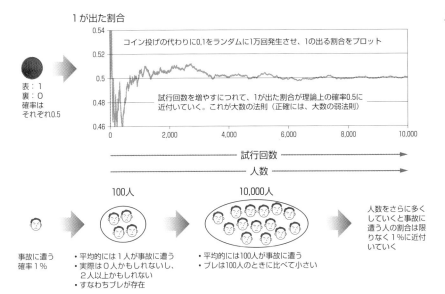

◆大数の法則

　大数の法則によれば、同質のリスクを有する個人を多く集め、平均的な事故率を基に保険料率を設定すれば、保険料の総額と保険金の総額が釣り合います。このことは、また、個々人の保険取引において、支払う保険料が実際に受け取る保険金の期待値に等しくなることでもあります。前者は、集めた保険料と支払った保険金が等しいという意味で「**収支相等の原則**」といいます。後者は、保険契約者が実際のリスクに応じた保険料を支払うということであり、全員が公平に保険料を負担する意味で「**給付・反対給付均等の原則**」といいます。この2つの原則が保険原理と呼ばれているものですが、大数の法則によりこの保険原理が成り立っているというわけです。

　保険の対象はさまざまなリスクですが、これを細分化していけば、保険のバリエーションは増え、利用者の多様なニーズを満たすことができます。しかし、細分化の仕方によっては保険の対象となる事象が大数の法則に従わないことや、データの蓄積が十分でないケースがあります。このような場合には保険原理が成立せず、リスクがあっても保険の対象

にはなりにくいことになります。

　保険業界ではリスクの細分化と保険原理のせめぎ合いの中で、喫煙者に比べ非喫煙者の保険料が割安となる生命保険のように、さまざまな工夫をし、多様な商品を開発してきました。そして、ここにデータサイエンスが威力を発揮します。たとえばレセプトデータや健康診断データのようなビッグデータに対して、データサイエンスを活用した分析を行うことにより、ある病気の発症リスクを予測できたとします。同一レベルの発症リスクのグループは発症する確率が同じとみなすことができます。したがって、発症リスク別に一定数以上の保険者を集めることができれば、保険原理を満たした保険を設計することができます。

　このように、データサイエンスを活用し健康関連のビッグデータを分析することで健康リスクを細分化し、より利用者のニーズにマッチした保険商品の開発が進められています。ビッグデータとデータサイエンスの活用により、これまで不可能と思われていたリスクの細分化が可能になり、さまざまな新しいタイプの保険の開発が可能となりつつあります。

情報の非対称性に対する新しいソリューション

　生命保険会社は契約前に、保険契約者の健康状態や性格について、100％完全にわかっているわけではありません。また、損害保険会社は保険加入者が自動車保険に入った後、運転の仕方が荒くなるなど、保険に入った後の行動変化についてもモニタリングできません。このように、売り手（保険会社）と買い手（保険契約者）の間に情報格差があり、一方だけが有利な情報を持っている状態を**情報の非対称性**といいます。情報の非対称性に起因する問題に**逆選択**と**モラルハザード**があります。

　たとえば、保険会社が自動車保険の保険料率を、高い運転技術を持つドライバーと運転技術が未熟なドライバーをひとまとめにして平均的な事故率を基に算定したとします。このとき保険料率は事故を起こしがちなドライバーには割安に感じられます。その結果、事故を起こす可能性の高いドライバーほど保険に加入するという傾向が生じる可能性があります。すると、保険に加入しているグループには想定よりも事故率の高

い人が多く含まれることになり、結果として、保険料率をさらに引き上げざるを得なくなります。その結果、安全運転のドライバーは、さらに保険への加入を見合わせ、保険料が一段と高まるという連鎖が生まれてしまうことになります。これが逆選択です。保険会社は逆選択を回避するために、保険契約前になるべく保険加入希望者の情報を収集してリスクを把握したり、年齢や職業をリスクの代理指標として用い、保険料率を変えたりします。

　また、契約後、自動車保険に加入しているということで、以前より運転が乱暴になり事故を起こしやすくなることも考えられます。保険をかけたことにより、リスクを回避する意識が薄れてしまい、かえって事故の発生確率が高くなるような現象をモラルハザードといいます。自動車保険では事故を起こした人の保険料は割高になる、といったように、契約後のモラルハザードについてさまざまな対策が講じられてきました。

　しかし、近年、IoTの浸透とデータサイエンスの活用により、保険会社が抱える情報の非対称性の問題にも新たな観点からのソリューションが生まれつつあります。その代表的なものが**テレマティクス**を活用した保険です。テレマティスクとは、テレコミュニケーション（通信）とインフォマティクス（情報科学）を組み合わせた造語で、遠隔地の物体に取り付けられたセンサーからデータを送受信し、それを蓄積、分析する仕組みのことです。テレマティクスを活用した保険は人、車、家など多岐にわたりますが、ここでは人に関する保険である健康増進型保険と自動車に関する保険であるテレマティクス保険について見ていきます。

- **健康増進型保険**

　従来の保険が基本的に加入時の健康状態で保険料が決められているのに対し、健康増進型保険は加入後、健康が増進すれば保険料が安くなります。そのためには契約後の被保険者の健康状態をモニタリングする必要があり、ウェアラブルな健康管理デバイスを着用させ、心拍数や血圧、睡眠パターン、運動状況といったデータを収集することができます。

　これらの情報を活用することにより、被保険者の健康状態に応じて保

険料率を増減させるような保険商品が開発されています。今後、ライフログのようなデータを活用することができれば、さらなる疾病予防と保険支出の低減化につながるかもしれません。ウェアラブル端末から得られた生体のセンシングデータはビッグデータとしての性質を備えており、データサイエンスの活用が必須です。

・テレマティクス保険

　テレマティクス保険とは、自動車から得られる走行データを活用して保険料を算出する自動車保険のことです。車体にGPSやドライブレコーダーなどを搭載するか、あるいはスマートフォンを利用し、急ブレーキやアクセル頻度および走行距離などの走行情報を記録し、これを分析することにより、運転リスクを評価し保険料率を算出します。たとえば、運転行動連動型の保険であるPHYD（Pay How You Drive）は、ブレーキの回数や加減速動作などといった利用者の運転行動や振る舞いに基づき運転の危険度を評価し、保険料を算定します。また、GPSを活用し制限速度超過や危険の多い道路の走行割合などを含めて保険料を算定しているケースもあります。

　コネクテッドカーが現実のものとなれば、リアルタイムに運転状況がわかるようになり、より精度の高いリスク測定が可能となります。将来、リアルタイムに収集した運転状況と、渋滞情報・事故状況・天候などの情報を分析することによって、ドライバーの性格や反射能力、判断力といった運転適性度までを把握できれば、より個人のリスク特性を反映した保険の開発が可能になります。

　健康増進型保険もテレマティクス保険も、被保険者の健康状況や運転特性の変化を分析しリスクに応じた保険料率を算定するものであり、情報の非対称性をIoTとデータサイエンスにより解消するとともに、それを新しい保険サービスに活用したものです。これらの保険は、従来の保険に比べて、保険原理のひとつである給付・反対給付均等の原則をさらに推し進めたものともいえます。

データサイエンスを活用した業務の高度化・効率化

これまで、商品開発におけるデータサイエンスの活用に関して述べてきましたが、これ以外に契約、査定、支払いといった業務の効率化・高度化にもデータサイエンスは活用されています。

1996年の保険業法の改正以降、自由化の影響により保険商品が複雑化してきました。主契約にさまざまな特約を付けることにより商品の種類は広がりましたが、その反面、契約業務は煩雑化していきました。

この反省から、各社とも商品の多様性をシンプルな商品の組合せにより実現する方向に舵をきることとなりました。2000年代に入り、商品構造の変革により事務作業の効率化が図られましたが、それを推進するために各社において保険システムの再構築が行われました。このような事務効率化のための大規模なシステム再構築も2010年前後には一巡し、近年は営業現場においてタブレットなどを活用し、営業力強化・効率化を図るといった顧客接点での情報化と、データの高度活用に焦点が移ってきていました。保険は金融業の中で、早くからデータ分析を活用した商品のレコメンドや離脱分析に取り組んできた業界です。

データサイエンスの活用は、この流れをさらに加速しつつあり、これまでのIT活用とは異なる次元で保険サービスの高度化・効率化が図られています。ここではその例を、チャットボットによる顧客対応の自動化と、データサイエンスを活用した支払査定・引受審査の効率化・高度化について見ていきます。

チャットボットによる顧客対応の自動化

読者の皆さんも経験があると思いますが、保険の加入手続きは煩雑なものです。煩雑ということは、保険に加入したいと考えている私たちだけの問題ではなく、保険会社もそれなりのコストを払っていることになります。顧客対応の自動化によるコスト削減と、利用者の利便性向上ができないものでしょうか。

こうした課題に対応するために、既にいくつかの保険会社ではチャッ

トボットを活用した見積りや保険相談が始まっています。ただし、現状はチャットボットが処理できない質問には、まだ有人対応が必要です。また、保険商品は商品属性が複雑であり、購入の意思決定に際して、良い意味での背中を押すという営業員の役割も重要ですので、すべての対応がチャットボットで自動化されるわけではありません。しかし今後、各社が機械学習型のチャットボットの活用に注力し、それが利用者に違和感なく受け入れられるようになれば、保険営業の形態が大きく変わる可能性があります。

支払査定と引受審査におけるデータサイエンスの活用

　2005年から2006年にかけて、生損保各社による保険金不払いが社会問題となったことがありました。金融庁の行政処分が相次ぎ、保険制度そのものの信頼が大きく損なわれました。

　生損保各社で起きた一連の不払いの直接の原因のひとつとして、保険自由化以降の保険商品の複雑化と支払管理体制の不備が挙げられます。たとえば生命保険の支払査定は、保険約款や規定だけでなく医師の診断書や関連法規、過去の判例、告知義務違反の有無などの多岐にわたる情報を基に行う難易度の高い業務であり、かつ契約者からは迅速な処理を求められます。平成29年度の生命保険の保険金・給付金支払件数は3,700万件、支払金額は14兆円と膨大な件数、金額となっており、支払い漏れのないスピーディな支払審査は生命保険会社にとって大きな課題となっています。

　これを解決するために、データサイエンスが活用されています。過去の事案データを対象に、データサイエンスを活用し、経験を積んだベテラン社員の判断を学習したモデルを構築することにより、難易度の高い事案の対応が経験の浅い社員でも可能となり、支払査定のスピードアップと支払い漏れリスクの低減を図ることができます。

　保険の引受審査にもデータサイエンスは活用されています。たとえば、企業向けの保険を引き受ける際には、企業の信用力を評価する必要があります。これには企業の財務情報の分析などが必要であり、専門的な知

識を要しました。ここにデータサイエンスを活用し、保険引受審査の自動化・高度化が進められています。

　この他にも、不正検知や資産運用といったさまざまな分野でデータサイエンスが活用されつつあります。ビッグデータとデータサイエンスの活用により保険業務の高度化・効率化が推進され、その結果、保険ビジネスのあり方が大きく変わりつつあります。

データサイエンスの活用と保険業の未来シナリオ

　2015年にGoogleが自動車保険の比較・販売サイトを立ち上げました。Googleは翌2016年にこのサイトを閉鎖しましたが、桁違いの資金力と技術力を有し、顧客接点を独占する巨大プラットフォーム運営企業の参画は、既存の保険企業にとって大きな脅威とみなされました。

　これまで述べてきたように、データサイエンスは既に保険業界の仕組みやビジネスに影響を及ぼしつつあり、今後ますますその影響が大きくなることが予想されます。しかし、その一方でGoogleのような圧倒的な集客力のあるプラットフォームと、データサイエンス能力を持つテクノロジー企業の動向からも目が離せなくなりました。保険業界は将来、どうなるのでしょうか。ここではデータサイエンス時代における保険業界の将来について、2017年に保険監督者国際機構（IAIS：International Association of Insurance Supervisors）が発表した、「保険業におけるFinTechの発展」（FinTech Developments in the Insurance Industry）を参考にいくつかのシナリオを考えてみます。それぞれのシナリオは保険のバリューチェーン（商品開発、ディストリビューション、引受査定、クレーム、顧客、資産運用・リスク管理）を誰が引き受けコントロールするのか、に依存します。シナリオを最もドラスティックなものから順に挙げると、次の3つが考えられます。

シナリオ1:「保険業界は高度なIT能力、データサイエンス能力を持つテクノロジー企業が主役となり従来型の保険会社は市場から締め出される」

これは、GAFA(Google、Amazon、Facebook、Apple)のような巨大IT企業が、自社のプラットフォーム上で保険のバリューチェーンをまとめて提供するシナリオです。保険は、これらの企業が提供するサービスパッケージの中のひとつのアイテムとなります。

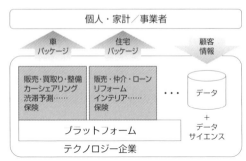

◆シナリオ1

認知度が高く信用力と財務力を有しているこれらのテクノロジー企業が、データサイエンス能力、データ管理技術の活用により、保険ニーズをいち早く予見し商品を提供することができれば、保険会社に十分対抗することが可能です。その結果、従来のバリューチェーンは破壊され保険会社は市場から締め出される可能性があります。

シナリオ2:「保険会社がテクノロジー企業やサービスプロバイダへの依存度を強め、結果としてそれまでの保険業界のバリューチェーンをコントロールできなくなる」

このケースでは、顧客接点はプラットフォームを提供したテクノロジー企業に押さえられます。保険企業は最終的なリスクの引受先ですが、顧客からその存在は認知されなくなります。保険商品はホワイトラベル化され、その結果、

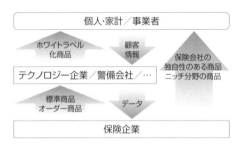

◆シナリオ2

顧客リレーションと顧客ロイヤリティは保険会社から奪い去られます。いくつかのニッチ商品を除き保険企業は保険ビジネスのバックオフィスを担うことになります。

シナリオ３：「デジタルトランスフォーメーションに成功した保険会社がテクノロジー企業の活用により、顧客との関係を良好に保ち、引き続き保険業界の主役として活躍」

　従来型の保険会社がFinTech企業の活用や、企業買収、企業内のイノベーションにより、引き続き保険業界の主役として活躍するケースです。顧客から見た場合、従来通り保険会社が商品の提供元となり、ブランド力は保たれます。保険企業の中でもデータサイエンスなどの先進技術の活用に長けた資本力のある大企業や、ニッチな市場を独占した企業が生き残ります。また、IoTが社会に浸透するにつれて、テレマティクスの重要性が高まります。保険会社としても、この分野の企業との連携・協働が必要となります。

　１～３の各シナリオについて検討してきましたが、向こう５～10年程度の間は、業態に大きな変化が起きる可能性は低いと考えられます。しかし、その間にも自動運転による車両事故の減少など、テクノロジーの進展によって社会のリスクは低減していきますが、このことは同時に、保険支出に対するインセンティブも低下させることになります。少子高齢化の進展と相まって、保険市場は確実に変化していきます。その結果、長期的には３つのシナリオのどれが最も実現性が高いのでしょうか。その答えは保険企業がデータサイエンスなどの先端テクノロジーにどのように対応していくかにかかっているといえそうです。

　既に、多くの保険会社ではデジタル戦略部門を立ち上げ、**デジタルトランスフォーメーション**といわれているデータサイエンスなどの先端テクノロジーの活用を推進しようとしています。また、保険会社におけるデータ分析のスペシャリストであるアクチュアリーにとっても、データサイエンスの素養は必須となりつつあります。たとえば、国際アクチュ

アリー会（IAA：International Actuarial Association）が2017年に改定した『IAA教育シラバス』には、新しくデータサイエンスに関する技能習得の節が追加されています。アメリカアクチュアリー学会（AAA：American Academy of Actuaries）のビッグデータタスクフォースが2018年に出した「ビッグデータとアクチュアリーの役割」（Big Data and the Role of the Actuary）というタイトルの報告書でも、アクチュアリーがデータサイエンスの手法を習得する必要性について言及しています。また、日本においても公益財団法人日本アクチュアリー会でデータサイエンス教育の必要性について議論がなされています。

　個人の生活全般や事業者の事業対象全般にかかるリスクを扱う保険は、他の金融業と比べてテクノロジーによる生活、社会の変化の影響を最も大きく受けます。保険にとってデータサイエンスは、この変化を新しい商品やサービスの開発につなげるためのツールといえます。保険は、銀行や証券といった他の金融業に比べて、データサイエンスが最も大きな影響を及ぼすと同時に、データサイエンスが大きな可能性を秘めた業種でもあるのです。

4-6 デジタルマーケティングにおけるデータサイエンスの活用

マーケティングに利用するデータを拡張する

デジタルマーケティングとOne to Oneマーケティング

　企業が行う経済活動の中でマーケティングの扱う範囲は広く、市場調査やプロモーション、流通、顧客との関係構築などのようにさまざまな役割があります。マーケティング活動の内容も多岐にわたりますが、その中心となる機能は、需要に対する商品・サービスの供給を効率的に行うことにあります。

　役割という観点では、**デジタルマーケティング**もこれまでのマーケティングと変わりありません。デジタルマーケティングの特徴は、従来利用してきた顧客データに加えてWeb上のデジタルデータを対象とし、マーケティングに活用する点にあります。収集・蓄積されるWebデータには、Webサイトやスマートフォンアプリでの行動ログなどが含まれます。

　次ページの図にある通り、2017年時点でWeb広告に関わる市場規模は雑誌や新聞といったメディアを追い抜き、最大シェアであるテレビへ近付いてきました。顧客接点の機会や商品の販促経路に占めるインターネットの割合が増加するにつれてWebでのマーケティング活動はより重要になり、Webデータの価値も高くなってきています。

　Web経由のデータを取得することで、扱えるデータの範囲が広がること以外にも、リアルタイム性の高いデータの利用が可能になりました。たとえば、会員サイトへのログイン、アプリケーションの起動、来店や特定地点の通過などです。各個人の顧客属性や行動ログなどのデータを有効活用することでユーザのニーズをリアルタイムで把握し、商品や訴求方法、タイミングを含めて各個人に最適化されたマーケティング（**One to Oneマーケティング**）の実現が進められてきています。

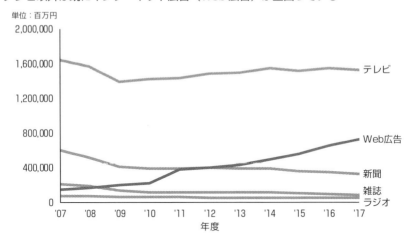

◆日本におけるメディア別売上高の年度推移 （2007から2017年）

デジタルマーケティングとデータサイエンス

　Webデータを加えることでマーケティングに利用できるデータの範囲は増えましたが、蓄積しているすべてのデータが役に立つとは限りません。また同じデータであっても、扱う商品や施策によってその価値は変動します。

　たとえば、新規見込み顧客に対してWeb広告を配信するケースを考えます。このとき、関連ジャンルのWebサイトへのアクセスログや、同様の広告のクリック履歴といったデータが役に立つ可能性があります。

　一方で、既存優良顧客へ離脱防止施策としてアフターサービスやクーポン発行を行うケースを考えます。ここでは、Web広告のクリック履歴はあまり役に立たず、自社Webサイトにある問合せページや退会方法ページのアクセスログのほうが高い関係性を持っていると予想できます。Webデータだけをとってみても、目的とする結果や評価指標が異なればそれに合わせて価値のあるデータも異なります。

データの種類や量がそれほど多くない場合や、捉えたい事象とデータの関係が明確な場合には、セグメント分けやスコアリングは人間のみでも難しくないでしょう。たとえば、年齢と性別で広告やバナーを出し分けたり、過去の購買履歴から既存顧客の重要度を大まかに分けたりする場合です。しかし、数百を超える種類のデータを使い分け、未知の関係性の中から結果を予測したり要因を推定したりすることは、人間には不可能である一方で、機械学習や統計の得意とする分野です。大量データを扱うケースや、予測精度の高さが重要になるケースが増えていることから、従来の統計学をベースにした手法に加え、機械学習などのデータサイエンスが活用されています。

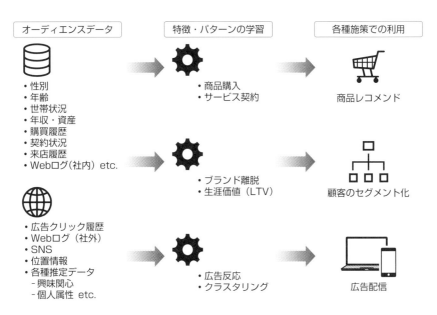

◆マーケティングに対するデータサイエンスの利用

外部データによるオーディエンスデータの拡張

　ある個人に対する顧客属性や行動ログを**オーディエンスデータ**といいます。マーケティングでよく利用される顧客属性には年齢や性別といっ

たデモグラフィックデータや、趣味嗜好や商品選好といったサイコグラフィックデータがあります。一方で行動ログには、商品の購買履歴や、Webサイト、実店舗、広告といった各チャネルへの接触時間・接触回数などがあります。顧客属性データは、会員登録やアンケートを通じて顧客から直接取得できますが、そうした方法で取得できなかった場合には、行動ログからデータサイエンスで推定することがあります。たとえば、よくアクセスしているWebサイトやWebメディアから扱うジャンルの傾向を学習して、そのジャンルに関心があり、ジャンルのターゲット層に年代が近いと推定するなどです。

自社の範囲外でユーザに起きていることをデータとして取得・利用するには、何らかの仕組みが必要になります。今日ではWeb広告に関するテクノロジーの発展や後述するDMPの利用によって、社外の顧客属性データやWeb上での行動ログを、自社保有データと結合できるようになってきました。

拡張されたオーディエンスデータの用途例

オーディエンスデータの用途として主にWeb広告や施策向けに制作されたWebページ（LP：Landing Pageの一種）の最適化が挙げられます。ユーザの特徴に合わせた形で広告を出し分けたり、アクセス解析からLPの改善へつなげたりするケース、各広告や媒体別で訪問のあった顧客に対して予想される生涯価値（Life Time Value）を計算し、それぞれの広告にかける予算の比重を調整したりするケースなどです。

Web以外のチャネルに対するマーケティングへの利用も期待できます。たとえば、特定のローン商品に対するキャンペーンでDMの送付を予定しており、その商品の契約確率が高いと予想されるターゲットリストを作成したいケースを考えます。このとき、商品への反応有無に影響すると予想される一方で、顧客登録時に記入がなく取り込めていないデータがあると考えられます。たとえば、家族構成などです。

こうしたデータについて、別サービスでの登録情報やWebサイトのアクセス履歴などの外部データから補完できる場合があります。これら

は推定値であり常に正しいとは限りませんが、契約確率の予測モデルへ投入することで精度が上がれば、推定値であっても有効なデータということができます。すなわち、データの価値をモデルに判断させることができます。

データサイエンスの利用と解釈性

マーケティングのための事前調査やターゲットリストの作成に、機械学習を利用することは効果的な方法のひとつです。ただし、3-3でも触れたように、使用する手法によっては、なぜそのような結果がモデルから出力されたのかという理由がブラックボックス化されてしまう点には留意が必要です。マーケティング分野でもアンサンブル学習や深層学習などのより精度が出やすい手法が活用されていますが、現在のところ、精度と解釈性はある程度のトレードオフ関係になっています。

予測モデルに解釈性が求められるケース

Web広告の配信やダイレクトメールの送付のように途中で人が介在しない施策であれば、人間にとって理解しやすい説明は必要ないかもしれません。なぜ対象者に選ばれたのか理由が説明できなくても、住所がわかればパンフレットは送付できますし、施策対象者がどのくらいの確率で商品の購入や申込みに至ったか（Conversion Rate）、購入や契約1件当たりにいくら費用がかかったか（Cost Per Acquisition）といった評価指標を用いて、予測モデルを含めて施策の効果を測定できるからです。

しかし、なぜそのような結果が得られるのか解釈が難しい場合や、解釈できても複雑過ぎる場合、モデルの精度が良かったとしても、施策へ落とし込むことが難しいケースがあります。たとえば、施策に営業担当者が関わってくる場合が挙げられます。キャンペーン対象者に対してフォローコールを行う際に、なぜその顧客へその商品の紹介が効果的なのか解釈できるかどうか、顧客へ説明できるかどうかによって営業のしやすさが変わり、結果として施策の効果も変わってくることが予想でき

ます。現場で使いにくければ営業担当者に利用してもらえないことも考えられます。他にもキャンペーンを設計するために個人のターゲットリストではなく、説明しやすい形で顧客のセグメント分けが必要になる場合や、より純粋に商品がどのような特徴を持つ顧客に購入されているのか知りたい場合もこうしたケースに該当します。

　このように、良い精度で予測できることよりも、特定の取引履歴があるため、あるいは保有資産が特定の状況に該当するためといったように、理由を解釈でき、施策の設計や実施へつなげられることが優先されるケースがあります。その際には、モデルの結果を踏まえた上で図やグラフといった人間の解釈・納得しやすい形でデータを再集計する、精度の優先順位を下げて解釈や説明のしやすいモデルや変数を採用するといった選択が必要になります。

DMPの活用

　DMP（Data Management Platform）とは、社外にあるデータ、特にWebデータと自社内で保有するデータを結合して管理するプラットフォームを指します。3-9で解説したように、似た機能を持つ仕組みとして情報活用基盤があります。

　以前から存在する情報活用基盤と比較したDMPの特徴として、外部データを自社保有データへ結合させること、多くの場合にデータを施策へつなげるための機能が組み込まれていることが挙げられます。

DMPの機能と名寄せ

　DMPはサービスとして多数の企業から提供されています。DMPのサービスではデータの結合や管理に加えて、アクセス解析などの集計ツールとしての機能や、広告配信プラットフォームなどのマーケティングに関するアウトプットと連携するための機能が組み込まれています。マーケティングの観点で見た場合、施策の実施へのつなげやすさはデータを扱う他の基盤と比較して特徴的な機能といえます。

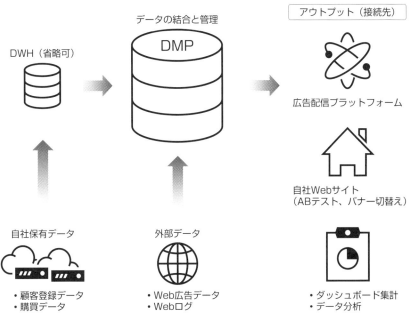

◆DMPの仕組み

　外部データと自社保有データとの紐付けには、クライアントにデータを一時保存する技術である**Cookie**が使用されています。EU一般データ保護規則やeプライバシー規則のようにCookieを個人情報保護の対象とした規制強化が続いており、今後の動向には注意が必要ですが、現時点でCookieはデータ統合の主な手段となっています。基本的な仕組みとして、各Webサイトを訪問した際にユーザへCookieが発行され、それらを基に個人（ブラウザ）を特定する名寄せを行うことで、それぞれのデータが同一個人として結合されます。

　Cookieを基に同一個人を特定する方法以外にも、自社保有データと別のオーディエンスデータとでユーザ間の類似度を計算して推定する方法や、会員ポイントなどで同一IDを複数のサービス間で共有する経済圏を構築し、その範囲内でIDをベースにデータを結合・管理する方法があります。これらもオーディエンスデータの拡張と管理であり、DMPの構築と呼べるでしょう。

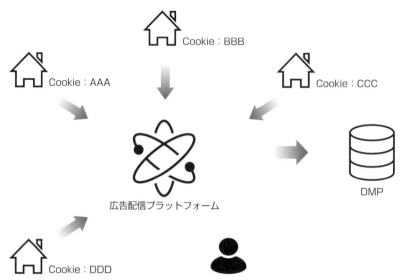

◆広告配信プラットフォームとCookieを用いた個人の名寄せ

第 **5** 章

ブロックチェーン技術と仮想通貨ビジネス

5-1 ブロックチェーンの全体像
変化し続けるブロックチェーン

ブロックチェーンの動向

　2017年に**ブロックチェーン**を活用したビットコインなどの仮想通貨が高騰し、話題になりました。翌年に入ると状況は一変し、仮想通貨の市場は落ち着きを取り戻しましたが、日々IT関連のニュースを追っていて"ブロックチェーン"という言葉を目にしない日はありません。各国のブロックチェーンに関するニュースが翻訳されて日本に入ってくる状況を見ると、相変わらず国内外で注目を集めていると感じられます。

　ブロックチェーンのニュースの内容は年々変わってきています。ブロックチェーンの取り組みは、実証実験から小規模な業務適用へ、小規模参加型から全ステークホルダー参加型へ、あるいは官民が連携したプロジェクトの実施など、ブロックチェーンを実際のビジネスに組み込んで試行する段階に入ったと考えられます。

ブロックチェーンとは？

　ひとことでいえば、ブロックチェーンは**取引データを分散管理する仕組み**です。これまで、さまざまな情報システムはそれを集中的に管理・運用することを前提に構築されてきました。一方、ブロックチェーンは参加者全体で分散してシステムを管理することで中央機関を不要とし、システムの効率化を図っています。中央機関が不要になることのインパクトは非常に大きく、ブロックチェーンはインターネット以来の発明といわれることもあるほどです。

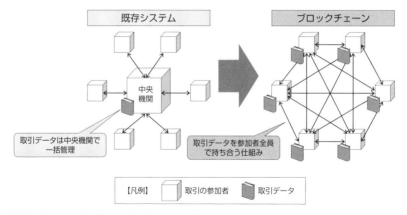

◆既存システムとブロックチェーンの違い

ブロックチェーンと仮想通貨の全体像

　ブロックチェーンは、代表的な仮想通貨であるビットコインのために考えられた技術です。**仮想通貨**とは、日本の資金決済法における定義では、インターネット上でやりとりされる財産的価値のうち、電子マネーなどを除いたものを指します。現在は非常に多くの仮想通貨が存在しますが、はじめて開発された仮想通貨がビットコインです。

　ビットコインは2009年に開発されましたが、当時は仮想通貨＝ビットコインであり、ブロックチェーンはビットコインのシステムを支えるための技術に過ぎませんでした。その後、ビットコインの模倣や派生、分裂などにより、さまざまな仮想通貨が誕生しました。また、ブロックチェーンの技術を使ってできることが、仮想通貨以外の分野にも広がってきました。たとえば、Cordaは金融機関同士の契約取引を記録・管理するプラットフォームとして開発されました。

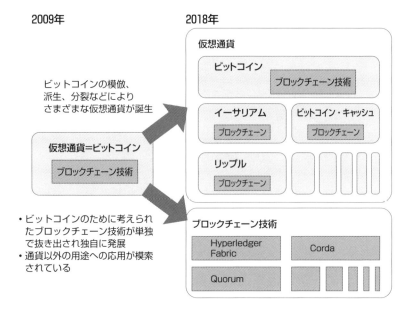

◆ブロックチェーンと仮想通貨の全体像

5-2 ブロックチェーンの構成技術(1)
ピア・トゥー・ピア(P2P)

ピア・トゥー・ピア型のシステムの始まり

　ブロックチェーンはピア・トゥー・ピア型のシステムと呼ばれています。**ピア・トゥー・ピア**（以下、P2P）とは、対等な関係のコンピュータ（ピア）同士が、直接データ通信を行うネットワークのことを指します。ピア同士が対等な関係であることから、どれか一部のピアが特別な権限を持つわけではなく、管理者のないネットワーク形態をとります。一方、サービスを提供する側をサーバー、そしてサービスを利用する側をクライアントと呼び、主従関係が明確になっているシステムは**クライアント・サーバー型**と表されます。ちなみにピアとは、広義では「ノード」を意味しますが、P2Pの世界でノード同士が対等であることを強調する場合は、「ピア」という言葉が使用されます。本節以降では、基本的にPCやサーバーのことを「ノード」という言葉を使って解説します。

　P2Pの技術は、ブロックチェーン以前から存在し、その技術を応用してさまざまなサービスが世に出ています。たとえば、音楽ファイルを複数のコンピュータ間に保存するファイル共有アプリケーション「Napster」は、1999年に発表されてから世界中に爆発的に普及しました。音楽アルバムをダウンロードしたいユーザは、ネットワーク上の他のユーザからそれぞれ、アルバムの一部、たとえば1曲を受け取ります。さらに、ユーザは、今受け取ったアルバム、あるいは過去に受け取っていたアルバムを、同じアルバムをダウンロードしている他のユーザにも送ります。このように、ユーザは音楽ファイルを斬新な方法で共有できるようになりました。

　しかし、Napsterはセキュリティと統制が欠如しており、音楽コンテンツの所有者には、配信を管理する権限も、そこから利益を得る権限も

ありませんでした。無料で音楽ファイルを共有したいユーザにとっては大変有益なツールでしたが、著作権侵害を巡る法廷闘争の結果、閉鎖されました。

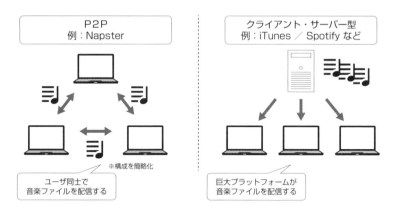

◆P2P型とクライアント・サーバー型の音楽サービス

　現在音楽業界では、上図のように「iTunes」や「Spotify」などが、クライアント・サーバー型のサービス形態をとることにより巨大なプラットフォームになりました。これらのプラットフォームが、著作者にとって不利な環境を生み出す原因となっています。今後、著作権・課金管理が必要な分野では、巨大プラットフォームに代わって管理者に依存しないブロックチェーンの活躍が期待されています。

P2P型のシステムの分類

　P2P型のシステムは、常にリアルタイムですべてのデータをピア同士で共有して保持しているわけではありません。そのため、データを使用する際には、何かしらの方法でデータを保持しているピアを特定する必要があります。P2P型のシステムは、データの検索方法によって**ハイブリッドP2P**と**ピュアP2P**に大別されます。

　ハイブリッドP2Pは検索や認証の処理が**インデックスサーバー**と呼ばれるサーバーで処理され、各ノードにどのノードがどのデータを持って

いるかを通知します。インデックスサーバーが存在するため、クライアント・サーバー型の側面を持ちますが、データのやりとりは直接ピア同士で行われるので、P2Pに分類されます。なお、先ほど紹介したNapsterはハイブリッドP2Pの技術を利用しています。

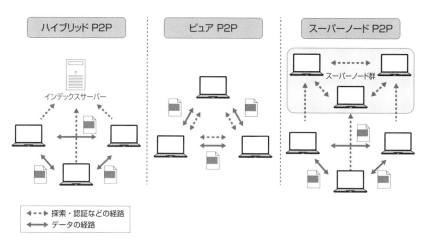

◆P2P型システムの分類

　一方、ピュアP2Pではインデックスサーバーの代わりに、隣接のピアを伝ってデータの所在を検索し、データのやりとりを行います。
　両者とも、特定のピアに対する依存度が低い、もしくはまったくないため、①耐障害性が高く、②高スケーラビリティ、③柔軟なネットワークの構築や、④非同期状態でのオフライン利用可能というメリットがあります。
　インデックスサーバーを必要とするハイブリッドP2Pは一部クライアント・サーバー型システムと同じ方式になるため、耐障害性やスケーラビリティなどのメリットは減少しますが、インデックスサーバーでシステムの管理・制御を行うことでシステムのセキュリティレベル向上が期待できます。
　このほか、ハイブリッドP2PにはピュアP2PとハイブリッドP2Pの長所を兼ね備えたスーパーノードP2Pと呼ばれるアーキテクチャが存

◆P2Pのメリット

メリット	概要
①耐障害性が高い	・特定のピアが単一障害点となることを回避している ・個々のピアの持つデータをシステム全体で冗長的に保持するため、消失・損傷リスクが低減する
②高スケーラビリティ	個々のピアとその周辺のピアは特定のピアに依存することがなく、システム全体の処理能力を高めるため、システム利用者が急増してもシステムの規模を増加する必要がない
③柔軟なネットワーク	・ピアが柔軟にネットワークへの参加や離脱をすることができるため、ネットワークの構成を動的に変更できる ・アクセス管理を厳重に行うため、ハイブリッドP2Pのように特定のサーバーに集中管理させる場合もあり、使い分けが必要
④オフライン利用	・個々のピアはその周辺のピアと独立して機能するため、オフライン状態でもデータの閲覧や更新を行うことができる ・ネットワーク障害が与える、サービスへの影響が低減する

在します。ハイブリッドP2Pと異なる点は、インデックスサーバーの代わりに特別な条件を満たした複数の任意のピアがインデックスサーバーの役割を果たします。インターネット電話サービスのSkypeは、現在クライアント・サーバー型のシステム構成になっていますが、以前までスーパーノードP2Pのアーキテクチャを採用していたことで有名です。Skypeサービスのスーパーノードになるには、システム全体の根幹をなす機能を全ネットワークに提供するため、ハイスペックであること、回線が高速であること、グローバルIPを所有していること、連続稼働していることなどの諸条件を満たす必要がありました。条件が非常に厳しいため、一般のユーザがスーパーノードになることはほとんどありませんでした。

P2Pとブロックチェーン

　P2Pはブロックチェーンを構成する重要な技術要素で、これまで挙げてきたP2Pの特徴はブロックチェーンに色濃く残っています。ハイブリッドP2Pはシステムの管理・制御を行いやすく、セキュリティレベルが高いことから、情報の機密性や完全性を優先的に満足させる必要があるビジネスユースでの適用に向いています。

　このことから、ブロックチェーンの中でも、エンタープライズ向けと

呼ばれているプライベート型あるいはコンソーシアム型のブロックチェーンに分類される「**Hyperledger Fabric**」や「**Corda**」はハイブリッドP2Pの側面を持っています。他方で、ビットコインやイーサリアムなどのパーソナルユースでの運用が多いパブリック型のブロックチェーンでは、すべてのピアが対等な役割を果たしているピュアP2Pが多く採用されています（ブロックチェーンの型については5-5で詳しく説明します）。最後に、スーパーノードP2Pで注目を集める事例として、「**ネム（NEM）**」が挙げられます。NEMもSkypeと同様に、スーパーノードになるには必要要件があり、スーパーノードとなったノードは一定の報酬を得ることができます。

　P2P型のシステムの分類と、それに対応するブロックチェーンの種類を紹介しました。今、注目されているブロックチェーンがどのP2P型に属するのかを理解することで、無数に存在するブロックチェーンの違いや特徴を明確にすることができます。

5-3 ブロックチェーンの構成技術（2）
コンセンサスアルゴリズム

コンセンサスアルゴリズムとは？

　従来のクライアント・サーバー型システムでは、サーバーがデータを一元的に管理しています。一方、5-2で見てきたP2P型アプリケーションのブロックチェーンでは、それぞれのノードに管理者がいて、データの状態を共有しながらお互いのデータの整合性を維持しようとします。たとえ分散した複数のノードのどこか一部分が故障したとしても、整合性を維持する仕組みが働きます。

　これらを実現するために、ブロックチェーンは、各ノードの間で特定のルールに基づいて合意（＝コンセンサス）形成を得るためのアルゴリズムを利用しています。これを**コンセンサスアルゴリズム**と呼びます。

　コンセンサスアルゴリズムはブロックチェーン技術の「キモ」であり、世の中に存在する多様なブロックチェーンを特徴付ける重要な性質です。下図は送金取引におけるコンセンサスアルゴリズムの働きを簡単に示しています。コンセンサスアルゴリズムがない場合（図中の左）は、取引

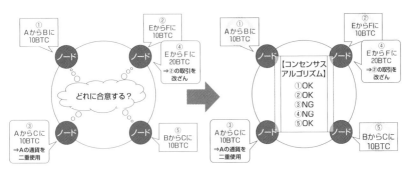

◆コンセンサスアルゴリズムの働き

を検証する手段がないため、不正な取引に合意してしまう可能性があります。一方、コンセンサスアルゴリズムが導入されているシステム（図中の右）では、ネットワーク上の取引が整理・検証され、取引③や取引④などの不正な取引を排除することができます。

コンセンサスアルゴリズムとビザンチン将軍問題

　コンセンサスアルゴリズムは、ブロックチェーンが開発される前からP2Pシステムの重大な課題として研究されています。P2Pシステムの各ノードが分散する非同期のデータを共有するため、相互でメッセージを送り付けて通信を行う場合、ノードの処理遅延もしくは停止や、悪意あるノードの存在によって全体で適切な合意形成が得られない問題が発生します。このような問題は「**ビザンチン将軍問題**」と呼ばれます。

　下図では、各拠点に散らばったビザンチン帝国軍の部隊が敵部隊を攻撃するのか、撤退するのかを決めようとしています。味方部隊に裏切り者がいる状態で、裏切り者以外の部隊は全員、裏切り者にだまされず「同じ作戦」を共有することを命題としています。下図の解決例では、ある味方部隊が戦況を考慮して攻撃の提案をその他の味方部隊に伝え、攻撃の提案を受けた味方部隊はその他の味方部隊に伝達することで全部隊が同じ提案を受けているかを検証しています。図中の左の体制では、攻撃

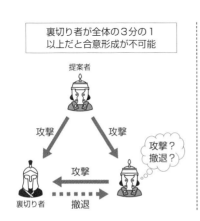
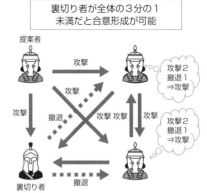

◆ビザンチン将軍問題

なのか撤退なのか多数決で決まらず、図中の右の体制では、多数決で合意に至ることができました。この解決例では、裏切り者が全体の3分の1に満たないという条件の下、多数決で合意を得ることが可能であることが示されました。

しかし、このコンセンサスアルゴリズムはすべての参加ノードを把握し、多数のメッセージを交換するため、参加ノードの追加に伴い、合意に必要な時間とコストが指数関数的に増加するという欠点があります。ブロックチェーンは、後述の改ざんが難しいというデータ構造の特性と新しいコンセンサスアルゴリズムの適用により、ビザンチン将軍問題に対する実用的な解決例を提示したものといえます。

代表的なコンセンサスアルゴリズムの種類

ブロックチェーンのコンセンサスアルゴリズムは、何が真実かをすべてのノードに合意させる方法を提供します。結局のところ、誰でもブロックチェーンに保存する情報を提供することができるので、各ノードが情報を検証することが重要になります。下表では、情報の検証方法によってコンセンサスアルゴリズムを分類しています。

◆コンセンサスアルゴリズムの種類

	PoW (Proof of Work)	PoS (Proof of Stake)	PoI (Proof of Importance)	PBFT (Practical Byzantine Fault Tolerant)
採用システム	・ビットコイン ・イーサリアム	・ピアコイン ・Cardano	NEM	Hyperledger Fabric
検証の方法	計算力	資金力	貢献度	多数決
通信	隣接ノードのみ	隣接ノードのみ	隣接ノードのみ	全ノードと通信

・PoW（Proof of Work）

PoWは、計算量による証明によって情報の検証を行うコンセンサスアルゴリズムで、ビットコインなど多くの仮想通貨で採用されています。ブロックチェーンで管理されるデータの単位であるブロックごとに各ノードが計算競争を行い、より多くの計算力が投じられたブロックほど、

高い確率で合意が得られたとして各ノードに登録される仕組みです（なお、ブロックチェーンのデータ構造については次節で解説します）。

　最初にブロックの登録に成功したノードは報酬が得られるため、世界中のノードが計算競争に参加しています。計算競争に参加するノードはマイナー（採掘者）、計算を実施することはマイニング（採掘）と呼ばれます。

　PoWの計算競争をビザンチン将軍問題とあわせて簡単にたとえると、「1つのサイコロを振って2以下を出した将軍の計画に従う」ようなアルゴリズムです。各将軍は2以下の目を出すためにサイコロを何回も振ります。最初に2以下の目を出した将軍は自らの手柄である証明として2以下の目が出ている写真に自分のハンコを押して他の将軍に送ります。他の将軍は写真に写っているサイコロが2以下であることとハンコが写っていることを確認して、提案された計画に従うことに合意します。

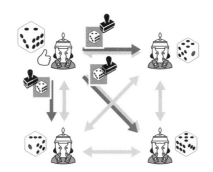

◆PoWをサイコロにたとえると

　さらに、サイコロの数を増やし、サイコロの出目の和が、ある目標値以下になることを命題とした場合、サイコロを振る試行回数が増大することは容易に想像できるでしょう。命題を複雑にすればするほど、解くには膨大な計算量が必要になるのに対し、命題を解いたことを検証することが簡単にできることがこのコンセンサスアルゴリズムの特徴です。

　また、ブロックチェーンでは改ざんが難しいため、手間をかけて不正なブロックを生成するより、正しいブロックを生成して報酬を得ようと

いう動機の発生が期待できます。これによって、ビザンチン将軍問題の中の、裏切り者の出現を抑制する効果があると考えられます。

　ビットコインのPoWはいくつかの課題が指摘されています。

　1つ目は、膨大な計算をするため、マイナーが大量に電力を使用していることです。送金決済のためのコストと見る一方で、電力の無駄遣いであるという議論があります。

　2つ目は、電力や土地が安い中国の複数のマイナーが台頭した結果、世界におけるマイナーの計算力全体の半分以上を占めるようになったことです。つまり、中国のマイナーが結託すればビットコインのブロックを改ざんできてしまう状態に陥っています。51％以上の計算力を保有することで可能となる攻撃なので、51％問題と呼ばれます。51％問題による攻撃のひとつとして、ある時点で最も計算量が投じられて生成されたブロックが、その後に攻撃者のより多くの計算量が投じられたブロックによって置き換えられる可能性があります。

　3つ目は、ファイナリティがないことに関連する問題で、たとえばAさんからBさんへの送金に対して一度取引が合意されたように見えても、後で取引の合意が消失する可能性があります。ファイナリティとは、一般的に決済が無条件かつ取消不能となり、最終的に完了した状態を指し、従来の金融システムでは、最も重要な要件と考えられています。

・PoS（Proof of Stake）

　PoSは、PoWのような計算力ではなく、どれだけ仮想通貨を所有しているか、通貨の所有率によって合意を形成します。膨大な計算力を必要とするPoWの代替手段として、2011年頃に考案され、2012年にピアコインという仮想通貨ではじめて実装されたといわれています。

　PoSでは、ブロックチェーンにブロックを登録する権利を得るノードはランダムで選択されますが、その選択の確率は所有している仮想通貨の量に左右されます。たとえば、ある仮想通貨をAさんが40％、Bさんが30％、Cさんが20％、Dさんが10％保有している場合、ブロックを登録する権利は、Aさんに40％、Bさんに30％、Cさんに20％、Dさんに

10％の確率で与えられます。

　また、PoSにはPoWとハイブリッドのアルゴリズムが存在します。そのアルゴリズムでは、仮想通貨の所有量によってPoWの命題を解く難易度が調整されます。所有量が多いマイナーは少ない計算力で命題を解き、報酬を得ることができます。また、マイナーはマイニング競争に勝つために仮想通貨を所有するようになることから、通貨価値を下げる恐れのある攻撃を実施するインセンティブを下げる効果があるといわれています。

● PoI（Proof of Importance）

　PoIは、仮想通貨の所有量や所有期間以外に取引量や取引回数などのネットワーク全体の取引の流動性を高めることに寄与したノードにブロックを登録する権利と報酬を与えるコンセンサスアルゴリズムです。ちなみに、5-2で紹介したNEMがこのPoIを採用しています。

● PBFT（Practical Byzantine Fault Tolerant）

　PBFTはHyperledger Fabricが採用しているコンセンサスアルゴリズムのひとつです。199ページの図で説明したビザンチン将軍問題の仕組みと似ており、代表のノードが情報を他のノードに提供し、すべてのノードによる多数決により合意が形成されます。このシステムの運用には悪意のあるノードが全体の3分の1より少なくなければならないという条件があり、また少なくとも全体で4ノード以上の参加が必要となります。

　PBFTはPoW、PoS、PoIと異なり、全ノードで多数決をとって情報のファイナリティを得ています。しかし、すべてのノードが通信を連携する必要があるため、お互いを特定する必要があり、不特定多数のノードを参加させるパブリック型ブロックチェーンには向きません。また、参加するノードが増えると通信量が指数関数的に増加するため、参加できるノード数も制限されます。金融ビジネスはライセンスにより不特定多数の参入が制限されており、またファイナリティが欠かせないため、PBFTは金融ビジネスに適したコンセンサスアルゴリズムです。

5-4 ブロックチェーンの構成技術(3)
ブロックチェーンのデータ構造と暗号技術

ブロックチェーンと呼ばれるのは？

　ブロックチェーンのデータ改ざんを防ぐ強固な仕組みは、ブロックチェーンの構造と暗号技術によって実現されています。ブロックチェーンでは取引データが分散管理されていますが、それぞれのノードには下図のような記録が書き込まれています。取引記録を格納したブロックがポインタによってチェーンのようにつながっており、この構造がブロックチェーンという名称の由来になっています。

　ビットコインのブロックチェーンでは、各取引データは**公開鍵暗号方式**により署名が施されており、取引の改ざんを防いでいます。さらに、ブロックには、ポインタや取引記録の他に、「**ハッシュ値**」や「ナンス」という改ざんを検知する文字列が格納されており、これによって、ブロックの改ざんが極めて困難になっています。

　多くのブロックチェーンがビットコインの仕組みを手本としているため、本節ではビットコインのブロックチェーンのデータ構造と暗号技術について解説します。

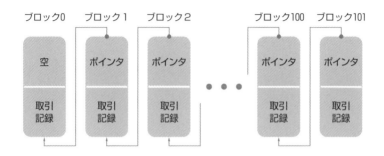

◆ブロックチェーンの構造

ブロックの構造とハッシュ化

ハッシュ化とは、ハッシュ関数と呼ばれる数学的な関数によってデータを変換することであり、これによりデータのセキュリティレベルが大幅に向上します。ブロックチェーンでは、このハッシュ化を使ってブロックチェーンの状態を示しています。ブロックチェーンでハッシュ化に使用されている**ハッシュ関数**は、次のような特性を持っています。

1つ目は、**同じ入力値からは同じ値を出力し、かつ異なる入力値からは異なる値を出力する**という特性です。これは入力値の信頼性を担保するために重要な特性です。一文字でも改ざんされると異なる値が出力されるので、出力値を確認することで改ざんを検知することができます。

2つ目は、**出力値（ハッシュ値とも呼びます）から入力値が特定できない**という特性です。これは入力値を秘匿するために必要な特性です。これにより、第三者がデータの中身を知ることを防ぐことができます。

3つ目は、**与えられた入力値のハッシュ化を即座に実行することができる**という特性です。ハッシュ化を導入してもシステムの処理能力に大きな影響を与えないため、効率的なシステムの実現に寄与しているといえ

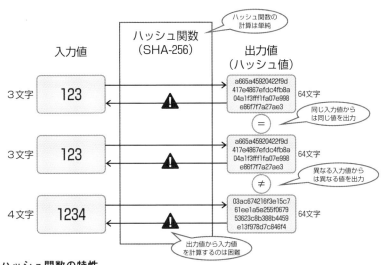

◆ハッシュ関数の特性

ます。他には、どんな値をハッシュ化させても決まった文字数（桁数）の出力値となることも特徴として挙げられます。

　ハッシュ関数にはさまざまな種類がありますが、ビットコインではSHA-256（Secure Hash Algorism 256bit）やRIPEMD（Race Integrity Primitives Evaluation Message Digest 160bit）を組み合わせて使うことで、強力な改ざん耐性を実現しています。

　次ページの図にあるように、ブロックは**ブロック本体**と**ブロックヘッダ**から成ります。ブロック本体は、マイニング報酬や各取引などの取引記録（トランザクション）を格納します。一方、ブロックヘッダは直前のブロックのブロックヘッダのハッシュ値、ブロック本体のハッシュ値、そしてPoWの結果得られたナンスなどから構成されています。

　たとえば、次ページの図における「ブロック♯100」の内容は、前のブロック♯99の内容に依存します。さらにブロック♯100の内容は、後ろのブロック♯101の内容に影響を与えていて、これが繰り返し行われることを考えると、将来作成されるブロックすべてに過去のブロックが影響を与えていることがわかります。あるブロックの内容を改ざんすると、ハッシュ化の特性により、その次のブロックに格納すべきハッシュ値が変わり、同じようにそれ以降のブロックに格納すべきハッシュ値が変わります。改ざんを成功させるには改ざん以降のすべてのブロックのナンスを再計算する必要があります。これを実行するには膨大な計算が必要であり、改ざんを確率的に困難にしています。

　また、ブロックヘッダに含まれるブロック本体のハッシュ値は、**マークルツリー**と呼ばれる技術を用いて、そのブロックに格納されているすべての取引を要約することで得られます。マークルツリーは、二分木と呼ばれるデータ構造の一種で、その名の通りツリーのような構造になっています。一番上のノードは根（ルート）、一番の下のノードは葉（リーフ）と呼びます。根でも葉でもない間のノードは内部ノードと呼ばれます。葉ノードのペアからハッシュ値を計算し、ハッシュ値が1つになるまで繰り返し計算します。最終的に残ったハッシュ値はマークルルートと呼ばれ、ブロックに格納された全取引の要約としてブロックヘッダ

に付与されます。このデータ構造をとることによって、ブロックチェーンでは、ある取引がブロックに含まれているかどうかを大変効率良く検証することができます。

　たとえば、下図の取引記録2がそのブロックに含まれるかどうかを検証してみます。ハッシュ01とハッシュ3の2つのハッシュ値がわかれば、取引記録2がブロックに含まれるかを検証することができます。まず、取引記録2をハッシュ化し、ハッシュ2を得ます。次に、ハッシュ2とハッシュ3をハッシュ化し、ハッシュ23を得ます。最後に、ハッシュ23とハッシュ01をハッシュ化すると、マークルルートが得られます。計算により得たマークルルートとブロックヘッダに含まれるブロック本体のハッシュ値が同じであれば、ブロックに取引記録2が含まれることが証明できたことになります。ブロックチェーンはすべての取引情報を保有するため、データ容量が膨大になります。しかし、仮想通貨の所有者は自分に関連した取引情報のみ検索できればいいので、このマークルツリーの仕組みを使って、ブロックに含まれるすべての情報を保有すること

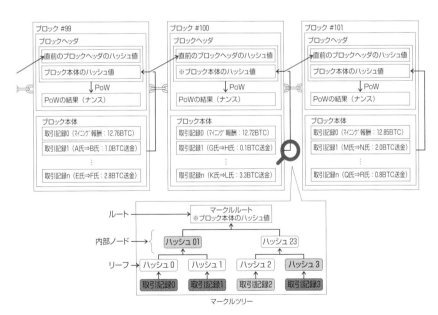

◆ブロックの構造とマークルツリー

なく、特定の取引の検証を行っています。

　ここまで、ビットコインのブロックの構造について説明してきましたが、ブロックがチェーンとなっているところやマークルツリーの技術などはイーサリアムやHyperledger Fabricなど他のブロックチェーンでも適用されています。

取引データの処理フロー

　ここでは取引データについて、その作成からブロックチェーンに格納されるまでの処理フローを説明します。

　まずは、取引データ（たとえば、A氏からB氏に1BTCを送金する）を作成します。この取引データは、仮想通貨の所有者によって署名されています。

　次に、作成された取引データはビットコインのP2Pネットワーク内のそれぞれ隣接するノードを経由して、すべてのノードに伝搬されます。各ノードは、新たに受け取った取引データを他のノードに伝搬する前に、その取引データが有効であるか検証を行います。

　検証では、取引データのデータ構造が正しいか、残高管理が正しく行われているか、署名が有効であるかなどが確認されます。マイナーは検証済みの取引データを使ってマイニングを行い、ブロックを作成します。マイニング競争の結果作成されたブロックは、取引データの伝搬時と同様、ビットコインのP2Pネットワークによって、各ノードでブロックの有効性を検証されながらすべてのノードに広がります。

◆取引データの処理フロー　　　　　　　※不特定多数へ同時に同じ情報を送ること

取引データの構造と公開鍵暗号方式

　ビットコインの取引では、仮想通貨の残高管理のために**UTXO**という手法が使われています。UTXOはUnspent Transaction Outputの略で、トランザクション（取引データ）内の未使用アウトプットのことを指します。

　ビットコインの取引データは、大きくインプット部とアウトプット部に分けられます。ビットコインの送金が行われるとインプット部では送金元となるUTXOが指定され、アウトプット部には新規のUTXOとして送金先と金額が格納されます。言い換えると、取引によって使用されるUTXOをインプットに、取引によって作成されるUTXOをアウトプットに格納します。たとえば、次ページの図にある取引1のインプットAにはX氏に1BTC、アウトプットBにはY氏に0.5BTC、アウトプットCにはZ氏に0.4BTCといったような情報が記載されています。通常、インプット部のUTXOの合計金額はアウトプット部のUTXOの合計金額を上回り、その差額は送金手数料としてマイナーへ支払われます。

　ビットコインの世界では残高という情報は記録されていないため、自分のアドレスに送金された取引のUTXOをかき集めて合計することで残高を計算する必要があります。ビットコインの利用者からはウォレット（5-11参照）からブロックチェーンに残高を問い合わせているかのように見えますが、実際はウォレットが残高を各取引から計算して作り上げています。また、ブロックチェーンに記録されているUTXOは残高ではなく取引ですので、送金時にUTXOの一部のみをインプットとすることはできません。そのため、一部を送金したい場合は、アウトプット部で複数のUTXOを作成し、ひとつは本来の送金先用のUTXO、残りはお釣り用に自分に対して送金するUTXOを作成する方法がとられます。

　UTXOはUTXOプールとして取引とは別に管理されています。PoWでブロックの検証を終えると、ブロックに格納されている取引で消費されたUTXOはUTXOプールから削除され、反対に新たに作成されたUTXOはUTXOプールに格納されます。UTXOの仕組みは複雑ですが、ブロックチェーンは未使用のUTXOの有無を検証することで、二重送

金の発生を防止することができます。

　また、前述の通り、不正にUTXOが使用されるのを防ぐために、仮想通貨の所有者は公開鍵暗号方式を使ってUTXOに署名しています。公開鍵暗号方式では秘密鍵と公開鍵のペアを利用してUTXOをロック、あるいはロックを解除することができます。秘密鍵からは公開鍵を作成することは簡単にできますが、公開鍵から秘密鍵を推測することは大変困難であるという特徴があります。取引データのアウトプット部に格納されているUTXOは送金先の公開鍵によってロックされています。UTXOを使用する際は、新規取引データのインプット部で、送金先のみが所有する秘密鍵によって当該UTXOのロックを解除します。たとえば、家の錠を公開鍵、家の解錠する鍵を秘密鍵に置き換えるとわかりやすいと思います。

　ここまで紹介した技術はブロックチェーン特有のものではありませんが、さまざまな技術の組合せによってビットコインは仮想通貨のブロックチェーンシステムとして実用化に成功しました。同じように、それぞれの技術の形式や組合せを変えることによって仮想通貨以外の業務領域に最適化されたブロックチェーンシステムを構築できると考えられています。

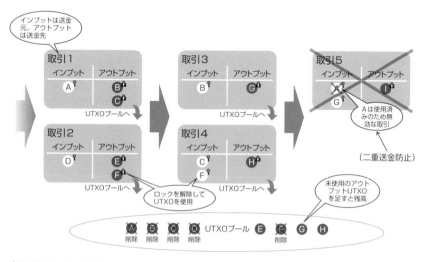

◆取引データの構造

5-5 ブロックチェーンの分類
多種多様なブロックチェーンをどう理解したら良いか?

運用方式から見るブロックチェーンの分類

　前節では、ブロックチェーンの技術的な仕組みについて、ビットコインを基に説明しました。ブロックチェーンはビットコインの基盤技術として開発されましたが、現在ではビットコイン以外の仮想通貨でも利用されているほか、金融インフラなど仮想通貨以外の分野への応用も始まっています。本節では、これらのブロックチェーンをどう理解したら良いか、その特徴ごとに分類することで整理していきたいと思います。

　ブロックチェーンはネットワークを活用した仕組みであることから、そのネットワークがどのように運用されているかによって分類することができます。特に、そのネットワークがどの程度オープンなネットワークかという観点から、**パブリック型**「**コンソーシアム型**」「**プライベート型**」の3つに分類されることが多くあります。

◆ブロックチェーンの分類

	パブリック型	コンソーシアム型	プライベート型
ネットワークへの参加	オープン（参加自由）	クローズド（許可制）	
利用モデル	仮想通貨 （ビットコインなど）	金融機関など、エンタープライズ向けの利用が想定されるモデル	
管理主体	存在せず	複数組織	単一組織
仕組みの前提	悪意のある参加者を前提	悪意のある参加者を前提としないことが可能	

　上表は、それぞれの方式の特徴を示しています。まず、パブリック型はオープンなネットワークによって運用されていて、**誰でも自由に参加できる**ブロックチェーンです。この方式は、ビットコインなどの仮想通貨で主に利用されています。誰もが自由にネットワークに参加できると

いう性質上、悪意のある参加者が現れる可能性があり、その対策を施したコンセンサスアルゴリズムを採用することが必要となります。

一方、コンソーシアム型は参加者を限定した**クローズドなネットワークにより運用されている**ブロックチェーンです。複数組織により構成されたコンソーシアムによって管理され、許可された参加者のみがネットワークにアクセスすることができます。パブリック型と異なり、信頼できる者のみにネットワークへの参加を許可することで、悪意のある参加者を想定する必要がなくなります。これにより、目的に応じて柔軟な設計を行うことが可能になります。たとえば、金融取引で利用する場合は処理速度の高速化やプライバシーの確保を重視するというように、利用主体のニーズに合わせてブロックチェーンを構築することができます。

また、プライベート型もコンソーシアム型同様、参加者を限定したネットワークで運用されているブロックチェーンです。管理主体が単一組織という点を除いて、コンソーシアム型と同様の特徴を持ちます。

このような特徴から、エンタープライズ向けではコンソーシアム型やプライベート型のブロックチェーンを利用することがほとんどです。

ブロックチェーンを動かすソフトウェア

このように、ブロックチェーンは3つの方式に分類することができますが、それぞれのブロックチェーンにはそのシステムを動かすプログラムが存在します（これをブロックチェーンソフトウェアと呼ぶことにします）。ブロックチェーンソフトウェアには、仮想通貨管理のアプリケーションと、コンセンサスアルゴリズムや暗号化といった基本機能が組み込まれています。ここからは、ブロックチェーンソフトウェアにはどのようなものがあるか見ていきます。

ほぼすべてのブロックチェーンソフトウェアは、ビットコインが基になっています。ビットコインからの改善を目指し、機能の追加や改変が行われています。本書では、その改変の仕方によって、ブロックチェーンソフトウェアを「**仮想通貨タイプ**」「**ハイブリッドタイプ**」「**汎用スマートコントラクトタイプ**」の3タイプに分類することにします。

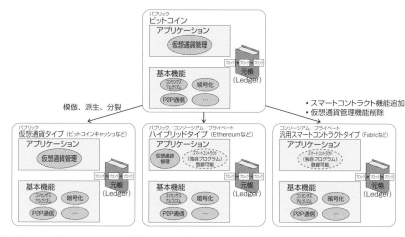

◆ブロックチェーンソフトウェアの分類

　仮想通貨タイプ（上図の下段左）は、その名の通り、仮想通貨の管理に用いられるブロックチェーンソフトウェアです。ビットコインの模倣や派生、分裂によって生まれたものが多く、コンセンサスアルゴリズムや暗号化の仕組みを変更し、ビットコインからの改善を目指しています。このタイプは、パブリック型ブロックチェーンで用いられます。

　汎用スマートコントラクトタイプ（上図の下段右）は、ビットコインから仮想通貨の管理機能を削除し、代わりにスマートコントラクト機能を追加したものです。スマートコントラクト機能は、独自のプログラムを登録することができ、さまざまな業務プロセスなどへの活用が期待されます（5-7参照）。このタイプは、コンソーシアム型／プライベート型ブロックチェーンで用いられます。

　ハイブリッドタイプ（上図の下段中央）は、前述の2タイプの特徴をあわせ持つものです。このタイプは、仮想通貨の管理機能とスマートコントラクト機能の両方が組み込まれており、用途によってパブリック型／コンソーシアム型／プライベート型ブロックチェーンのいずれにも用いられます。

213

分類の整理と具体例

本節では、ブロックチェーンには運用の仕方によって 3 つの方式があり、また、それぞれのブロックチェーンにはその仕組みを実現するソフトウェアが存在し、それらは 3 タイプに分類できることを述べました。最後に、これらを下表に整理し、具体例を確認したいと思います。

下表より、まず、仮想通貨タイプのソフトウェアとして、ビットコインが挙げられます。ビットコインのソフトウェアは「**ビットコイン・コア**（Bitcoin Core）」と呼ばれ、有志の開発者によって開発が進められています。ソフトウェアはオープンソースで公開されており、誰でも開発に参加することができます。

◆ブロックチェーンの分類と具体例

	パブリック型	コンソーシアム型	プライベート型
仮想通貨タイプ	Bitcoin Core、Litecoin		
ハイブリッドタイプ	Ethereum、NEM		
汎用スマートコントラクトタイプ		Fabric、Corda、いろは、miyabi	

次に、ハイブリッドタイプのソフトウェアとして、**イーサリアム**（Ethereum）を挙げることができます。イーサリアムも、ビットコイン同様にオープンソース・プロジェクトとして開発が進められています。

最後に、汎用スマートコントラクトタイプでは、Hyperledger Project が開発する「**Hyperledger Fabric**」や R3 が開発する「**Corda**」が挙げられます。また、日本国内ではソラミツが開発する「**いろは**」や bitFlyer が開発する「**miyabi**」などが挙げられます。このタイプは金融取引をはじめ、サプライチェーンや公共サービスなどさまざまな業務プロセスへの活用が期待されることから、数多くのソフトウェアが登場しています。

5-6 代表的な仮想通貨

ビットコイン、イーサリアム、ダッシュ、リップル

仮想通貨の動向

　現在では、2,000種類を超える仮想通貨が存在します。依然として、最初の仮想通貨であるビットコインが最大のシェアを誇っていますが、その他にも有力な仮想通貨が多数誕生しました。本節では、その中からいくつかの代表的な仮想通貨を取り上げて紹介します。

　下表は、本節で取り上げる仮想通貨の一覧表です。それぞれの仮想通貨の特徴から4種類に分類して記載しています。また、比較項目として技術的な仕様や市場価値を取り上げています。

◆代表的な仮想通貨

分類		ビットコイン系			イーサリアム系			匿名系			その他	
通貨名		Bitcoin	Bitcoin Cash	Litecoin	Ethereum	Ethereum Classic	Lisk	DASH	Monero	Zcash	NEM	Ripple
通貨単位		BTC	BCH	LTC	ETH	ETC	LSK	DASH	XMR	ZEC	XEM	XRP
仕様	コンセンサスアルゴリズム	PoW	PoW	PoW	PoW	PoW	DPOS	PoW	PoW	PoW	PoI	Ripple Consensus Algorithm
	ハッシュ関数	SHA256	SHA256	Scrypt	Ethash	Ethash	—	X11	Crypto Night	Equihash	SHA3-256	—
	スマートコントラクト	×	×	×	○	○	○	×	×	×	×	×
	取引の匿名性	×	×	×	×	×	×	○	○	○	×	×
	ブロック生成間隔	約10分	約10分	約2.5分	約15秒	約15秒	約10秒	約2.5分	約2分	約2.5分	約1分	約2.5秒
	発行上限（枚）	2,100万	2,100万	8,400万	未定	2億1,000万（予定）	なし	2,200万	1,840万	2,100万	約90億	1,000億
市場	時価総額	7.9兆円	3,630億円	2,150億円	1.3兆円	562億円	185億円	890億円	1,140億円	460億円	822億円	1.7兆円
	単位価格	45.6万円	2.1万円	3,630円	1.3万円	529円	164円	1.1万円	6,860円	8,630円	9.1円	42.4円

（注）時価総額および単位価格はCoinMarketCapのUSD建価格（2018年11月28日時点）を1ドル＝113円で換算して算出

ビットコイン系の仮想通貨

　ビットコインやビットコインから分裂した通貨、または類似の性質を

持つ通貨です。ビットコイン系の特徴は、**"通貨"としての意味合いが強いこと**です。送金・決済の利便性を高めることが念頭に置かれており、仮想通貨の草分け的存在といえます。次に挙げるものが代表的な通貨です。

・ビットコイン（Bitcoin）
　いわずと知れた世界初の仮想通貨です。多くの仮想通貨取引はビットコインを基軸として行われており、基軸通貨の役割を果たしています。

・ビットコインキャッシュ（Bitcoin Cash）
　2017年8月1日にビットコインから分裂して誕生した通貨です。ビットコインのスケーラビリティ問題を解決するために誕生した通貨であり、基本的な特徴はビットコインを引き継いでいますが、取引量の増加に対応するためブロック容量が8倍に増加しています。

・ライトコイン（Litecoin）
　ビットコインのシステムを基礎とし、改良によって利便性の向上を図った通貨です。ビットコインよりも高速に決済が完了することや、発行上限が多いため流通量が増えやすいことがメリットに挙げられます。

イーサリアム系の仮想通貨

　スマートコントラクト（5-7参照）を備えた通貨です。イーサリアム系の特徴は、**"プラットフォーム"としての意味合いが強いこと**です。"通貨"として利用することもできますが、スマートコントラクトを利用してアプリケーションをプラットフォーム上に構築できることが最大の強みといえます。次に挙げるものが代表的な通貨です。

・イーサリアム（Ethereum）
　スマートコントラクトを備える最も代表的な通貨です。イーサリアムのトークン発行機能（5-8参照）を利用して発行されている通貨も多数

あります。Augur（5-10参照）もそのひとつです。

- **イーサリアムクラシック（Ethereum Classic）**

　「The DAO事件」と呼ばれる大規模なハッキング事件をきっかけに、イーサリアムから分裂して誕生した通貨です。基本的な特徴はイーサリアムを引き継いでいますが、セキュリティを特に強化しています。

- **リスク（Lisk）**

　プログラミング言語の中でも人気の高いJavaScriptで開発されている通貨です。また、Microsoftとパートナーシップを締結したことでも知られています。

匿名系の仮想通貨

　送金履歴などのプライバシーに関わる情報を匿名化できる通貨です。ビットコイン系の通貨では、誰から誰にいくら送金した、といった送金履歴はすべてブロックチェーンに記録されて公開されますが、匿名系の通貨ではこれらの**プライバシー情報を秘匿することができます**。その一方で、脱税やマネーロンダリングなどの犯罪に利用される危険性が指摘されています。次に挙げるものが代表的な通貨です。

- **ダッシュ（DASH）**

　同じタイミングで送金しようとしているユーザのコインをシャッフルすることで、誰から誰に送金したのかわからないようにする方式を採用しています。また、送金スピードが非常に速く、約4秒で送金が完了します。

- **モネロ（Monero）**

　ダッシュよりも匿名性の高い通貨です。誰から誰に送金したのかわからないだけでなく、ユーザの送金額もわからないようになっています。

- ジーキャッシュ（Zcash）

ダッシュやモネロよりも匿名性の高い通貨です。取引があったこと自体を隠すことができます。

その他の仮想通貨

ここまで挙げたもの以外では、次に挙げるものもよく知られています。

- ネム（NEM）

PoI（Proof of Importance）という独自のコンセンサスアルゴリムを持つことが特徴です。PoIでは、ネットワーク内の経済活動に対する貢献度で決定される「重要度（Importance）」によってブロックの生成権が割り当てられます。

また、2018年1月にコインチェックの仮想通貨取引所から巨額のネムが流出したことで注目を集めました（241ページコラム参照）。

- リップル（Ripple）

米リップル（Ripple Inc.）によって管理されている通貨です。やや中央集権的な性質を持つという意味で他の通貨とは異なっています。リップルは送金速度が非常に速く、将来の銀行間送金を担う可能性のある通貨として注目されています。

5-7 スマートコントラクトとは?
契約処理の自動化で信頼コストを削減

ブロックチェーン普及の鍵を握る機能

スマートコントラクトは一部のブロックチェーンが持つ機能で、契約処理の自動化を実現するものです。スマートコントラクトは、ブロックチェーン普及の鍵を握ると考えられています。

スマートコントラクトの概念は、ブロックチェーンの登場以前から存在しており、1990年代にアメリカの研究者であるニック・スザボ氏によって提唱されました。スマートコントラクトを直訳すると賢い（Smart）契約（Contract）となりますが、これは自動実行される契約のことを指します。スザボ氏は、初期のスマートコントラクトの例として自動販売機を挙げています。自動販売機は、お金を投入して飲料のボタンを押すことで、自動的に飲料を提供します。すなわち、自動販売機はその管理者が用意した自動実行される契約であるといえます。

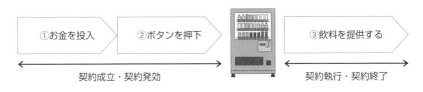

◆初期のスマートコントラクトの例（自動販売機）

スマートコントラクトのメリットは、**契約相手との信頼コストが下がる**ことです。たとえば、上記の自動販売機の例で考えると、大半の消費者は、お金を入れて本当に飲料が出てくるだろうか、といった心配はしないわけです。

信頼コストは、P2P（5-2参照）の取引において顕著に表れます。た

とえば、インターネットオークションなどにおける取引を考えてみると、このような取引では、売り手は代金がきちんと支払われるかを考え、買い手は商品がきちんと送付されるかを考えます。多くの場合、オークションの運営サイトなどが仲介に入ることでトラブルの予防や対処が行われており、利用者は仲介に対する手数料として信頼コストを負担しています。スマートコントラクトを利用することで、このようなコストが下がることが期待されます。

ブロックチェーンにおける実装例

さて、ここからはスマートコントラクトによる信頼コストの削減についてもう少し詳しく見ていきます。スマートコントラクトによって信頼コストが削減できる理由は、あらかじめ設定した契約が自動的に実行されるため、相手の悪意が介入する余地がないからです。自動販売機の例を思い返してください。自動販売機は、お金を投入して飲料のボタンを押すことで、自動的に飲料を提供するようにプログラムされています。

しかし、自動販売機の契約は本当に安全でしょうか。実は、必ずしもそうとはいえません。もし、悪意のある人が自動販売機をハッキングしてプログラムを改ざんしていたら、お金を投入しても飲料は出てこないかもしれません。もちろん、これは極端な例であり、実際に自動販売機がハッキングされる可能性は低いですが、スマートコントラクトを利用するシステムが大規模になればこのリスクは無視できなくなります。言い換えれば、改ざんの可能性がある状況ではスマートコントラクトのメリットが活かしきれないということです。

そこで、ブロックチェーンによる実装が有効になります。本章で見てきたように、ブロックチェーンは改ざんに強いシステムです。改ざんの可能性が限りなく低くなることで、スマートコントラクトによる信頼コストの削減が実現できます。

技術的には、ブロックに契約を実行するプログラムを同梱し、契約条件が満たされると自動的に契約を実行することで、スマートコントラクトを実現します。この機能は、時限性のある契約（カーシェアリング、

利子、債券償還など）やIoTと連動した契約（商品到着と同時に振込）と相性が良いと考えられます。

　たとえば、カーシェアリングはスマートコントラクトとの相性が良いとされる契約のひとつです。下図は、スマートコントラクトを利用したカーシェアリング契約実行のイメージを表しています。この例では、①利用する車の予約を行い、利用料金を支払った時点で契約成立となります。②利用開始時間が到来した時点で契約発効となり、③スマートフォンなどを鍵として使用可能となります（契約執行）。④利用終了時間が到来した時点で契約終了となり、⑤車を使用できなくなります。これらの契約処理がスマートコントラクトによって自動的に実行されれば、信頼コストの削減が実現できます。

　さらに、このようなシステムをブロックチェーンのスマートコントラクトを用いて実装するメリットとして、ブロックチェーンのインフラを利用できるためインフラ投資が抑えられることや、仮想通貨による決済システムを利用できる点が挙げられます。たとえば、前述①の例でいえば、利用料金の支払いにおいて仮想通貨を決済に利用することで、決済システムを構築する手間を省くことができると考えられます。

　実際に、カーシェアリングのプラットフォームとして「HireGo」や「Darenta」がICO（5-8参照）を実施したほか、トヨタ自動車の子会社であるトヨタ・リサーチ・インスティテュートがカーシェアリングの運用などにブロックチェーンの導入を検討することを発表しています。

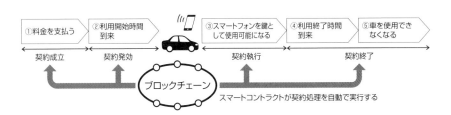

◆スマートコントラクトを利用したカーシェアリング契約実行のイメージ

5-8 ICOとは?
ブロックチェーンを利用した新たな資金調達手段

ICOの定義

ICO（Initial Coin Offering：**新規仮想通貨公開**）は、資金調達者が独自の仮想通貨（トークン）をブロックチェーン上で発行し、引き換えに投資家から資金を募る方法です。2017年以降、わずかな時間で巨額の資金調達に成功する案件が急増し、国内でも注目を集めました。たとえば、2017年11月には、QUOINE（現 Liquid by Quoine）が仮想通貨取引プラットフォームの開発を目的にQASHトークンのICOを行い、約124億円を調達しました。

ICOの仕組み

ICOは、従来の証券業で行われるIPO（Initial Public Offering）によく似ています。IPOとは、未上場企業が、新規に株式を証券取引所に上場し、投資家に株式を取得させることを指します。成長期にある企業の資金調達手段という意味で、ICOとIPOは類似点があります。ただし、ICOを行う企業のほうがよりアーリーステージにある傾向があります。この点については後で詳しく説明します。

次ページの図は、ICOの仕組みの概略を示しています。一般的なICOでは、投資家はブロックチェーンを通して仮想通貨建てで資金を払い込みます。資金調達者は、払い込まれた資金に応じて、ブロックチェーン上で独自のトークンを発行します。トークンが取引所に上場すれば、投資家は所有するトークンを売買することができます。さらに、トークンは資金調達者が開発するプラットフォームなどで利用することができるケースもあります。

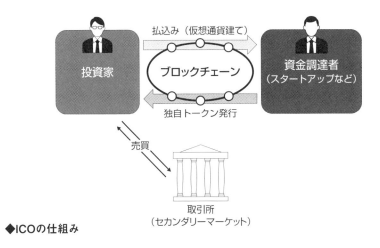

◆ICOの仕組み

ICOのメリット

　先ほど、ICOはIPOに似ていると述べましたが、異なる点としてIPOにはないメリットがあります。

　まず、投資家のメリットとして、**スタートアップ企業への投資機会が得られること**が挙げられます。これまで、IPOを行う段階よりもさらにアーリーステージにある企業に対して個人投資家が投資を行うことができる機会は限られていましたが、ICOではこのような企業に対して簡単に投資を行うことができます。

　また、資金調達者のメリットとして、**審査にコストをかけずに資金調達が可能なこと**、**法人でなくプロジェクト単位での資金調達も可能なこと**、**返済義務のない資金調達でありながら会社の支配権は変わらないこと**などが挙げられます。このような特徴は、スタートアップ企業の資金調達のあり方を大きく変え得るものであると評価できます。

　ただし、詐欺まがいのICOが存在するなど、投資家保護の観点から問題視されているのも事実です。これを受けて、各国政府はICOの規制強化（5-9参照）を進めていますが、適切な規制は市場の成長に必要なものであり、過度に悲観する必要はないと考えられます。大切なのは、法規制の全貌を正しく理解することです。

トークン発行の仕組み

トークン発行の仕組みはICOによって異なっており、**ブロックチェーンを新規構築して発行する方式**（方式①）と、**既存ブロックチェーン上で独自トークンを発行する方式**（方式②）が存在します。方式①では、ビットコインなどと同様に、独立したブロックチェーンを新規に構築してトークンを発行します。一方、方式②では、イーサリアムなどのトークン発行機能（後述）を持ったブロックチェーン上に独自プログラムを登録し、トークンを発行します。この方式では、基礎部分の開発が不要で、ルール記述のみでトークンを発行することができるため、発行体の負担が少なくなります。また、既存の安定したネットワークに相乗りできることもメリットです。

当初は、方式①によるICOが主流でしたが、2015年にイーサリアムが登場したことをきっかけに、方式②によるICOが大幅に増加しました。ICO全体の資金調達額は急激に上昇し、2017年には6,000億円以上が調達されました。さらに、2018年はそれを上回るICOが行われました。

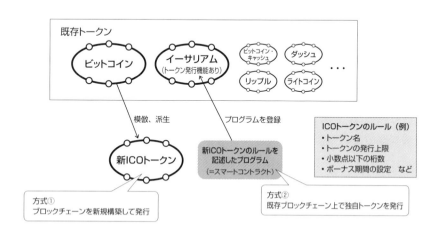

◆トークン発行の仕組み

トークン発行機能

前述の方式②で利用されるトークン発行機能は、スマートコントラクトを活用したものです。この機能は、「アカウントのアドレスとトークン残高の対応表」を管理するスマートコントラクトであるといえます。具体的には、下表のような対応表をブロックチェーンに登録します。トークンの送受信は、対応表の更新によって行われます。たとえば、アカウント「0x1k…」（便宜上Aとします）からアカウント「0x85…」（B）に100トークン送信する場合、アカウントAから送信の指示を受けたスマートコントラクトは対応表の残高を書き換え、AからBへの送信を完了します。

この機能を利用して発行されたトークンとして、**Augur**（5-10参照）や**Factom**を挙げることができます。これらは、イーサリアムのスマートコントラクトを利用して発行されたトークン（仮想通貨）です。特に、Augurは分散型予測市場を実現するプラットフォームというユニークな特徴を持っています。

◆トークン発行機能

アドレス（Address）	残高（Balance）
0×00000000…	0
0×1ku3jd7s…(A)	200
0×85jrus74…(B)	100
0×6ho8ewyd…	50
0×po4k6u1y…	400
0×i3u45dte…	100
0×84jsdu3y…	200

AからBへ
100トークン
送信

アドレス（Address）	残高（Balance）
0×00000000…	0
0×1ku3jd7s…(A)	100
0×85jrus74…(B)	200
0×6ho8ewyd…	50
0×po4k6u1y…	400
0×i3u45dte…	100
0×84jsdu3y…	200

コラム：仮想通貨とICOトークンの定義

　実は、「ICO」や「ICOトークン」という言葉には明確な定義がなく、文献やサイトによって微妙に定義が異なります。そこで、本書におけるこれらの定義を明確にするとともに、仮想通貨の定義についても確認しておきます。

　まず、「仮想通貨」という言葉は、2017年に施行された日本の改正資金決済法では、下表のように定義されています。ここでは、①1号仮想通貨と②2号仮想通貨の2種類を規定しています。

◆仮想通貨の定義（資金決済法第2条5項）

①	物品を購入し、若しくは借り受け、又は役務の提供を受ける場合に、これらの代価の弁済のために不特定の者に対して使用することができ、かつ、不特定の者を相手方として購入及び売却を行うことができる財産的価値（電子機器その他の物に電子的方法により記録されているものに限り、本邦通貨及び外国通貨並びに通貨建資産を除く。次号において同じ。）であって、電子情報処理組織を用いて移転することができるもの
②	不特定の者を相手方として前号に掲げるものと相互に交換を行うことができる財産的価値であって、電子情報処理組織を用いて移転することができるもの

　1号仮想通貨は、商品やサービスの支払いに利用できるもので、その典型例はビットコインです。たとえば、ビットコインはさまざまな通販サイトや、ビックカメラなどの実店舗で商品購入の支払いに利用することができます。

　2号仮想通貨は、それ自体を商品やサービスの支払いにあてることはできないものの、1号仮想通貨と交換可能なものを指します。ビットコインと交換可能な仮想通貨が典型例です。この定義の基では、電子マネーやゲーム内の専用マネーなどは仮想通貨には該当しません。なお、これは日本における定義であり、仮想通貨の定義は国によって異なることがあります。

　次ページの図は、本書におけるICOトークンの定義を示しています。本書では、資金調達を伴うトークンの新規発行を「ICO」、その際に発行された独自トークンを「ICOトークン」と定義します。

ICOトークンの大部分は、上記の仮想通貨の主な要件を満たすため、同時に仮想通貨ともみなすことができます。

　仮想通貨取引所でも、（ICOトークンではない）仮想通貨とICOトークンが混在しており、多くの人は両者の違いをあまり意識していません。たとえば、ビットコインは資金調達なしで発行された仮想通貨であり、ICOトークンには該当しません。一方で、イーサリアムは資金調達を伴うトークンの新規発行によって誕生したため、ICOトークンであるとともに、仮想通貨ともみなせます。なお、新規発行直後などで市場での取扱いがないICOトークンについては、仮想通貨の要件を満たさないため、仮想通貨とはみなされないケースが存在します。

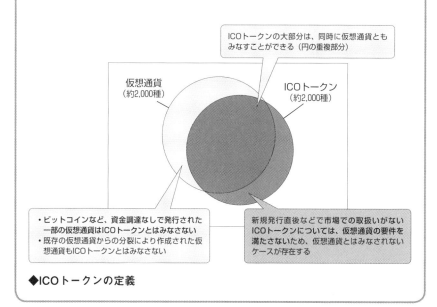

◆ICOトークンの定義

5-9 ICOの法規制

クラウドファンディングとの関係から法規制を俯瞰する

各国のICOの規制動向

　新しい形のビジネスは既存の法規制の枠組みで捉えられないことが多いため、法規制の動向を追うことが重要です。現時点でICOの法的な位置付けは定まっておらず、次ページの表のように規制の動向は国によって異なります。たとえば、日本では2017年10月に金融庁がICOに対し注意喚起を行ったほか、2018年2月には関係法令の改正も検討する考えであることが明らかになりました。この時点では規制が不明確な状況であり、仮想通貨業界への監視強化も相まって、ICOは事実上実施が難しい状況にあります。2018年11月、金融庁は仮想通貨に関する研究会を開き、法改正などでICOの規制を強化する検討に入りました。今後、規制が明確化されることで、ICOが健全に成長していくことに期待が持たれます。

　また、諸外国の状況を見ると、中国や韓国ではICOの実施が全面的に禁止されているほか、ロシアは全面禁止ではないものの実施には厳しい条件が課せられています。他方、アメリカや香港ではICOトークンを有価証券として規制する方針が示されています。

ICOとクラウドファンディングの関係

　ICOは**クラウドファンディング**（以下、CF）の一種とも考えることができます。CFとは、組織や個人、プロジェクトなどが、インターネットを通じて不特定多数の人から資金調達を行う仕組みのことで、群衆（Crowd）と資金調達（Funding）を組み合わせた造語になっています。本節では、ICOとCFの関係を俯瞰することで、ICOの法規制について分析することを試みたいと思います。

◆各国のICOの規制動向

国	規制状況	詳細
日本	注意喚起	2017年10月、価格下落や詐欺の可能性について、金融庁による注意喚起が行われた。2018年の仮想通貨業界への監視強化もあり、ICOは事実上実施が難しい状況にある
アメリカ	有価証券として扱う方針	アメリカの証券取引委員会（SEC）は、ICOトークンを有価証券とみなす方針を示している。さらに、2018年9月には、一部の国会議員が基準を明確化するようSECに要請した
中国	禁止	2017年9月、中国当局はICOを「経済および金融の秩序を著しく乱す活動」として全面的に禁止した。ただし、一部報道によると、規制は迂回可能だという指摘もされている
香港	注意喚起	2017年9月、香港の証券先物委員会はICOトークンが有価証券に該当する可能性を示唆したほか、2018年2月にはICOのリスクに関して投資家に注意喚起を行った
韓国	禁止	2017年9月、中国のICO禁止に続き、韓国の金融規制当局もICO禁止を発表した。しかし、2018年の中頃から合法化に向けた動きが一部で見られている
ロシア	条件付き許可	2018年4月、ロシア政府はICO規制を準備していると公表した。報道によると、発行体の登録資本が少なくとも1億ルーブル（約1.7億円）必要など、厳しい条件となっている

　次ページの図は、ICOとCFの関係を整理した俯瞰図になっています。この図では、「発行する権利の性質」と「トークンの流動性」の2軸でICOとCFを整理しています。まず、発行する権利の性質は次の4つに分類できます。

・使用権……権利を行使してサービス提供を受けることができる
・株式……権利保有者に対して配当や優待サービスが提供される
・債券……権利保有者は発行者から利息の支払いや元本の返済を受ける
・権利なし……資金を寄付しても権利は付与されない

　続いて、トークンの流動性は次の3つに分類できます。

・流動性なし……権利を受け渡すことはできない
・セカンダリーマーケット……権利を市場で売買することができる
・トークンエコノミー……権利はサービス上で流通しており、市場での売買も可能

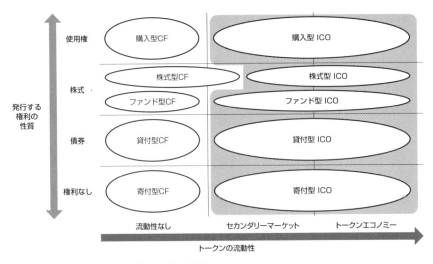

◆ICOとクラウドファンディングの関係

　特に、**トークンエコノミー**はブロックチェーンの特性を活かしたICO特有のものです。これは、独自のトークンを用いた経済圏のことを指します。具体的には、独自のトークンが貨幣の代わりとしてサービス利用・提供の際に用いられ、現実世界で貨幣が循環するようにサービス上を循環している状態となります。

　CFは大半が流動性なしに該当し、原則資金提供によって得た権利を受け渡すことはできません。CFには「購入型」「株式型」「ファンド型」「貸付型（いわゆるソーシャルレンディング）」「寄付型」といった5つの種類があります。なお、上図で「株式型」が一部セカンダリーマーケットにかかっているのは、株主コミュニティという制度を活用すれば権利の売買が可能になるためです。

　一方、ICOがCFと大きく異なるのは**トークンの流動性**です。ICOでは、セカンダリーマーケットやトークンエコノミーが存在しており、権利が売買を通じて流通します。発行する権利の性質という観点から見ると、使用権の性質を持つ「**購入型ICO**」、株式の性質を持つ「**株式型ICO**」「**ファンド型ICO**」、債券の性質を持つ「**貸付型ICO**」、特定の権利を持たない「**寄付型ICO**」に分けられると考えられます。

以上のような分類に基づくと、それぞれのICOは対応するCFと同じ枠組みで考えることができ、法規制についても同様の対応が必要になる可能性があります（たとえば、株式型であれば金融商品取引法など）。

　なお、これらの枠組みは、本書執筆時における筆者独自の分析によるものです。今後、法整備の状況などによって変更される可能性があります。実際に事業を行う際は、当局などに相談の上で行ってください。

5-10 ICOの事例

分散型予測市場を実現するプラットフォーム「Augur」

ICOの主な事例

　2017年以降、ICOは国内外で注目を集め、数百億円規模の資金調達に成功する事例も複数見られるようになりました。また、調達額や件数が急拡大する中で、ユニークな特徴を持ったICOが多数登場しました。本節では、数多くのICO事例の中から、比較的初期に実施されたICOであり、ユニークな特徴を持っている「Augur」について取り上げます。

◆ICOの主な事例

海外事例

年 月	国	案件名	概　要	調達額
2018/6	アメリカ	EOS	分散型アプリケーション向プラットフォーム	42億ドル（約4,620億円）
2018/2	ドイツ	Telegram	チャットアプリ	17億ドル（約1,870億円）
2018/3	マカオ	Dragon Coin	カジノとプレイヤーのための分散型通貨	3億2,000万ドル（約352億円）
2017/8	アメリカ	Filecoin	分散型ストレージネットワーク	2億6,200万ドル（約288億円）
2017/7	スイス	Tezos	スマートコントラクト	2億3,200万ドル（約255億円）
2017/6	スイス	Bancor	スマートトークン	1億5,300万ドル（約168億円）
2017/6	スイス	Status	モバイルイーサリアムOS	9,500万ドル（約105億円）
2017/4	アメリカ	Mobile Go	オンラインゲームプラットフォーム	5,307万ドル（約58億円）
2017/6	ロシア	Sonm	ネットワークマイニング	4,200万ドル（約46億円）
2017/5	ブルガリア	Aeternity	ブロックチェーンインフラ	2,263万ドル（約25億円）
2015/8	—	Augur	分散型予測市場プラットフォーム	514万ドル（約5.7億円）

国内事例

年 月	社 名	案件名	概　要	調達額
2017/11	QUOINE	QASH	仮想通貨取引プラットフォーム	124億円
2017/10	テックビューロ	COMSA	ICOプラットフォーム	109億円
2017/9	ALIS	ALIS	ソーシャルメディア・プラットフォーム	4.3億円
2017/8	メタモ	Metamo	ワーキング・プラットフォーム	300万円

（注）海外事例は1ドル＝110円で換算
出典：コインデスクなどを基に著者作成

Augurとは？

Augurは、ICOという言葉が広く知られるずっと前、2015年夏にICOを実施し、約5.7億円を調達しました。現在では、トークンの時価総額は約500億円にまで達しています。これは仮想通貨市場では50位前後にあたり、注目度の高いトークンであると評価できます（2018年11月現在）。

Augurは、特定の管理者がいない分散型予測市場を実現するプラットフォームです。この実現のために、AugurではICOトークン（REPトークンと呼ばれています）を利用したトークンエコノミーを形成しています。なお、トークンエコノミーとは、独自のトークンを用いた経済圏のことを指します（5-9参照）。

Augurの特徴

予測市場とは、将来予測をするための先物市場のことを指します。簡単にいえば、将来起きる出来事を予測し、的中すれば金銭を得られる仕組みです。たとえば、競馬はシンプルな予測市場であるといえます。

次ページの図は、従来の予測市場とAugurのプラットフォームの違いを示しています。従来の予測市場では、予測対象の設定、賭け金の回収や分配といった管理業務は特定の企業・団体が担っていました。そのため、賭け金の一部が手数料として管理団体に徴収され、その分参加者に払い戻される賭け金は少なくなっていました。

一方、Augurのプラットフォームでは、一部の参加者（メーカー・レポーター）の協力の下でスマートコントラクト（5-7参照）による予測市場の管理を行うことで、管理団体が不要となります。

Augurのプラットフォームは、将来的に保険ビジネスへの応用が期待されています。たとえば、医療保険では、被保険者が病気になって入院した場合に保険金を受け取ることができます。これは、自分が病気になるという予測に賭け金（＝保険料）を賭け、予測が的中した場合に払戻金（＝保険金）を受け取ると言い換えることができます。保険と予測市場は本質的には似通っているのです。

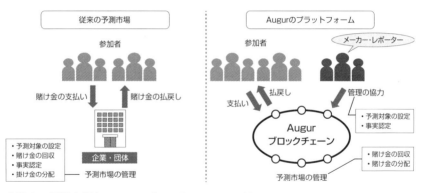

◆従来の予測市場とAugurのプラットフォームの違い

Augurの仕組み

Augurはプロジェクトの名称で、評価を意味する**REP**（Reputation）**トークン**が通貨として取り扱われており、これを媒介にして予測対象の設定、事実認定などの運営が行われています。このプラットフォームでは、予測に関わるすべての情報をブロックチェーンに記録しているほか、スマートコントラクトによって払戻金の分配まで正確に完了させることを担保しています。

Augurでは、まず予測を主催するメーカーが予測対象（＝マーケット）を作成します。たとえば、「次のアメリカ大統領選挙でトランプ氏は勝利するか？」といったマーケットが考えられます。次に、作成されたマーケットに対して、参加者が賭け金を賭けます（実際には"Trading"と呼ばれており、マーケットで売買するような形で行われます）。マーケットの結果が決定したら、結果に対してレポーターによる事実認定が行われます。ここで正しい報告をしたレポーターには報酬としてREPトークンが支払われます。最後に、予測が当たった参加者に賭け金が払い戻されます。前述の例では、トランプ氏が大統領選挙に勝利した場合、勝利に賭けた参加者が払戻金を受け取れることになります。

Augurのポイントは、メーカーとレポーターに対するインセンティブがREPトークンの支払いによって行われている点にあります。これは、

REPトークンを利用したトークンエコノミーの特性を活かしていると評価できます。Augurのプラットフォームが活発になり、REPトークンの市場価値が上昇すれば、メーカーとレポーターのインセンティブが高まり、さらなる活発化が進むという好循環が生み出されると考えられます。

　このように、Augurはブロックチェーンの特性を活かしてユニークな仕組みを持つ予測市場を作ろうとしています。この他にも、ユニークな特徴を持ったICOは数多く存在します。ICOは単なる投機の対象として見られることもありますが、その中身をよく調べることでおもしろい特徴が見えてくるのです。

5-11 ビジネス事例（1）仮想通貨交換業

ウォレット管理などセキュリティの要件が厳しく求められる

日本における仮想通貨交換業の位置付け

　ブロックチェーンを利用した代表的なビジネスのひとつに**仮想通貨交換業**が挙げられます。仮想通貨はブロックチェーンのルーツであり、仮想通貨交換業もかなり初期の頃から存在しています（仮想通貨交換業と呼ぶようになったのは後述する法改正以降のことです）。

　日本においては、2017年4月に**改正資金決済法**が施行され、仮想通貨交換業を取り巻く環境が大きく変化しました。改正資金決済法では、仮想通貨や仮想通貨交換業の定義が示され、交換業を営むには内閣総理大臣への登録が義務付けられました。同法における仮想通貨交換業の定義では、仮想通貨の取引や販売など、一般的に仮想通貨取引所としてイメージされるものが該当しますが、それに加えて仮想通貨に関連する業務（IOCの実施など）が幅広く該当する可能性があります。

---

①仮想通貨の定義
不特定多数間での物品購入・サービス提供の決済・売買・交換に利用できる「財産的価値」で、情報処理システムによって移転可能なものと定義（法定通貨、通貨建資産〈電子マネーなど〉は含まない）

②仮想通貨交換業に係る登録制の導入
仮想通貨交換業が定義され、資本要件・財産的基礎などを満たした上で、**内閣総理大臣の登録を義務付け**

③仮想通貨交換業者に対する業務規制
利用者への取引内容や手数料などの情報提供、システムの**安全管理**や利用者財産と自己資産の**分別管理**を行い、定期的にその状況について公認会計士または監査法人の監査を受ける必要がある

④仮想通貨交換業者に対する監督
帳簿書類・報告書の作成、監査報告書を添付した報告書の提出、立入検査、業務改善命令などの**監督規制を受ける**

◆改正資金決済法の要点

交換業のビジネスモデル（販売所と取引所）

交換業のビジネスモデルとして、大きく分けて「**販売所**」と「**取引所**」の2つの方式があります。

販売所では、ユーザと業者が相対して取引を行います。店頭で買い物をするときのように、ユーザは販売所から仮想通貨を買ったり、持っている仮想通貨を売ったりすることができます。シンプルでわかりやすく、初心者でも簡単に売買できるのがメリットです。この方式では、販売所から提示される購入価格と売却価格に差があり、この差額が販売所の収益になります。この差額はスプレッドと呼ばれ、仮想通貨取引に限らず外国為替取引などでも見られるものですが、現状では仮想通貨取引のスプレッドは他と比べて大きい傾向にあり、ユーザにとって不利であることが指摘されています。

一方、取引所では、ユーザ同士が直接取引を行い、取引所はそのマッチングの場を提供します。ユーザ同士の取引となるため、希望通りの取引が行えるとは限りませんが、販売所方式のようなスプレッドが存在せず、ユーザにとって有利な価格で売買することができます。この方式では、多くの場合取引手数料が設定されており、この手数料が取引所の収益になります。

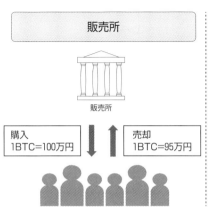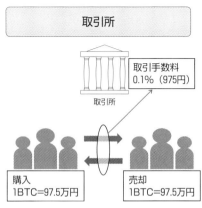

◆販売所と取引所

交換所のセキュリティ（ウォレット管理）

　交換業者にとって最も重要なことのひとつに、セキュリティ対策が挙げられます。具体的には、仮想通貨を安全に保管するための**ウォレット管理**です。

　ウォレットとは、仮想通貨を入れておく財布のようなもので、実際にはアカウントごとの秘密鍵（5-4参照）を管理しています。この秘密鍵はセキュリティ上非常に重要であり、秘密鍵の漏えいは仮想通貨の流出につながってしまいます。

　ウォレットは、インターネット接続の有無によって「**ホットウォレット**」と「**コールドウォレット**」に大別されます。ホットウォレットはインターネット接続のあるウォレットで、いつでも送金が行えるなど利便性に優れています。その一方で、不正アクセスの標的となるなどセキュリティ上のリスクがあります。それに対し、コールドウォレットはインターネット接続のないウォレットで、安全性が高いという利点があります。しかし、仮想通貨の引出に手間がかかるため利便性では劣ります。

　仮想通貨の保管においては、長期保有分はインターネットから隔離されたコールドストレージに保存し、送金などで短期的に必要な分のみホ

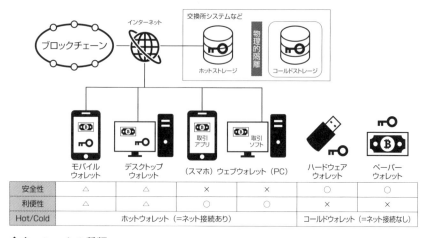

◆ウォレットの種類

ットストレージで保管するなど、用途と安全性の観点から両者を使い分けることが重要です。

ウォレットの種類と特徴

前ページの図のように、ウォレットにはさまざまな種類があります。ユーザは仮想通貨の保管を交換所に任せるだけでなく、自身でウォレットを選択することも可能です。ここでは、それぞれのウォレットの特徴について説明します。

・モバイルウォレット

スマートフォンのアプリで秘密鍵を管理します。ホットウォレットの中では安全性が高く、かつスマートフォンでいつでも送金できるため利便性も高いのが特徴です。しかし、持ち運ぶものであるという性質上、紛失や盗難によって仮想通貨を失ってしまうリスクがあります。

・デスクトップウォレット

コンピュータ上のソフトウェアで秘密鍵を管理します。基本的な特徴はモバイルウォレットと似ていますが、デスクトップウォレットは不正アクセスのリスクに注意が必要です。

・ウェブウォレット

ウェブウォレットのサービス提供者に秘密鍵の管理を任せ、ユーザの端末では秘密鍵を持ちません。ウェブウォレットはサービスのアカウントを持っていればどこからでもアクセスできるため、ユーザにとっての利便性は非常に高いです。その一方で、ウェブウォレットには多額の仮想通貨が保管されているため、不正アクセスの標的になりやすく、安全性は低いです。ただし、最近は保管する仮想通貨の一部をコールドウォレットに移しているサービスも多く、従来よりも安全性が向上しています。

- ハードウェアウォレット

インターネットから隔離された端末で秘密鍵を管理します。安全性は非常に高いですが、すぐに送金することはできないため、この面での利便性は失われます。

- ペーパーウォレット

紙に秘密鍵を印刷して保管します。ハードウェアウォレット同様、安全性に優れていますが、紙の劣化に注意が必要です。

交換業者を取り巻く環境

改正資金決済法が施行された2017年4月より、仮想通貨交換業に登録していない業者は交換業を営むことができなくなりました。しかしながら、経過措置により、2017年3月以前から事業を行っていた業者はみなし交換業者として営業を続けることができるとされています。

2017年、仮想通貨交換業を所管する金融庁は、交換業者を育成する路線をとっていたと見られ、同年9月から12月にかけて続々と登録業者が発表され、計16社が正式に交換業者として登録されました。しかし、2018年1月、みなし交換業者であったコインチェックから当時の時価にして約580億円もの仮想通貨が流出するという重大な事件(次ページコラム参照)が起こり、流れが大きく変わりました。

金融庁はこれまでの育成路線を取り止め、交換業者を厳しく監視する路線に転換したと見られます。金融庁は正式に登録済みの業者を含むすべての交換業者に対する立入検査を実施し、多数の交換業者が業務改善命令や業務停止命令を受けました。また、金融庁の審査が厳格化したことから、みなし交換業者の大半が登録申請を取り下げるか登録を拒否される事態となりました。

こうした状況の背景には、2017年に仮想通貨の価格が急騰した中で、市場の急激な拡大に交換業者のセキュリティ対策が追い付かなかったことがあると考えられます。今後は、既存業者の体制の改善に加えて、大手企業の参入によって業界全体の水準が高まることに期待が持たれます。

コラム：コインチェックでのネム流出事件

　2018年1月26日、日本最大級の仮想通貨取引所であるコインチェックから、当時の時価にして約580億円相当の仮想通貨「ネム（NEM）」が不正アクセスにより流出しました。この事件は、さまざまなメディアで報道され、多くの仮想通貨ユーザが不安を感じる事態となりました。ここでは、事件の概要を確認し、そこから得られる教訓を見ていきます。

　次ページの図は、今回の事件における攻撃の手口を推定したものです。一般的に、送金データをブロックチェーンに書き込む際には、秘密鍵と呼ばれる鍵によってデジタル署名が施され、強固なセキュリティが保たれています。そのため、第三者が不正な送金データを作成し、仮想通貨を奪い取るようなことはできません。しかし、今回の事件では、ハッカーがコインチェックの取引所システムに侵入して秘密鍵を盗み取った後、犯人の口座へ仮想通貨を送金するデータを作成し、ブロックチェーンに書き込んだと考えられます。この送金データは正規の秘密鍵で署名されているため、ブロックチェーンでは正常な取引として認識されてしまいます。

　これまでの節でも見てきたように、仮想通貨の保管においては秘密鍵の正しい管理が非常に重要です。そのため、コールドウォレットを活用したり、マルチシグと呼ばれる秘密鍵を複数用意する手法を用いたりすることで、セキュリティを高めることが必要になります。今回の事件では、被害のあったネムについてはどちらの仕組みも利用されていなかったとされています。

　概していえば、この事件はブロックチェーンの脆弱性をついたものではなく、取引所のセキュリティ対策の問題から発生したものであるということです。このような事件を防ぐため、取引所のように多額の仮想通貨を扱うところでは、そのリスクを考慮して厳重なセキュリティを確保することが重要だといえます。

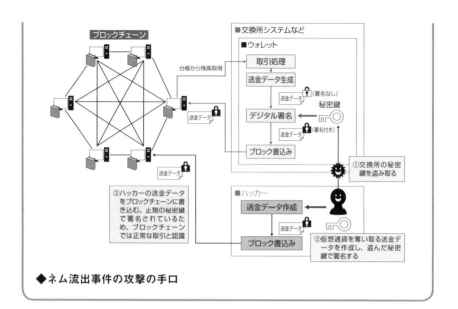

◆ネム流出事件の攻撃の手口

5-12 ビジネス事例(2) 金融機関の取り組み

送金・決済、貿易金融、証券取引など幅広い分野で活用を検討中

金融機関のブロックチェーン活用の取り組み

既存の金融機関でも、幅広い分野でブロックチェーン活用の検討が始まっています。下図は、国内金融機関の取り組みの一例を示しています。送金・決済、貿易金融、各種取引、本人確認、独自通貨、行内インフラなど、幅広い分野で取り組みが進んでいることがわかります。

たとえば、送金・決済の分野を見ると、内外為替一元化コンソーシアムは、ブロックチェーン技術を活用したスマートフォン向け送金アプリ「Money Tap」の提供を発表しています。新しい送金インフラを利用することで、安全かつ24時間リアルタイムに送金を行うことができると考えられます。また、貿易金融の分野では、貿易に関わる契約の進行状況や貨物位置の把握を一元的に管理できるプラットフォームの開発を目指し、SMBCなどが取り組みを進めています。

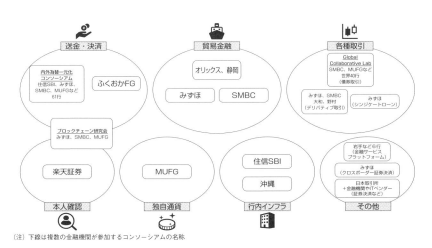

◆国内金融機関のブロックチェーン活用の取り組み

事例：証券ポストトレード業務への適用検討プロジェクト

　前ページの図の「その他」にある「日本取引所＋金融機関やITベンダー（証券決済など）」の取り組みでは、ブロックチェーンの金融インフラへの適用可能性を探ることを目的として、日本取引所グループが提供する枠組みの中でさまざまな調査や実証実験が行われています。

　この中から「証券ポストトレード業務への適用検討プロジェクト」を紹介します。このプロジェクトは、大和証券グループ主導の下、2017年9月から12月にかけて、上記の枠組みを活用して金融機関17社が共同で実施したものです。プロジェクトでは、DLTの活用による約定照合業務の効率化と最適化を実現し、各金融機関が提供するサービスおよび国内証券市場全体の国際競争力を高めることを目指しています。

　なお、ここでいうDLTとはDistributed Ledger Technologyの略で、台帳の分散管理を実現する技術の総称です。これはブロックチェーンよりも広い概念ですが、本節を読む上では同じものとして考えて構いません。

現状のシステム状況と課題

　プロジェクトのワーキング・ペーパーによると、約定照合業務においては、まず、機関投資家（などの顧客）から発注依頼があり、証券会社は取引所でその注文を執行し、取引結果を機関投資家に通知します（約定通知）。次に、機関投資家は複数ファンドへの割り当てを行い、割り当て情報を証券会社と共有、その日の市場が閉じた後に双方で約定結果のデータを突き合わせます（約定照合）。この一連の業務は、従来、メールやFAXなど人手を介して行われてきましたが、昨今では、さまざまなサービスプロバイダシステムが開発され普及してきています。

　しかしながら、これらシステムの利用は双方が同一のシステムを使用することが前提であるため、証券会社は各機関投資家に準じて複数のシステムを導入しています。これにより、証券会社は採用システムごとの個別対応が必要であったり、採用システムの集約ができなかったり、といった課題が生じています。

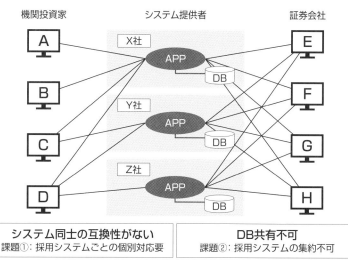

出典：大和証券グループプロジェクトチーム「約定照合業務におけるブロックチェーン（DLT）適用検討ワーキング・ペーパー」
URL https://www.jpx.co.jp/corporate/research-study/working-paper/tvdivq0000008q5y-att/JPX_working_paper_Vol22.pdf

◆現状のシステム状況と課題

あるべき姿を実現するための体制と仕組み

　プロジェクトでは、現状の課題を解決しあるべき姿を実現するための方式について、DLTありきではなく、既存技術の採用を含めさまざまな選択肢に対して考察しました。その結果、DLTの持つ特徴がこれまでにない解決策の実現を支援し得るという結論に至っています。

　業界の参加者構成を変えずに、規格統一を実現できる可能性がある解決策として、サービスプロバイダ協業方式（次ページ図参照）が挙げられます。DLTには、仕様実装と構築／管理の分離が可能という特徴があるため、これを活かし、仕様実装までをコミッティ（委員会）にて行い、アプリケーション・DBの構築／管理をサービスプロバイダ各社が担うという方式です。具体的には、業界標準仕様を反映したスマートコントラクトをコミッティ主導で開発、DLT上に配置し、サービスプロバイダ各社の製品をこの仕様に対応させてもらうことで、業界の参加者構成を変えずに、円滑なDLT適用を実現できる可能性があります。

　見た目や利便性、さまざまな接続方式への対応など、頻繁な変更が必

要となる差別化部分については、引き続き競争領域としてサービスプロバイダからのシステム提供を受けることを想定しますが、標準仕様への準拠により、サービスプロバイダ間の適正な競争によるサービス改善促進も期待できます。また、仕様に沿ったDLTノードをクラウド形式で払い出すサービスがサービスプロバイダより提供されれば、技術的に自社でDLTノードを立てることが難しい機関投資家、証券会社も容易に参加可能になると考えられます（以上、「約定照合業務におけるブロックチェーン（DLT）適用検討ワーキング・ペーパー」より）。

現在、この方式は実用化に向けた検討が行われています。約定照合に特化したシステム構成ではないため、汎用性を持っていることもポイントです。

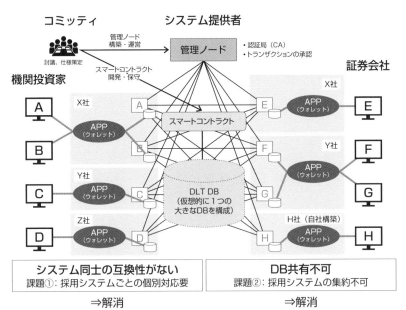

出典：大和証券グループプロジェクトチーム「約定照合業務におけるブロックチェーン（DLT）適用検討ワーキング・ペーパー」
URL https://www.jpx.co.jp/corporate/research-study/working-paper/tvdivq0000008q5y-att/JPX_working_paper_Vol22.pdf

◆サービスプロバイダ協業方式

5-13 ビジネス事例（3） IoT

急成長するIoTの課題をブロックチェーンで解決

IoTとは？

　金融からは少し離れたテーマになりますが、ブロックチェーンの活用事例を見る上で外せないテーマとしてIoT（Internet of Things）を取り上げたいと思います。

　IoTとは「モノのインターネット」のことで、さまざまな「モノ」が主に無線通信を介してインターネット上で情報交換を行う状況や、その担い手となる技術を指します。これまで、インターネットはPCや携帯電話などを接続するためのものでしたが、IoTではインターネットにつながっていなかった自動車、家電、設備、装飾品などの「モノ」がつながるようになります。これらの「モノ」に付随するセンサーなどの情報（データ）をサーバーなどで集約して分析して活用する、それらの「モノ」にインターネット経由で指示を出して自動処理を行うなど、新たな付加価値につなげる動きが広がっています。

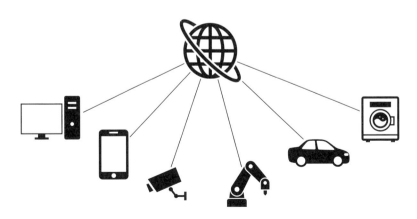

◆さまざまなものへの活用が広がるIoT

IoTとブロックチェーンの親和性

既にさまざまな分野で導入されているIoTですが、IoTの抱える中期的課題も明らかになっています。その中のひとつに、**高い信頼性を確保する必要性**が挙げられます。さまざまな「モノ」につながるという性質上、システムダウンやハッキングは現実世界に大きな影響を及ぼす可能性があります。特に、走行中の自動車や稼働中の機械にハッキングがあった場合、重大な事故を引き起こしかねません。

このような課題の解決に期待されるのがブロックチェーンの活用です。本章で見てきたように、ブロックチェーンは改ざんが極めて困難であり、実質ゼロ・ダウンタイムのシステムを従来よりも安価に構築できるといわれています。IoTのシステム構築においても、ブロックチェーンを活用することで高い信頼性の確保を実現できると考えられます。

さらに、5-7で触れたように、IoTはスマートコントラクトとの相性が良いと考えられます。下図は、スマートコントラクトを利用したカーシェアリング契約実行のイメージを表しています（再掲）。この例でも、IoT（この場合は自動車）とブロックチェーンを組み合わせてシステムの構築を図っています。

加えて、このような仕組みを応用すると金融ビジネスでも活かせることに気付きます。たとえば、自動車に関連する金融ビジネスのひとつに自動車保険が挙げられます。自動車に設置したセンサーで運転状況をモニタリングし、安全運転の度合いに応じて保険料を変更するようなスマートコントラクトを設定する、といった活用方法が考えられます。

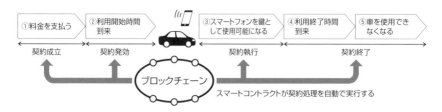

◆スマートコントラクトを利用したカーシェアリング契約実行のイメージ（再掲）

事例：Nayutaの電源ソケット管理

　Nayutaは、ブロックチェーン技術を用いて使用権をコントロールできる電源ソケットのプロトタイプを開発しました。電源ソケットの所有者は、使用できる期間を指定した使用権トークンを利用者のスマホアプリに送付することができます。使用権トークンを送付された利用者は、スマートフォンと電源ソケットを通信させることで、電源ソケットを有効化することができます。電源ソケットには使用電力を測定する機能も含まれており、将来、電力使用量に応じて課金するような設定に変更することもできるように開発されています。

出典：NayutaHP
URL　https://nayuta.co/

◆Nayutaの電源ソケット

　このプロダクトは、インターネットを通して安全に価値の交換が行えるというブロックチェーンの強みをIoTにうまく応用したものであると評価できます。

事例：台北市のスマートシティ構想

　より大規模な活用事例として考えられるのが、IoTを活用したスマートシティ構想です。**スマートシティ**とは、先端技術を用いて都市のインフラを効率的に管理し、限りある資源を有効活用することで持続可能性を高めた都市のことを指します。具体的には、スマートグリッドを用いた再生可能エネルギーの効率的な利用、自動運転システムを活用した渋滞の削減や事故の回避、スマートホームと呼ばれる住宅と家電の一元管理など、IoTを活用した多様なソリューションを含むことが多くあります。

　スマートシティの実現には大量のIoTセンサーを接続する必要があり、その構築にブロックチェーンを活用することが期待されています。台湾の台北市は、スマートシティの実現に必要なソリューションを開発するため、IOTA財団と提携して研究を行っています。IOTA財団の提供す

るIOTAは、従来のブロックチェーンよりも高い処理性能や信頼性を実現するため、DAG（有向非巡回グラフ）という仕組みを利用しています。本書ではその解説は行いませんが、詳細な仕組みはIOTAのホワイトペーパーで確認できます。

　このように、IoTとブロックチェーンを組み合わせることで、両者の強みを引き出すことができると考えられます。今はまだ構想段階ではあるものの、将来的には私たちの生活を変えるほどのインパクトをもたらすかもしれません。

第 6 章

金融業界における
サイバーセキュリティ

6-1 サイバーセキュリティの外観

金融機関を巡る脅威動向

サイバーセキュリティとサイバー攻撃の定義

サイバーセキュリティは、サイバーセキュリティ基本法（第2条）に「電子的方式、磁気的方式その他人の知覚によっては認識することができない方式（『電磁的方式』）により記録され、又は発信され、伝送され、若しくは受信される情報の漏えい、滅失又は毀損の防止その他の当該情報の安全管理のために必要な措置並びに情報システム及び情報通信ネットワークの安全性及び信頼性の確保のために必要な措置（情報通信ネットワーク又は電磁的方式で作られた記録に係る記録媒体（『電磁的記録媒体』）を通じた電子計算機に対する不正な活動による被害の防止のために必要な措置を含む）が講じられ、その状態が適切に維持管理されていること」と定義されています。

また、**サイバー攻撃**は、『金融機関におけるサイバー攻撃対応に関する有識者検討会報告書』（公益財団法人金融情報システムセンター）において、「金融機関又はその利用者の情報システムや情報通信ネットワークなどに対し、インターネットや電磁的記録媒体などを経由して不正侵入、不正プログラムの実行、その他の攻撃などを行うことにより、情報を窃取、改ざん、もしくは情報システムや情報通信ネットワークなどを誤作動、停止させることにより機能不全に陥らせる行為を企図し、または実行すること」と定義されています。本章では、これらの定義を前提に解説していきます。

サイバーセキュリティの強化

サイバー攻撃による被害が世界中で増加する中、金融分野においても、「金融機関・金融市場インフラの機能停止」「機密漏えい」「不正送金等

の不正取引」などの脅威に対して、サイバーセキュリティの強化が求められています。

◆金融分野のサイバーセキュリティとして対処していくスコープ

攻撃者の動機	対象	脅威		関連する既存のリスク管理態勢
社会秩序の混乱	金融機関・金融市場インフラの機能停止		金融機関が直接サイバー空間から攻撃されるもの	業務継続(BCM)など
			人的（故意・過失を問わない内部者）に、システムがマルウェア（※）に感染させられ、機能停止に陥るもの	
経済目的	金融機関	機密漏えい	金融機関が直接サイバー空間から攻撃されるもの	情報セキュリティ管理　など
			人的（故意・過失を問わない内部者）に、システムがマルウェアに感染させられ、サイバー空間から機密漏えいするもの	
	顧客	不正送金等の不正取引	金融機関のコンピュータがマルウェアに感染して不正送金などの不正な取引がなされるもの	顧客保護　など
			顧客のコンピュータがマルウェアに感染して、顧客の意志に反した指示が金融機関になされるものやフィッシング詐欺など	

※マルウェアとは、悪意のあるソフトウェアの総称。コンピュータに感染し、不正送金や情報窃取などの遠隔操作を自動的に実行するプログラム
出典：「金融分野におけるサイバーセキュリティ強化に向けた取組方針について」（金融庁）
URL https://www.fsa.go.jp/news/27/20150702-1/02.pdf

たとえば、独立行政法人情報処理推進機構が毎年発表している「情報セキュリティ10大脅威（組織）」の第1位にある**標的型攻撃**は、金融機関にとっても深刻な脅威のひとつです。攻撃者は、標的組織に対して、不正なプログラムを組み込んだファイルを添付したメールを送付して開封させたり、不正なサイトにアクセスさせたりすることでPCをマルウェアに感染させます。その後、組織内部の他のPCやサーバーにも感染が拡大し、最終的には、機密情報や個人情報が流出する事態になる恐れがあります。

◆情報セキュリティ10大脅威（組織）の順位

	2018年	2017年
第1位	標的型攻撃による被害	標的型攻撃による情報流出
第2位	ランサムウェアによる被害	ランサムウェアによる被害
第3位	ビジネスメール詐欺による被害	Webサービスからの個人情報の窃取
第4位	脆弱性対策情報の公開に伴う悪用増加	サービス妨害攻撃によるサービスの停止
第5位	脅威に対応するためのセキュリティ人材の不足	内部不正による情報漏えいとそれに伴う業務停止
第6位	Webサービスからの個人情報の窃取	Webサイトの改ざん
第7位	IoT機器の脆弱性の顕在化	Webサービスへの不正ログイン
第8位	内部不正による情報漏えい	IoT機器の脆弱性の顕在化
第9位	サービス妨害攻撃によるサービスの停止	攻撃のビジネス化（アンダーグラウンドサービス）
第10位	犯罪のビジネス化（アンダーグラウンドサービス）	インターネットバンキングやクレジットカード情報の不正利用

出典：独立行政法人情報処理推進機構セキュリティセンター「情報セキュリティ10大脅威2018」「情報セキュリティ10大脅威2017」を基に大和総研作成

　このような状況を踏まえ、金融機関では、サイバー攻撃を防御するための技術的な対策に加え、対応手順の整備や職員の教育・訓練など、サイバー攻撃対応態勢全般を整備していくことが求められています。こうした背景から、サイバーセキュリティに関係する投資・経費も、年々、増加傾向にあります。

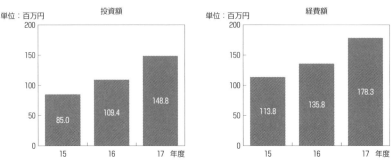

出典：サイバーセキュリティに関する金融機関の取り組みと改善に向けたポイント（日本銀行金融機構局）
URL https://www.boj.or.jp/research/brp/fsr/data/fsrb171016.pdf

◆サイバーセキュリティ関係投資・経費（調査対象の金融機関1件当たり平均）

6-2 重大インシデントはどのように発生するか?
WannaCryを検証する

WannaCryによる感染被害の拡大

　2017年5月12日に、**WannaCry**と呼ばれるマルウェアの感染被害が世界中で広がり始めました。24時間の間に150カ国30万台以上の端末が感染したとの指摘もあります。

　WannaCryは、ランサムウェアの一種で、感染するとデータが暗号化され、復号するにはビットコインによる身代金（ランサム）の支払いを要求されるものです。もちろん、身代金を支払っても復号できる保証はありません。本件以前にもランサムウェアの存在は確認されていましたが、WannaCryは被害が大きく拡大し、金融機関に限らず世界中の企業が対応に追われました。

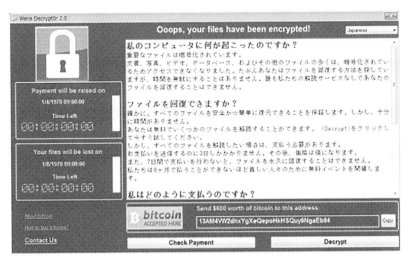

出典：独立行政法人情報処理推進機構HP
URL https://www.ipa.go.jp/security/ciadr/vul/20170514-ransomware.html

◆WannaCryの感染画面例

WannaCryの被害はなぜ拡大したのか？

　それでは、なぜここまで被害が大きくなってしまったのでしょうか。これには、次のような2つの理由が考えられます。

①ネットワーク経由で感染

　マルウェアの感染経路はいろいろあります。インターネット経由でマルウェアの入ったファイルがダウンロードされて感染したり、受け取ったメールに添付されたファイルを開いて感染したり、USBメモリを差し込んだときに感染したり、といった具合です。

　しかし、最も恐れるべき感染経路は、**ネットワーク経由での感染**です。「ネットワーク経由で感染する」とは、1台の端末が感染すると、何の操作をしなくても同じネットワーク上の他の端末にも感染してしまうことをいいます。被害が拡大した理由のひとつは、今回のWannaCryがネットワーク経由で感染する機能を持っていたことです。

　もともとWannaCryは2017年はじめには既に存在が確認されており、世界的規模で感染した今回のマルウェアはその亜種です（便宜上、本節ではこれも「WannaCry」と呼ぶことにします）。オリジナルのWannaCryは、感染画面の表示が英語に限られ、ネットワーク経由で感染する機能もありませんでした。しかし、そのわずか数カ月後、ネットワーク機能を具備し、27種もの多言語に対応した亜種が現れ、感染を広げました。

②パッチ適用の不備

　「パッチ」とは、ソフトウェアのさまざまな不具合を修正するプログラムのことです。これをインストールしてプログラムを修正した状態にバージョンアップすることを、「パッチを適用する」または「パッチをあてる」などといいます。

　WannaCryはMicrosoft Windowsの脆弱性を利用して感染するマルウェアであり、Microsoftでは、既にこの脆弱性に対するパッチを2017

年3月15日に公開していました。それにもかかわらず、2カ月近く経過した5月の攻撃で大きな被害が出ました。これは、パッチが適用されないまま、インターネットに接続されていた端末が数多くあったことを意味しています。

WannaCryが残した教訓

ネットワーク経由での感染は、強力な感染力を持ったマルウェアを作った攻撃者に起因することであり、私たちがコントロールできることではありません。一方、パッチ適用の不備による感染は大きな教訓を残しました。なぜパッチ適用がなされていない端末が多くあったのか考えると、企業をはじめとする組織のさまざまな課題が浮き彫りになってきます。

課題1：不十分なIT資産管理

ソフトウェアの脆弱性を利用して感染を広げるマルウェアは、当然ながら脆弱性が存在するシステム環境にある端末に感染します。たとえば、ある特定のバージョンのWindowsが使われていたり、パッチが適用されていなかったり、といった環境です。また、「〇〇機能を有効にする」といった設定の状況によっても脆弱性があるシステム環境となることもあり、マルウェアによって脆弱性の条件はさまざまです。

したがって、サイバーセキュリティを担う立場にある人は、「〇〇ソフトのバージョンX.Xに脆弱性が見付かった」という情報を入手した場合、〇〇ソフトのバージョンX.Xの使用有無を迅速に把握できなければなりません。もし、該当するシステム環境の端末がある場合には、速やかにパッチを適用するなどの措置が必要になります。

このように、どのような端末、ソフトウェア、データがあって、それらがどのようなネットワークにつながっているかを把握し、最新の状態を維持することを「**IT資産管理**」といいます。IT資産管理の主な管理項目としては、業務に使用している数多くの端末の機種・用途、それぞれにインストールされているソフトウェア、さらにはそのバージョンや

設定、パッチの適用状況、ネットワークへの接続状況、ベンダーの保守・サポート切れ時期などが挙げられます。

　ここまでWannaCryの感染が広がった背景には、こうしたIT資産管理が甘かったことにより、本来パッチを適用しておくべき端末を見逃していたことが考えられます。ただ、多くの社員を抱える企業が、IT資産の状態を把握して、最新の状態に維持し続けることはそう簡単ではありません。現業部門では多くの業務が並行して進んでおり、端末を買ったり、ソフトウェアをインストール／アンインストールしたり、バージョンアップをしたり、ということを日常的に行っています。その都度、IT資産を統括管理する部署に報告する、あるいは定期的に棚卸しするといった対応が必要になります。

　また、パッチファイルをインターネット経由でダウンロードし、社内ネットワークを通じて端末に配信する場合があります。しかし、この場合、社内ネットワークにつながっていない端末にはパッチは適用されません。こうした時期が長く続いた後に、何かのきっかけで社内ネットワークやインターネットに接続した場合に危険な状態となります。したがって、IT資産をしっかり管理することが、サイバーセキュリティ対策として非常に大切なことなのです。

課題2：パッチ適用タイミングの遅れ

　あるソフトウェアに脆弱性が発覚し、自社のシステムで脆弱性の条件に該当する使い方をしていた場合、速やかにパッチを適用するのが原則です。しかし、そのシステムが24時間稼働だったとしたらどうでしょう。通常、システムはメンテナンスのスケジュールが決められており、パッチの適用はスケジュールの組み直しを迫られます。パッチを適用するためには、いったんシステムを停止し、パッチを適用し、その後動作確認をした上で再稼働させるのが一般的なプロセスです。大規模なシステムになるほど、多くの端末にパッチを適用しなければならず、適用にも動作確認にも多大な時間を要します。本番システムとは別に同一の環境を構築し、動作確認を行った後に適用するケースも多くあります。いずれ

にしても、パッチの適用はいつでもすぐに、というわけにはいかないことが多いのです。

その結果、定期的なメンテナンスの日にまとめてパッチを適用する、ということがあります。そうなると、脆弱性が発覚してからしばらく時間が経過してから作業を行うことになり、それまでに攻撃を受けてしまうことが懸念されます。WannaCryの被害拡大は脆弱性のある環境であることが判明しています。パッチの適用が必要であることを認識した後に、いかに迅速に作業を完了させることができるかが問われているのです。

課題3：バックアップ取得のタイミング、頻度

WannaCryでは、データを暗号化して使用できないようにし、元通りにする条件として金銭を要求する、というものでした。コストとの兼ね合いはあるものの、データのバックアップを頻繁に取得しておけば、被害を小さくすることができます。WannaCryによる被害拡大は、現状でのバックアップ取得が十分かどうかを考える契機になりました。

課題4：組織体制

WannaCryの発生後、多くの組織において、感染した端末の調査、他の端末での感染有無の確認、脆弱性環境有無の確認、パッチ適用、経営層への報告、当局への報告、取引先への説明などさまざまな作業が発生したはずです。サイバーインシデントが発生したときのマニュアルや作業手順が有用であったか、新たに整備すべきマニュアルがないか、改善の余地がないか、といったチェックが必要と認識した組織が多かったことと推測します。

6-3 サイバー攻撃の動向
仮想通貨狙いが急増

攻撃者の動向

　一昔前のサイバー攻撃は、その目的がはっきりせず、愉快犯的なイメージがありました。しかし、最近の傾向では、目的がはっきりし、かつ多様化してきています。WannaCryのように金銭目的と見られる場合もあれば、政治的・社会的な主義・主張が目的と見受けられる場合もあります。

　もうひとつ攻撃者に顕著な傾向は、若年層化です。日本でもサイバー攻撃の犯人が10代の若者だったという例がありました。これは、誰もが簡単にサイバー攻撃を実行できる環境が整ってきたことを意味しています。この状況に加え、マルウェアを開発する道具があることです。かつては、攻撃者自らがマルウェアを開発して標的にバラまくことが多かったのですが、最近ではマルウェアを簡単に作成できるツールが数多く開発されていて、入手も容易です。

　最近のサイバー攻撃は、攻撃を依頼する人、システムパーツの脆弱性を発見する人、マルウェアを開発する人、実際に攻撃する人といったように分業が進んでいることが指摘されています。その結果、依頼を受け、依頼人が望むようなサイバー攻撃を提供する「マルウェアas a Service」、「DDoS as a Service」といったサービスまであるといわれています。

　こうしたトレンドにはいくつかの背景があります。1つ目は、一般のツールではアクセスできない**ダークウェブ**と呼ばれるインターネット領域の存在です。ダークウェブは、サイバー攻撃のみならず、違法な取引をはじめとする犯罪の場として誰でも利用できてしまうのです。2つ目は、PCやスマートフォンの若年層への普及です。教育が行き届かない

若年層がダークウェブに足を踏み入れ、攻撃に加担する例が顕在化しています。3つ目は、仮想通貨の普及です。多くのサイバー攻撃において、金銭的な要求は実在通貨ではなく仮想通貨で要求してきます。

サイバー攻撃の動向

「サイバー攻撃を受ける」という視点で見たとき、金融機関はどのような状況にあるのでしょうか。金融機関には、当然ながら金銭、個人情報が確実に存在し、またそれ故に組織、個人を問わず経済活動のインフラを形成する業種であり、極めて狙われやすいといえます。また、仮想通貨の普及もこの傾向に拍車をかけようとしています。

下表は、2013年以降に起きた金融機関への主なサイバー攻撃を整理したものです。毎年、業務妨害、情報流出、金銭窃取など大きな被害が出ていることがわかります。また、これは日本国内においても同様です。

◆2013年以降に発生した金融機関のサイバーインシデント事例

発生時期	被害を受けた国	インシデント内容
2013年	韓国、アメリカなど	韓国の3銀行がサイバー攻撃を受け、窓口業務、ATM利用などができなくなる事態が発生。マルウェア感染が原因
2013～14年	ロシア	標的型攻撃によりマルウェアに感染させる手口で100以上に上る金融機関から10億ドル以上を窃取したとの報告あり
2015年	アメリカ	不正アクセスにより、大手保険会社より8,000万人以上の個人情報が流出
2016年	バングラデシュ	マルウェア感染により、バングラデシュ銀行より8,100万ドルが不正に送金された
2017年	ウクライナ	ランサムウェア「NotPetya」により、ウクライナの金融機関や空港、さらには欧米各国の大手企業が被害を受けた
2018年	日本	仮想通貨NEM580億円相当が不正アクセスにより不正送金された。ウイルスメールを社員が開いたことによる感染が原因とされる

もうひとつの大きな特徴は、金融機関へのサイバー攻撃は被害が大きくなる傾向が強いことです。

たとえば、仮想通貨の取引所を狙った攻撃では、円換算で実に580億円相当の被害が発生しました。さらに、被害は必ずしも金銭や個人情報

の漏えいに限りません。2015年5月に発生した日本年金機構へのサイバー攻撃では、約125万件にも上る個人情報が流出したといわれていますが、その後、「漏えいした個人情報を削除するのにお金がいる」という金銭を要求する電話詐欺が横行しました。こうした犯罪を誘発する基となったことへの風評被害もまた深刻です。お金と個人情報という、攻撃する側から見れば格好の獲物が集まっているのが金融機関の情報システムであることを銘記すべきです。

　金融機関を狙うサイバー攻撃の手法とは、どのようなものなのでしょうか。最近の傾向でも、やはりウイルス感染、なりすましメール、不正サイトへの誘導などの被害に遭う例が多いようです。金融機関が特に厄介なのは、利用者の端末にも注意を払わなければならない点です。オンラインバンキングのユーザ端末を乗っ取り、不正送金を行うマルウェアはバンキングマルウェアと呼ばれ、いまなお多くの被害が生じています。被害を防ぐため、銀行をはじめとする多くの金融機関では利用者にパスワード管理をはじめとする注意喚起を繰り返し行っています。

　一方、金融機関に限らず、2018年以降のサイバー攻撃の手法ではランサムウェアは下火になり、代わってコインマイナーによる不正が活発になってきています。コインマイナーとは、仮想通貨を発掘するソフトウェアであり、検出された台数は大きく増えていることが指摘されています。コインマイナーによる不正マイニングは、PC利用者のCPUを不正に使って仮想通貨を発掘するものです。利用者の同意を得ず、勝手にCPUを使った上、発掘した仮想通貨を盗む行為はクリプトジャッキングと呼ばれ、今後被害が急増する可能性があります。

6-4 サイバー攻撃への対策

ITによる対策だけでは足りない

何をすればサイバー攻撃への対策をしたことになるのか？

　サイバー攻撃の種類は多岐にわたります。マルウェアに感染させるものばかりではありません。コンピュータに過剰の処理負荷をかける通信を発生させてシステムをダウンさせるDDoS攻撃、Webサイト改ざんなども多くの被害をもたらしてきました。では、どうすればサイバー攻撃から情報資産を守れるのでしょうか。

　いうまでもなくサイバー攻撃は電気的な信号により行われるものですが、守る側としては攻撃を検知・防御するシステムツールを導入するだけでは不十分です。どんなにツールを導入しても、攻撃を防ぎきれる保証はありません。マルウェア感染、不正アクセスなどが起こることを前提とした対策も準備しておく必要があります。

　そのためにはシステム環境だけでなく、攻撃が成功してしまった場合に、組織がどのように対応するかをあらかじめ決めておく運用環境も整備しておくことがとても重要です。サイバー攻撃への対策は、**システム環境**と**運用環境**の両方の対策がそろってはじめて効果が発揮されるといえます。

システム環境対策

　システム環境対策では、「**多層防御**」が求められています。金融庁の「金融検査マニュアル」には、「サイバー攻撃に備え、入口対策、内部対策、出口対策といった多段階のサイバーセキュリティ対策を組み合わせた多層防御を講じているか」という記載があります。金融検査マニュアル自体は、2018年度末を目途に廃止される予定ですが、多層防御の考え方は踏襲されていくはずです。

これらの対策には、それぞれ「予防」と「検知・防御」という2つの目的があります。予防とは、攻撃が成功しないようにあらかじめシステムの脆弱性を取り除いておいたり、攻撃が成功しても被害を最小限に留めたりするための対策を講じておくことです。また検知・防御とは、攻撃の予兆や有無を覚知し、攻撃があった場合にその攻撃を防ぐ活動です。入口対策、内部対策、出口対策のそれぞれを目的別に整理して対策を挙げると下表のようになります。

各対策のポイントは、次の通りです。

①入口対策

ソフトウェアのバージョン、パッチ適用をできるだけ最新の状態にしておくこと。ファイアーウォール、IDS/IPSなどの検知・防御機器を設置すること。

②内部対策

パスワード管理、必要最小限の権限付与、データの暗号化を行うこと。

◆システム環境対策例

対策の種類	対策の目的	
	予防	検知・防御
入口対策	・最新のサービスパックのインストール ・セキュリティパッチの適用 ・不正プログラム対策ソフトのパターンファイル更新	・ファイアーウォールの設置 ・不正プログラム対策ソフトの導入 ・IDS/IPS導入とシグネチャの更新 ・スパムメールフィルタ、Webフィルタの導入とブラックリストの更新
内部対策	・OSやデータベースのID、パスワードの適切な管理、パスワードの変更管理 ・エラーログを含む、アクセスログの取得と定期的な分析 ・システムのユーザへの最小特権の適用 ・起動プロセスの制限 ・ファイルの暗号化 ・データベースの暗号化	・振る舞い検知型不正プログラム対策機器やソフトの導入 ・特権行使状況の把握 ・特定コマンドの実行監視 ・ポリシーベースのデータベースアクセス監視
出口対策	通信ログ、イベントログの取得と定期的な分析	・IDS/IPSの導入とシグネチャ更新 ・次世代ファイアーウォール ・外部接続監視 ・統合ログ分析

また、マルウェアに感染すると、情報資源へのアクセス権限昇格や通常は発生しないコマンド実行などが発生する場合があるので、これらを監視できるツールを整備しておくこと。

③出口対策

　マルウェアに感染すると不審な通信が発生することがあるので、定期的にログを分析して監視すること。また、監視に必要な分析ツールを整備しておくこと。

運用環境対策

　運用環境対策とは、人や組織が管轄する対策です。たとえば、導入したシステムツールで、何らかの攻撃を検知したとします。しかし、それだけでは対応はとれません。対応をとるには、その検知を人が覚知することが必要です。その後、事実確認、報告、説明、指示、対策本部の立ち上げ、調査といった一連のプロセスが実行されます。また、運用環境対策をとる活動は必ずしも有事のときに留まりません。平時において、有事に備える活動もまた大切な運用環境対策です。具体的な対策として、事前対策、覚知対策、対応策、訓練・演習の4つに分けて内容を見ていきましょう。

　各対策のポイントは、次の通りです。

①事前対策

　サイバーインシデントに対応する組織と、その組織や関係者がどう動くかを規定した手順書の整備が基本です。注意すべきことは、「関係者」の中には社外の業務委託先が含まれ、そこの態勢整備の状況も把握しておくこと、さらには外部のITベンダーのサービス提供能力も事前に評価しておくことです。サイバーインシデントへの対応には、自らを守るべき組織を作ることはもちろん、他社との協力が不可欠なのです。

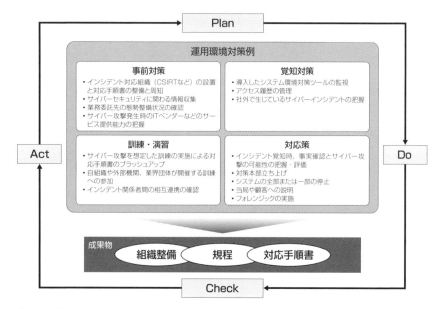

◆運用環境対策例

②覚知対策

　システムの監視とアクセス履歴の管理がポイントです。特にアクセス履歴はデータとして保存しておくだけでなく、適時に分析して活用できる状態にしておくことが重要です。また、社外で既に発生しているサイバーインシデントは、いつ社内で発生してもおかしくないため、これをウオッチしておくことは迅速な覚知につながります。

③対応策

　システム障害が発生したら、その原因がサイバー攻撃によるものかどうかを迅速かつ慎重に判断することが重要です。その上で、対策本部の立ち上げや判断基準に照らしたシステム停止、さらには当局や顧客への説明を考えなければなりません。忘れられがちですが、システム停止だけでなく、システム再稼働にも適切な判断基準が必要です。またフォレンジックを行って証拠を押さえておくことは後々大変役に立つことがあります。

④**訓練・演習**

　訓練・演習は、人材育成はもちろん、対策結果の成果物として生まれる態勢、規程、対応手順書のブラッシュアップに不可欠です。

　訓練・演習の継続的な実施により、運用対策全体のPDCAを回すことができ、サイバーセキュリティの実効性がアップしていくのです。

サイバーセキュリティ訓練の動向

　ひと口に訓練といっても、さまざまな方法があります。サイバーインシデントの発生から収束までのシナリオや参加者の範囲を事前に決定し、参加者に日時やシナリオを公開して行う場合もあれば、日時もシナリオも公開せず、「不意打ち」で行うこともあります。報告の範囲も実際に経営トップにまで行うこともあれば、「報告したことにする」として簡易に済ませることもあるでしょう。しかし、いきなり「不意打ち」のレベルで行うことは業務への影響も大きいため、まずは日時やシナリオを関係者に公表して行ったり、実際に基幹業務で稼働しているシステムは対象外として行ったりする場合が多いようです。

　ただ、世界的な動向はやや違っています。2018年5月16日に金融庁が公表した「諸外国の『脅威ベースのペネトレーションテスト（TLPT）』に関する報告書」によれば、欧米の金融機関では、日時やシナリオを明かさずに「レッドチーム」と呼ばれる強力な攻撃チームが、シナリオに沿って実際に稼働しているシステムを攻撃し、対応する側は、システム環境や運用環境にどのような脆弱性や課題があったのかを検証し、今後の改善につなげていくという**TLPT**の評価が高まっているのです。

　このTLPTは、アメリカでは民間主導で既に実施が普及してきており、またイギリスでは30を超える重要な金融機関のテストを完了しています。EUでも2018年5月に「TIBER-EU」と呼ばれる実施のフレームワークが公表されています。さらに、欧米のみならず香港でも既に実施されており、シンガポールも実施に向けたフレームワークを作成中です。そして日本でも金融庁が、TLPTを活用し、主に大規模な金融機関を対象としたサイバーセキュリティ対応能力の向上に動き始めました。

6-5 サイバー攻撃を防ぐ技術
被害ゼロを目指して

サイバー攻撃の被害がゼロになるためには

　今、こうしている間にもサイバー攻撃は行われています。この状況は未来永劫続くといっても過言ではありません。では、どうすれば被害をゼロにすることができるのでしょうか。外部からの攻撃に対して、被害を受けないためにシステム的に実現されるべきことは次の3つです。

・すべてのデータと通信内容が絶対に解けない方式で暗号化されていること
・許可されていない人は絶対にシステムにアクセスできないこと
・送受信するメッセージが改ざんされていないこと

　いずれも現時点で実現されてはいません。しかし、情報セキュリティ技術の進展において、これらを目標にしていることは確かです。
　本節では以上を踏まえ、サイバー攻撃の被害を防ぐためにどのような技術が開発されているのかを見ていきます。

暗号技術の進展

　データの所在には、ハードディスクなどの記憶媒体に蓄積されているデータと、通信回線上を流れているデータとがあります。公益財団法人金融情報システムセンター（FISC）が作成している『金融機関等コンピュータシステムの安全対策基準・解説書（第9版）』（以下、安対基準）には、「蓄積データの漏洩防止策を講ずること」「伝送データの漏洩防止策を講ずること」という記載があります。そして、これらを実現するために「ファイルの不正コピー、盗難等による漏洩を防止するため、重要

なデータについてはデータ保護の対策を講ずること」「データ伝送時の盗聴等による漏洩を防止するため、重要なデータについてはデータ保護の対策を講ずること」を実施すべきとしています。

　ここでいう「データ保護」の方法には、大きく分けて**パスワード設定**と**暗号化**があります。パスワード設定は、仮にファイルが外部に持ち出されたとしても、ファイルを開けないようにするための設定です。一方、暗号化はパスワードが破られても情報が解読されないようにする、いわば「最後の砦」です。金融機関では、ネットワークに接続された機器に蓄積されているデータや伝送する際のデータは、重要度に応じて暗号化処理が行われています。たとえ機密データが流出しても、解読できなければ被害を防ぐことができます。暗号化とは、「何らかの規則性により原文を解読不可能な暗号文に変換し、その規則がわからなければ復号できないようにする」ということです。一方で、暗号技術とともに解読技術もまた進歩しています。より難解な暗号技術が開発されても、コンピュータの性能向上と相まって解読されるまでの時間もまた年々短くなり、また新たな暗号技術が開発される、というイタチごっこを繰り返しているのが現状です。

　暗号化と復号は、ともに「**鍵**」と呼ばれるビット列、およびアルゴリズム（規則に従った計算）を使って行います。現在多く用いられている暗号化方式のうち、暗号化と復号を1つの鍵で行うのが「**共通鍵暗号方式**」、異なる2つの鍵で別々に行うのが「**公開鍵暗号方式**」です。共通鍵暗号方式の場合は、送信端末と受信端末との間で共通鍵を共有していれば良いことになります。

　ただし、セキュリティを担保するためには通信相手の数だけ異なる鍵を使わなければならず、鍵の管理が面倒です。一方、公開鍵暗号方式では1つの鍵（A）で暗号化し、もう1つの鍵（B）で復号します。Aで暗号化された暗号文はBでしか復号できないという特徴があります。したがって、Aは送信端末に、Bは受信端末にあります。Aが知られたとしても、解読するまでに膨大な時間がかかるとすれば、Aは公開しても差し支えありません。そこで、解読までの時間をなるべく長くするため

に、優れたアルゴリズムを開発することが重要になります。公開鍵暗号方式のアルゴリズムとしてRSA（Rivest Shamir Adleman）という名前を目にすることが多いと思います。RSAは、巨大な素数同士の積を素因数分解するには膨大な計算が必要であることを利用しています。1977年、頭文字にもなっている3人の開発者によって発明されましたが、いまなお多くの場面で使用されています。

　コンピュータの性能向上により、従来安全と考えられていた方式やアルゴリズムが安全ではなくなることは避けなければなりません。そこで、日本では**CRYPTREC**（Cryptography Research and Evaluation Committees）が利用を推奨する暗号技術のリストとして「電子政府推奨暗号リスト」を公表しています。安全に配慮して、10年を目途とする全面改訂、3年を目途とする小改訂、さらには安全性に問題がある暗号技術を削除する随時改訂などが行われています。

　一方、コンピュータの進歩は目覚ましく、近年では**量子コンピュータ**の開発が盛んです。量子コンピュータは現在のスーパーコンピュータをはるかにしのぐ性能を持つ次世代のコンピュータです。つまり、現在主流となっている暗号は瞬時に解読されてしまうリスクが生じるということです。そこで、量子コンピュータでも解読が難しい新たな暗号技術の開発が始まっています。アメリカ国立標準技術研究所（NIST：National Institute of Standards and Technology）は「量子コンピュータ時代に向けた暗号技術の標準化プロジェクト」を主催し、次世代の耐量子性のある暗号技術を募集しました。その候補のひとつに国立研究開発法人情報通信研究機構（NICT）が開発した「**LOTUS**」が選ばれています。

認証技術の進展

　認証技術とは、使うべき人が使うべきコンピュータを使い、データの授受を行う通信においてメッセージに改ざんがないことを証明する技術です。認証の対象には人、機器、メッセージの3つがあります。

　FISCの安対基準には、「本人確認機能を設けること」という記載があ

り、これを実現するために「不正使用防止のため、業務内容、接続方法等に応じ、接続相手先が本人もしくは正当な端末であることを確認すること」としています。「金融機関」「認証」というと、利用者側ではすぐにWebサイトでのログインや、ATMで入出金をする際のパスワードや暗証番号入力が思い浮かびます。ただし、上の基準を見ると利用者だけでなく端末もまた正当なものであること、利用者側だけでなく社内システムも含めて対応することが求められています。

①人の認証

　皆さんが会社などで利用するコンピュータのスイッチを入れると、利用者IDとパスワードの入力画面が出てきて、IDとパスワードを入力し、ログインしていることが多いと思います。これは入力されたIDとパスワードを照合し、正しい利用者であることをコンピュータ側に証明した（厳密には「証明したことにしている」）ということです。利用者IDには社員コードなど、秘密にはしていないIDを割り当てることが多いので、パスワードを知られてしまえば悪意のある人にも利用できてしまいます。何回も試していたら偶然正しいパスワードと一致してしまった、ということもあり得ます。

　サイバーインシデントの怖さのひとつは、起こったことに気付かないことです。気付かないうちにIDやパスワードが流出してしまうと、被害を大きくしてしまいます。さまざまな認証方法が普及してきているとはいえ、まだ多くの場合、IDとパスワードの組合せによる利用者認証が用いられています。

　そこで、パスワード以外にもうひとつの認証要素を加えて認証するなど、複数の認証要素により認証するほうが、より不正が起こらなくなります。これを**多要素認証**といいます。認証要素にはさまざまなものが考えられており、たとえば次ページの表のようなものがあります。

◆認証要素の例

認証要素の分類	認証方法	例
所持	本人しか持っていないモノの提示により認証する	キャッシュカード、クレジットカード、健康保険証
記憶	本人しか知りえない情報により認証する	パスワード
生体	本人しか持っていない身体的特徴により認証する	指紋、声紋、虹彩、静脈、網膜、耳穴形状、顔
行動	本人しか行いえない行動パターンにより認証する	筆跡、キーストローク、歩き方、購買行動

②機器の認証

　インターネットを通じた多くのサービスは、利用者が誰なのかを特定するだけです。利用者側から見るとこれは非常に便利です。携帯端末、自宅のPC、ネットカフェのPCなど、場所を選ばずにショッピングなどを楽しむことができます。一方、業務で使う端末がこのように多岐にわたってしまうのは好ましいことではありません。会社の方針に沿って適切に対策がとられている端末のほうが安心です。

　そこで、利用者が使っている機器を認証することで、人だけを認証する場合の弱点を補完します。機器認証は、コンピュータや携帯電話などからネットワークや他のシステム機器にアクセスする際、その機器が接続を許可すべきものかどうか（正当性）をチェックするものです。

　機器認証の代表的な方法が「**デジタル証明書**」です。デジタル証明書は、日常の世界でいえば印鑑証明書にたとえられます。「このハンコの陰影は、確かにこの人が登録したハンコのものである」ということを保証しているのと同様に、「この端末から送られてきたデジタル証明書は、確かにこの端末にインストールされている証明書と同じである」ことを保証するのです。アクセスしてきた端末のデジタル証明書が確認できれば、いつも使われている端末だということがわかります。そうなれば、その端末を使っている人も正しい利用者である可能性は一段と高まります。仮に、何者かがIDとパスワードを盗み取ったとしても、正しい利用者の端末以外からはアクセスできない、ということです。

　また、いつもとは違う端末からアクセスがあった場合、システムから

あらかじめ登録しておいた秘密の質問を送信し、これに利用者が答えることで正しい利用者かどうかを認証することも行われています。これも悪意のある者が、盗み取ったIDとパスワードを使ってアクセスすることを防ぐ技術であり、「**リスクベース認証**」と呼ばれています。

③メッセージ認証

「メッセージ認証」とは、メッセージの送信時から受信時までにメッセージの内容が改ざんされていないことを証明することです。正しい利用者が正しい機器を使ってメッセージ（情報）を送ったとしても、途中で改ざんされては意味がありません。

メッセージ認証の原理は次の通りです。送信するメッセージの原文に何らかの処理を施し、その結果を原文とともに送信します。この処理としてよく用いられるのが「**ハッシュ関数**」です。ハッシュ関数で原文を変換すると、「元のメッセージの長さによらず、ハッシュ値の長さは一定」「ハッシュ値から元のメッセージを求めることは極めて困難」「異なるメッセージが同じハッシュ値を持つことはほぼない」という特徴を持つ「ハッシュ値」が得られます。受信端末は、原文とともにこのハッシュ値を受け取り、受け取った原文から同様にハッシュ値を求めます。そして受け取ったハッシュ値と求めたハッシュ値とを比較し、一致していれば「改ざんなし」とするのです。

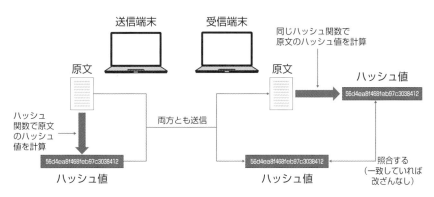

◆**メッセージ認証の原理**

①〜③は、サイバー攻撃の被害を受けないようにするために重要な技術です。一方、サイバー攻撃は外部からの攻撃だけとは限りません。むしろ、内部の事情を知っていて、サイバーセキュリティの「穴」を知っている内部者による犯行が多いことが多方面から指摘されています。サイバーセキュリティを担う立場からは、不本意であろうとも性悪説に立ち、内部者が不正をできないような仕組みを構築する必要があります。これらの対策をとっていなければ、ステークホルダーからコーポレートガバナンスの観点で批判を受けることにもなるでしょう。内部犯行を防ぐためには、アクセスログの取得と管理、必要最低限のアクセス権限付与、入退室管理といった、どちらかといえば人に関する統制を充実させなければなりません。

　サイバー攻撃の被害を受けないようにするためには、技術と同時に、規則や啓発を通じたコーポレートガバナンスのレベルアップもまた不可欠なのです。

6-6 サイバー攻撃に立ち向かう
CSIRTとSOC

CSIRTの役割

　サイバー攻撃の脅威が増している情勢を踏まえ、金融機関においても**CSIRT**（Computer Security Incident Response Team）を設置する組織が多くなってきました。CSIRTには、企業単体、企業グループ、さらには国際連携CSIRT（National CSIRT）など、さまざまな規模があります。CSIRTはサイバーインシデントの発生時に対応する組織です。

　一方、CSIRTとともにサイバーセキュリティを守る組織として**SOC**（Security Operation Center）があります。SOCは導入された機器が送受信するデータを日頃から監視し、インシデントの発生やその予兆をキャッチするのが主な役割です。CSIRTとSOCがうまく連携してインシデント発生時の対応にあたることが、被害の拡大を最小限に止める重要なポイントになります。

平時の活動

　CSIRTはサイバーインシデントが発生したときにだけ活動するわけではありません。6-4で説明した通り、対策にはシステム環境対策と運用環境対策とがあります。システム環境対策としては、日頃からサイバーセキュリティに関する脅威や脆弱性の情報を収集して自組織に与える影響の度合いを確認したり、必要に応じてセキュリティ製品にパッチをあてたりするなどの対応が挙げられます。一方、運用環境対策としては、サイバーインシデントが発生した場合の対応手順を策定し、訓練を通じて手順の内容をブラッシュアップして実効性を高めるといったサイバーセキュリティの維持・向上を図ることが挙げられます。最近では、中央省庁や非営利団体が主催する共同訓練への参加が盛んに行われています。

共同訓練への参加は、他組織の対応方法を確認できるほか、主催者からフィードバックを受けることができるので、CSIRTの高度化に向けた有効な取り組みといえます。

　サイバーセキュリティに関する脅威や脆弱性の情報収集に関しては、金融ISACやJPCERT/CCをはじめとする外部団体を活用するのが一般的です。また、セキュリティベンダーに情報提供を依頼するケースもあります。自らの組織に設置した機器を監視するだけでは、現在発生している脆弱性や攻撃の詳細はつかめません。サイバーインシデントでは情報を早く正確に入手できるか否かが、的確な対応をとれるかどうかの分かれ目になります。日頃から、確かな情報を迅速に入手できる環境整備もまた、CSIRTの重要な仕事です。

初動が大切なインシデントレスポンス

　インシデントが発生した場合には、まず状況の確認です。起こっていることを正確に把握できないと、対応を誤る可能性があるからです。地震や火事と違って、サイバー攻撃は起こってもすぐに認識できない場合が多く、起こっていることの正確な把握は格段に難しくなります。確認すべき代表的な項目は、次の通りです。

・いつ発生したのか
・どこで発生したのか（システム、ネットワークなど）
・誰が最初に検知したのか（お客様、SOC、外部団体など）
・どのように検知したのか（セキュリティ製品のアラートや目に見えてわかる実被害など）

　状況確認に続き、影響を分析し、対応方法を検討します。この過程に先立って、優先順位付け（トリアージ）を行います。たとえば、社内の端末からインターネット経由で情報漏えいが起こった可能性が高い場合、端末の特定やウイルス感染を調べる以前に、まずはインターネットを停止し、これ以上の情報漏えいを起こさないようにする場合があります。

こうした対応の優先順位を的確に決定することがトリアージです。

これに続いて**初動対応**を行います。ただし、一連の対応プロセスは、順番が前後したり同時並行的に進行したりすることが多々あります。たとえば、マルウェア感染であれば、感染した端末を抜線し、ネットワークから隔離するなどの初動対応を行いますが、抜線を優先するか、フォレンジックの観点から劣後させるかは、各組織の対応方針やインシデントの発生状況によって異なります。初動対応が収束したら、恒久的な対応を行います。マルウェア感染の場合は、アンチウイルスソフトのパターンファイルを更新してマルウェアを駆除し、他の端末などに影響がないかどうかを確認します。

以上は、情報システムを正常な状態に戻すためのレスポンスです。しかし、サイバーインシデントの影響はシステムに留まるわけではありません。情報漏えいやホームページ改ざんなどが発覚した場合には、当局への報告、顧客への状況説明が必要です。さらに、サイバー攻撃によってシステムの停止などを余儀なくされるケースにおいては、コンティンジェンシープラン（緊急時対応計画）を発動し、業務継続の観点から対応することになります。NISTガイドラインにあるインシデントのライフサイクルモデルのように、インシデントが収束した後は、次のインシデントに備え、対応プロセスを改善していくことが重要になります。

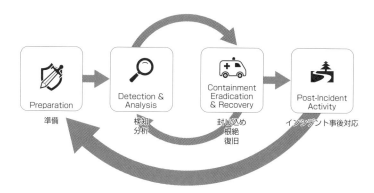

出典：NIST「Computer Security Incident Handling Guide」

◆**インシデントのライフサイクル**

6-7 注目すべきサイバーセキュリティの動向

関係機関の動向と金融機関の共助態勢

金融庁の動き

　金融庁では、業界全体のサイバーセキュリティを強化することを目的に、2015年7月に「金融分野におけるサイバーセキュリティ強化に向けた取組方針」を公表しました。そして2018年10月、実効性のあるサイバーセキュリティ管理態勢の構築に向けて、今般、新たな課題への対応方針や現在の取り組みに対する進捗・評価を踏まえた今後の方針を明確化し、金融機関、金融サービス利用者および関係機関と問題意識を共有すべく、先の「取組方針」がアップデートされました。

　2015年の取組方針では、次の5つの方針が打ち出され、これらに基づく活動が行われてきました。

①サイバーセキュリティに係る金融機関との建設的な対話と一斉把握
②金融機関同士の情報共有の枠組みの実効性向上
③業界横断的演習の継続的な実施
④金融分野のサイバーセキュリティ強化に向けた人材育成
⑤金融庁としての態勢構築

　ここでは、5つの方針のうち金融機関が直接的に関係する①～③、および2018年10月にアップデートされた内容について解説します。

サイバーセキュリティに係る金融機関との建設的な対話と一斉把握

　通常の検査・監督とは別に、金融機関のサイバーセキュリティの状況を深掘りするため、対面でのインタビュー形式で実施されるものです。次のように金融機関のサイバー攻撃対応態勢全般が問われています。

- サイバーセキュリティに関する経営陣の取り組み
- リスク管理の枠組み
- サイバーセキュリティリスクへの対応態勢
- コンティンジェンシープランの整備と実効性確保
- サイバーセキュリティに関する監査

金融機関同士の情報共有の枠組みの実効性向上

金融機関に対して、情報共有機関（金融ISACなど）を活用した情報収集・提供、取り組みの高度化（脆弱性情報の迅速な把握・防御技術の導入など）の意義について、機会を捉えて引き続き周知していくこととされています。

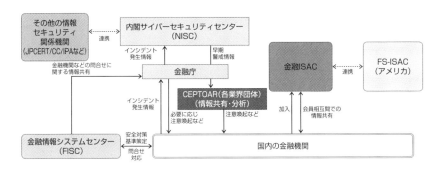

出典：金融庁「金融分野におけるサイバーセキュリティ強化に向けた取組方針について（概要）」

◆金融機関同士の情報共有の枠組み

業界横断的演習の継続的な実施

金融庁は、2016年から毎年、金融業界全体のさらなるインシデント対応能力の底上げを図ることを目的に、金融庁主催による「金融業界横断的なサイバーセキュリティ演習」（Delta Wall）を実施しています。3回目となる2018年10月の演習には、約100社の金融機関が参加し、Webサイトの改ざんや、オンラインサービスページへのDDoS攻撃など、実践的なシナリオに沿った演習を行いました。

新たな取組方針の内容

　これらの活動の結果を踏まえて公表された2018年10月のアップデート版には、目的として「新たな課題に対応するとともに、これまでの取り組みの進捗・評価を踏まえ、官民が緊密に連携を図り、金融分野のサイバーセキュリティ対策の更なる強化を図る」と記載されています。「新たな課題」とは次の3つです。

---
①デジタライゼーションの加速的な進展を踏まえた対応
②国際的な議論への貢献・対応
③2020年東京オリパラ大会等への対応

　「デジタライゼーション」とは、IoTの進化によってあらゆるシステムが相互に接続され、経済活動の隅々までがデジタルデータで表現される状況と考えれば良いでしょう。その結果、FinTechの進展やAIの活用などにより、ビジネスモデルに大きな変化が現れ、サイバーセキュリティの観点からは新たな対応が必要になってくる、ということです。2つ目にある「国際的な議論」とは、G7財務大臣・中央銀行総裁会議が意識されています。G7サイバー・エキスパート・グループでは2016年、「金融セクターのサイバーセキュリティに関するG7の基礎的要素」を公表、翌2017年には「金融セクターのサイバーセキュリティの効果的な評価に関する基礎的要素」を公表し、金融機関のサイバーレジリエンス（サイバー攻撃への耐性やダメージからの回復）対策の強化に向けて、公的部門・民間部門の取り組みを一層強めるためのフレームワーク策定を促しました。さらに2018年9月には、「脅威ベースのペネトレーションテストに関するG7の基礎的要素（TLPTの基礎的要素）」および「金融セクターにおけるサードパーティのサイバーリスクマネジメントに関するG7の基礎的要素」を公表しました。年々、内容が具体的なアクションに関するものになってきていることが理解できると思います。

　また、これらとは別に、従来の取り組みの進捗・評価を踏まえ、次の3つの施策を推進するとしています。

①金融機関のサイバーセキュリティ管理態勢の強化
②情報共有の枠組みの実効性向上
③金融分野の人材育成の強化

経済産業省の動き

　経済産業省では、独立行政法人情報処理推進機構（IPA）とともに、大企業および中小企業（小規模事業者を除く）のうち、ITに関するシステムやサービスなどを供給する企業および経営戦略上ITの利活用が不可欠である企業の経営者を対象に、経営者のリーダーシップの下、サイバーセキュリティを推進するため、**サイバーセキュリティ経営ガイドライン**を策定し、公表しました。サイバー攻撃から企業を守る観点で、経営者が認識する必要のある「3原則」、および経営者が情報セキュリティ対策を実施する上での責任者となる担当幹部（CISOなど）に指示すべき「重要10項目」をまとめています。3原則では、サイバーセキュリティリスクを認識すること、スコープとしては、自社だけではなく、サプライチェーン全体を含めること、時間軸としては、緊急時だけではなく平時も含めることがポイントとして挙げられています。

【3原則】
①経営者は、サイバーセキュリティリスクを認識し、リーダーシップによって対策を進めることが必要
②自社は勿論のこと、ビジネスパートナーや委託先も含めたサプライチェーンに対するセキュリティ対策が必要
③平時及び緊急時のいずれにおいても、サイバーセキュリティリスクや対策に係る情報開示など、関係者との適切なコミュニケーションが必要

経済産業省がこのガイドラインを策定している背景には、サイバーセキュリティは経営全体に影響を与えるものであり、サイバーインシデント対策への経営者の積極的な関与が重要と捉えていることが挙げられます。また、「セキュリティ対策の実施を『コスト』と捉えるのではなく、『投資』と捉えることが重要」、「セキュリティ投資は必要不可欠かつ経営者としての責務」という記述にも見られるように、経営者が主体的にサイバーセキュリティに取り組むことを強く促すものとなっています。

内閣サイバーセキュリティセンターの動き

2014年11月に成立した「サイバーセキュリティ基本法」に基づき、2015年1月、内閣にサイバーセキュリティ戦略本部、内閣官房に**内閣サイバーセキュリティセンター**（**NISC**：National center of Incident readiness and Strategy for Cybersecurity）がそれぞれ設置されました。

内閣サイバーセキュリティセンターの重要インフラグループでは、「サイバーセキュリティ戦略」および「重要インフラの情報セキュリティ対策にかかる第四次行動計画」（第四次行動計画）に基づき、次の5つの施策を進めています。金融分野も、第四次行動計画で定める13の重要インフラ分野のひとつに指定されています。

【5つの施策】
施策①　安全基準等の整備及び浸透
施策②　情報共有体制の強化
施策③　障害対応体制の強化
施策④　リスクマネジメント及び対処態勢の整備
施策⑤　防護基盤の強化

公益財団法人金融情報システムセンター（FISC）の動き

FISC（The Center for Financial Industry Information Systems：公益財団法人金融情報システムセンター）は、金融情報システムに関連す

る各種の課題（技術、利活用、管理態勢、脅威と防衛策など）について総合的な調査研究を行うことを目的として、1984年11月に設立されました。会員数は2018年3月時点で645に上ります。FISCでは、サイバーセキュリティに関する調査・研究を行い、有識者検討会や検討部会での検討結果を踏まえて、サイバーセキュリティに関するガイドラインを策定しています。

FISCが発刊しているガイドラインのうち、2017年5月に発刊された『金融機関等におけるコンティンジェンシープラン策定のための手引書（第3版追補3）』では、サイバー攻撃対応態勢の強化に向け、①体制整備、②平時の運用、③インシデントレスポンス、④コンティンジェンシープラン策定時の考慮事項について、記載されています。

また、2018年3月に発刊された『金融機関等におけるIT人材の確保・育成計画の策定のための手引書』では、サイバーセキュリティ人材の確保・育成にあたり、考慮すべき事項がまとめられています。さらに、金融機関が実際にどのように育成しているかを紹介するレポートを公開し、金融機関の人材育成を実務面からもサポートしています。

共助態勢構築の動き

ひと口に金融機関といっても、業態も規模もさまざまです。セキュリティ対策を講じるといっても、各社の体力によって濃淡が生じてしまうのはある程度仕方のないことです。一方、「サイバーセキュリティに関する金融機関の取り組みと改善に向けたポイント」（日本銀行、2017年4月）によると、2015年以降にサイバー攻撃を受け、業務に影響があったとする金融機関は全体の1割近くにも達しており、サイバーセキュリティの底上げは急務となっています。

これを実現する方法のひとつが**「共助態勢」の構築**です。すなわち、1社で対策をとるのではなく、複数の金融機関が互いに人材を出し合い、各社を守る1つのCSIRTを作る、ということです。日本でその先駆けとなったのが、2015年7月に発足した青森銀行、秋田銀行、岩手銀行の3行による「北東北三行共同CSIRT」です。三行には2000年のATM

相互開放を皮切りに提携範囲を拡大してきているという特殊事情はあったにしろ、サイバーセキュリティに関する今後の方向性を示唆する取り組みの事例といえます。

特に地方銀行では、地域や同一の共同システム利用の単位でまとまって、互いのサイバーセキュリティを守る動きがあります。たとえば、2018年2月には第四銀行が事務局となり、新潟県の27金融機関および一般社団法人 新潟県銀行協会、新潟県信用金庫協会、新潟県信用組合協会、新潟証券業組合、新潟県警察本部が協働して「新潟県金融機関サイバーセキュリティ情報連絡会」を設立しました。情報共有を通じて、サイバーセキュリティの管理態勢の高度化を図ることが目的です。

また、大手ITベンダーが提供する勘定系システムを共同利用する金融機関が共同でサイバーセキュリティに関する情報共有を行う組織を立ち上げています。2016年12月に日立製作所が、自社の地域金融機関向け共同アウトソーシングサービス「NEXTBASE」に加盟する金融機関とともに設立した「セキュリティ対策共同検討会」や、2017年11月に日本IBM提供の「Chance地銀共同化システム」を共同で運営する金融機関がサイバー攻撃対応への相互協力を目的として設立した「Chance-CSIRT」などはその一例です。

第7章

その他の注目すべき技術と金融ビジネス

7-1 導入が進むRPA
知っておきたい基本情報

RPAの概要

　RPAとは、Robotic Process Automationの略称で、PC上のロボット（PCにインストールされたソフトウェア）に、人間が行う作業を代行させる取り組みです。メガバンク3行もこの取り組みを進めており、事務作業削減による業務の効率化や、捻出した時間を活用した生産性向上の施策として、2016年頃から注目されています。同様の取り組みとして、ExcelマクロなどによるEUC（End User Computing）がありますが、本節では、近年、普及が進んでいるRPA製品による自動化の取り組みを紹介します。

　自動化例としてパスワード再発行業務の自動化を次ページの図に示します。パスワードを忘れた社員からの再発行依頼は、1日当たり数百件程度発生することもあり、オペレーターへの負担が大きい業務です。この業態をオペレーターからロボットに置き換えることで、オペレーターの負担を軽減することができます。また、ロボットを24時間365日稼働させることでサービスの提供時間を拡大できます。

　ロボットは、人間同様、キーボードを用いて行うテキスト入力、マウスを用いて行うカーソル操作を行えます。ただし、ロボットが行える作業は定型作業に限られているため、柔軟な判断が求められる非定型作業への対応は困難です。

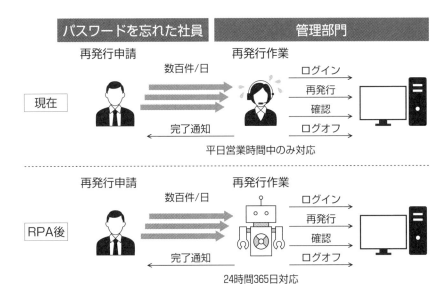

◆パスワード再発行業務の自動化例

◆国内企業におけるRPA導入事例

No.	業　種	導入業務例	効　果
1	銀行	バックオフィス業務における顧客情報のシステム入力	口座開設業務で作業の70%を削減
2	銀行	住宅ローンにおける団体信用生命保険の確認業務	確認業務にかかる時間が1年当たり約2,500時間削減（RPA製品だけでなく、後述のOCR製品も利用）
3	生命保険	保険金の査定準備作業	適用対象業務は85種、1年当たり約2万6,000時間削減
4	損害保険	付保証明書発行における、定型的な情報転記作業および印刷作業	15分かかっていた作業を1分に短縮、1年当たり約1,800時間削減
5	電機メーカー	週報の収集、整理、配信業務	適用対象は34業務、1年当たり約1,700万円の削減を試算
6	電機メーカー	営業部門から送付される取引先の支払先登録業務	作業の70%を自動化、月間26時間削減
7	食品メーカー	卸先である小売企業30社のPOSデータ収集	1年当たり約1,100万円削減
8	食品メーカー	外食チェーンやコンビニからの、Web-EDIを利用した受注業務	8支店合計で月間240時間削減

ロボットによる自動操作の仕組み

ロボットは、ボタンやテキストフォームなどの操作対象を認識することで、それらに対してクリック、テキスト入力といった操作を行います。操作対象の認識方法は大きく3パターンあり、操作対象に応じて使い分けが求められます。

◆ロボットによる操作対象の認識方法

認識精度	認識方法	説明
高 ↑	オブジェクト認識	・ボタンやテキストフォームに付与されている識別子から、操作対象を認識する ・他の2つの認識方法に比べ、画面に表示されるレイアウトに依存せず、認識することが可能
	画像認識	・画面から、設定された画像と合致する部分を探し出すことで、操作対象を認識する ・操作対象の画像が画面に表示されていれば認識できるので、座標認識に比べ安定して稼働する ・画面構成の些細な変化で、操作対象を認識できないケースもある
	座標認識	・座標から操作対象を認識する ・座標情報にのみに依存しているため、他の2つの方式と比較して認識精度は低い ・操作対象の位置が変わった場合、対象を正しく認識できない

また、一部のRPA製品では、ファイルの中身を直接操作するといった、一般的なシステムが行っている処理を実行することが可能です。当方式を用いると処理を高速に行えるものの、ファイルの読み込み処理やデータ編集処理をコーディングする作業が、別途、発生します。

代表的なRPA製品と導入形態

代表的なRPA製品と、その特徴を次ページの表に示します。

◆主要なRPA製品とその特徴

製　品	特　徴
UiPath	・3製品の中で唯一、クライアント単体で実行が可能な製品であり、スモールスタートでの導入が可能 ・スケーラビリティが高く、Orchestratorという管理ツールを導入することで、大規模組織への導入も可能
Automation Anywhere	・AutomationAnywhere社はRPA製品だけでなく、AI関連プロダクトや分析ツールも有しており、これらプロダクトとのシームレスな連携が可能 ・大規模組織に向いている
Blue Prism	・オブジェクト指向をベースとした開発手法であるため、現場部門のユーザが開発を一手に担う方式はとりづらく、ITスキルのある人間が必要とされる ・大規模組織に向いている
WinActor	・UiPathと同様に、スモールスタートの導入や、大規模組織への導入が可能 ・NTTグループが開発し、利用している製品 ・日本語にも完全対応しており、800社超の企業に導入（2018年2月）

　RPA製品の導入形態を大別すると、ユーザが利用しているPC上だけで完結するクライアント型と、ロボットの実行と管理を分離するクライアント／サーバー型とに分類できます。クライアント／サーバー型では、クライアントPC上でロボットが稼働し、サーバーは、ロボットの起動管理、稼働監視、稼働状況の記録、といったことを行います。誰が、いつ、どのような作業を行ったのかを記録として残しておく必要がある業務に適しているとされています。

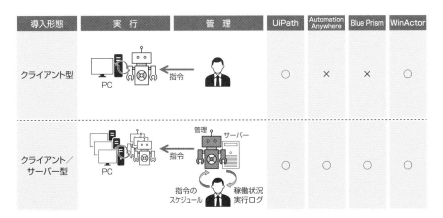

◆主要なRPA製品と対応状況

業務自動化を行うエンジニアに求められるスキル

　エンジニアには、RPA製品を使いこなすスキルが求められます。また、業務によっては、十分な手順書がないケースもあるため、自動化対象業務をヒアリングしたり、体系立てて整理したり、業務フローの変更を提案したりといった、**業務分析のスキル**も必要となります。

RPAの今後と、他の技術との組合わせ

　RPAはさまざまな技術と組み合わせることで、より高度な業務を行うことができるようになります。例として、紙面の文字情報を電子データに置き換えるOCR（Optical Character Recognition）との組合せ、AIとの組合せを紹介します。

・OCRとの組合せ

　OCRと組み合わせることで、顧客から受領した紙帳票の中から業務に必要なデータだけを抽出し、RPAにインプットすることが可能になります。これにより、紙帳票を起点とした業務を自動化することが期待できます。

・AIとの組合せ

　AIと組み合わせることで、定型業務だけでなく、非定型業務へと自動化範囲を広げることが期待できます。ここでは、飲料品の発注業務の例を説明します。気温、湿度などの情報を基に、商品や数量をAIが導出し、その結果を基にRPAが発注することで、分析から発注までをシームレスに行うことが可能となります。AIと組み合わせた事例は、現時点では限られていますが、今後は増加していくことが予想されます。

　他にも、音声認識技術やチャットボットなど、さまざまな技術との組合せが期待されています。これらの取り組みにより、RPAの導入は、より一層、広がっていくのではないでしょうか。

7-2 デジタルビジネスを加速させるAPI
金融機関が導入するオープンAPIの要点

APIとは？

APIはApplication Programming Interfaceの略で、アプリケーションを他のアプリケーションから呼び出す接続仕様などを指します。このうち、外部の企業などから呼び出し可能なAPIを**オープンAPI**と呼び、注目を集めています。

金融機関同士では古くからAPIによる連携を行っており、それ自体は新しい概念ではありません。ただ、従来のAPIは、専用ネットワークや専門的な知識を必要とするため、業界内限定の敷居の高い連携方法だったといえます。一方、オープンAPIは、オープンネットワーク上でセキュアにREST、JSONなどの標準的技術を使って連携するものです。そのため、オープンAPIは他社のサービスとの組合せが容易であり、新たなビジネスの拡大を促進するテクノロジーであると期待されています。

改正銀行法

2017年5月26日に「銀行法等の一部を改正する法律」（以下、改正銀行法）が成立し、①電子決済等代行業者に対する規制の整備と、②金融機関におけるオープンAPI導入にかかる努力義務が定められました。

電子決済等代行業者とは、「中間的業者」とも呼ばれ、顧客からの委託を受けて、その顧客と銀行などの間でサービスを提供する業者のことを指します。具体的には、複数の銀行口座残高をまとめて表示するPFMサービスや顧客に代わって銀行などに振替指図を行う決済指図伝達サービスを提供する業者などが該当します（7-3参照）。

改正銀行法では、電子決済等代行業者に対して登録制の導入や金融機

関との契約締結義務などの規制を課しつつ、金融機関に対してはオープンAPIに対応できる体制整備を求めており、顧客保護とイノベーションの双方への取り組みを促しています。

金融機関へのアクセス方法

現在、中間的業者はAPIを公開していない金融機関に対してもアクセスできていますが、これは**Webスクレイピング**という方法を使用しているためです。Webスクレイピングとは、Webページを解析し、情報を抽出する技術のことです。

Webスクレイピングでは、中間的業者は顧客からログインIDとパスワードを預かり、顧客に成り代わって金融機関のWebサイトにアクセスします。一方、APIの場合は、中間的業者はアクセストークンという金融機関へのアクセス許可証を提示して、必要なAPIを呼び出します。

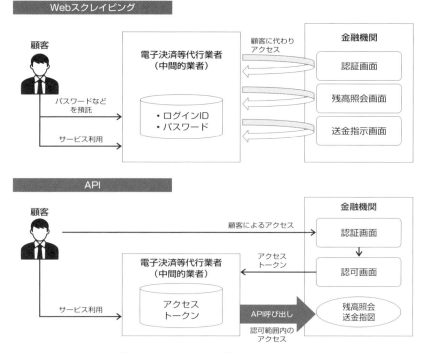

◆WebスクレイピングとAPIそれぞれの金融機関へのアクセス方法の概要

WebスクレイピングとAPIの比較

　Webスクレイピングによるアクセス方法は、その特性上、顧客にとってセキュリティ上の懸念、中間的業者にとって金融機関の画面変更などに対応するコスト負担、金融機関にとって公式に了承していないアクセスの取扱いという課題が生じます。一方、APIでは、顧客はアクセスデータの範囲を認可でき、中間的業者は画面に比べて変更頻度が少ないことを期待でき、金融機関は中間的業者のアクセスを制御することができます。したがって、APIは中間的業者と金融機関にAPI対応のコスト負担があるものの、長期的には顧客を含めた3者においてメリットがある方法といえます。

◆WebスクレイピングとAPIの比較

アクセス方法	顧　客	電子決済等代行業者（中間的業者）	金融機関
Webスクレイピング	・ログインIDとパスワードを預託 ・中間的業者による過度な個人情報収集を懸念	金融機関のWeb画面変更に伴い、プログラム対応が必要	・公式に了承していない中間的業者からのアクセス発生 ・WebサイトがWebスクレイピングにより負荷増
API	中間的業者によるアクセスリソース範囲を事前に認可	金融機関のAPI変更は少ない想定で、プログラム対応のコスト減	・中間的業者とシステム間認証を実施 ・APIの流量制限やアクストークンの管理が容易

顧客リソース（機能・情報など）へのアクセス認可

　中間的業者がAPIを使用して顧客のリソースにアクセスするには、顧客の認可が必要になります。認証と認可は似ていますが、概念は異なります。噛み砕いていえば、認証は「相手が正規の利用者か確認すること」で、認可は「リソースへのアクセス権限を付与すること」を意味します。

　OAuth2.0は、顧客のリソースに、第三者（ここでは中間的業者）のアプリケーションの限定的なアクセスを可能にする認可フレームワーク

です。OAuth2.0では4つのフローが定義されていますが、Authorization Code Grantのフローが代表的です。顧客が中間的業者に連携を希望する金融機関の登録を行う場合、OAuth2.0のフローを通して、金融機関が発行するアクセストークンが中間的業者に渡されます。中間的業者は、渡されたアクセストークンを提示して金融機関のAPIを呼び出し、顧客が認可したリソースにアクセスすることができます。なお、OAuth2.0は認証方法を規定するものではないため、金融機関は多要素認証など、任意の認証方法を使用することができます。

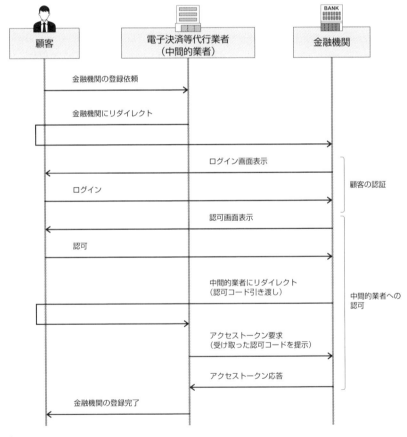

◆OAuth2.0 Authorization Code Grantのフロー

APIの適切な管理

金融機関にとって、公開したAPIは新たなビジネスチャネルになり、活発な利用が見込まれています。そのため、今後APIの接続先が増えた場合でも、APIを適切に管理できるかどうかが課題になります。具体的には、利用者登録、利用状況分析、流量制限、ライフサイクル、APIドキュメント公開、トークン管理などを一元的に管理する仕組みが必要になってきます。

このようなAPI管理ソリューションとして、**APIマネジメント**製品やサービスを活用することも検討に値します。実際、多くの金融機関がAPIマネジメント製品を採用しています。

◆APIマネジメント製品の具体例

提供元	製品・サービス
IBM	IBM API Connect
CA Technologies	CA API Management
Google	Apigee Edge
Red Hat	Red Hat 3scale API Management

APIエコノミーへの備え

APIを通して他社サービスと自社サービスの連携が活発になり、価値を高め広がっていく経済圏を**APIエコノミー**といいます。一部の金融機関は改正銀行法の成立前にオープンAPIを導入しており、金融分野でもAPIエコノミーが育ちつつあります。

このような状況において、エンジニアは、ビジネス変化に合わせて今まで以上に柔軟に素早く対応する力が求められます。そのためには、オープンAPIの技術要素を基礎から身に付けつつ、高速開発できるプロセス、環境、体制を整備していくことが望まれます。

7-3 PFM・クラウド会計の普及の背景

サービスの特徴と今後の可能性

PFM・クラウド会計サービスの登場

PFM・クラウド会計サービスは、個人資産の管理や企業の会計管理において、利便性を格段に向上させました。利用者にとっては、情報の参照を金融機関の垣根にとらわれず可能にし、それをいつでもどこでも利用でき、さらには今まで手動で行っていた作業も一部システムが代行してくれるようになりました。

このようなサービスを提供する上で、PFM・クラウド会計サービス事業者のみならず、情報を提供する金融機関などの事業者に対しても利用者を意識したサービスレベルが求められるようになってきています。

PFMとは？

PFMは、Personal Financial Managementの略で、ソフトウェアで個人の日々の資金の取引情報を、複数の金融機関などから収集・集計・可視化する**アカウントアグリゲーション**サービスのことを指します。

国内では、マネーフォワード、マネーツリーが代表的なサービス事業者で、ITリテラシーが比較的高い20～30代の若年層を中心に利用が拡大しています。

PFMの基礎技術

PFMのサービスを実現する技術に関しては、まずは、Webスクレイピングが挙げられます。Webスクレイピングは、PFMサービス事業者がユーザの同意を受けてID・パスワードなどのログイン情報を預かった上で、HTMLを解析する手法によりWebサイトから情報を抽出する技術です。これは、PFM事業者側の対応のみで、情報収集対象の金融

機関を増やせるという利点がある反面、PFMサービス事業者にログイン情報を渡すことに対するユーザの抵抗感と、金融機関側の画面レイアウト変更への対応が容易ではないといった課題も存在しています。

もうひとつのPFMの技術として、APIがあります。APIを使用することで、ログイン情報を預からず、かつ、画面レイアウトも気にすることなくデータ連携が可能となりました（WebスクレイピングとAPIについては7-2で詳しく説明しています）。

国は、2017年5月26日に、「銀行法等の一部を改正する法律」にて、金融機関にAPIの導入を努力義務として定めました。

これにより、PFMサービスの普及・促進が見込まれます。一方、PFMへの情報連携先の金融機関は、自らが提供するWebサイトが使われなくなるという危機感の中で、APIを活用した新たなビジネスについて検討を進める必要があります。

クラウド会計とは？

クラウド会計とは、ユーザが自社のPCを通じて会計業務を行えるSaaS型（Software as a Service）のサービスのことを指します。

会計業務には、決算書作成を業務目的とした「**簿記一巡**」という手続き（勘定科目仕訳〜勘定科目転記〜決算整理〜決算書作成）があります。この手続きは、単純定型作業部分が多く存在します。

事業の高速化に伴う確実な経理データの早期提供要請や生産性向上の観点から、機械が自動で行えるようにするためにクラウド会計が誕生しました。

クラウド会計に関する主な事業者は、国内ではfreeeや弥生、PFM分野でも大手であるマネーフォワードが代表として挙げられます。

クラウド会計の3つの特徴

クラウド会計の特徴として、次の3つが挙げられます。

①仕訳の学習機能

　クラウド会計では、経費明細データとして、交通系ICカード会社や金融機関から取得し、明細データから勘定科目を推測し、仕訳を自動で行うことができます。推測が間違っていた場合には、人の手で修正することになりますが、修正の都度、推測精度は向上し続けます。

　これが、人の手で勘定科目を選択する会計ソフトとの最大の相違点です。

②迅速なサービス改善

　クラウド会計事業者は、ユーザのPCにインストールして利用する会計ソフトとは異なり、自社のみの判断で、常時、ユーザの各種機能の利用状況を把握することが可能で、それを基にサービスの改善をスピーディに行うことができます。

③外部とのデータ連携

　クラウド会計ソフトはAPIを活用して、外部事業者とのデータ連携を容易に行うことができます。

　今までは、参照系APIを使用して、経費データの収集、集計、見える化を行っていましたが、最近では、クラウド会計大手のマネーフォワードが更新系APIを使用し、従業員の口座への立替経費支払処理ができるようになるなど、サービスの幅が広がってきています。

　今後ますます外部機関との連携が増え、クラウド会計ソフトに取引情報が蓄積されます。これにより、自社の取引の実態が正確に可視化されるとともに、蓄積された情報がAIの学習データとなり、新たなビジネスを創造するためのマーケティングの材料として、あるいは監査対応の効率化などが期待できると考えられます。

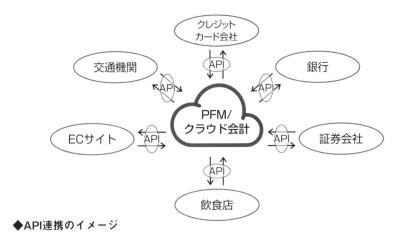

◆API連携のイメージ

7-4 ロボアドバイザーの現在

資産運用業界に起こるイノベーション

ロボアドバイザーとは？

ロボアドバイザーとは、資産運用を行いたい人に対して、投資のアドバイスをしたり、自動で運用を行ったりするサービスのことを指します。インターネットを通じてPCやスマートフォンの画面で、人を介することなく気軽にアドバイスを受けられるのが特徴です。

日本では、2015年10月にみずほ銀行から「SMART FOLIO」が登場したのを皮切りに、2016年2月にお金のデザイン「THEO」、7月にウェルスナビ「Wealth Navi」が登場しました。特に2016年に登場したロボアドバイザーは、これまで金融業に参画していなかったベンチャー企業がサービスを提供している点と、手数料の安さから非常に話題になりました。

ロボアドバイザーは何をしてくれるのか？

ロボアドバイザーには大きく「**提案型**」と「**運用型**」の2種類が存在します。

提案型のロボアドバイザーは、投資家が「資産が減少する危険性をどの程度受け入れることができるか（リスク許容度）」を5〜10問程度の選択式の質問で診断します。診断の結果、資産配分比率やリスク値を求め、その比率やリスク値に近い国内株式型、海外株式型などの複数の資産を組み入れた投資信託または複数の投資信託の組合せを提案します。投資家は、提案された投資信託の資産が減少する危険性（リスク）や、どのくらいの収益（リターン）が得られるのかをさまざまなグラフや図表で確認することができます。

提案型のロボアドバイザーの仕事はここまでで、実際に投資信託を買

ったり、売ったりする「運用指示」は投資家自身が行います。資産を運用していく中で、投資信託の価格の変動に伴い、当初の資産配分から比率が変動することがあります。その変動を元の配分に戻すことを「リバランス」と呼びますが、このリバランスの指示も投資家自身が行います。

　提案型のロボアドバイザーには、大和証券投資信託委託の「ファンドロイド」や、大和総研グループが提供する「将来計画研究所」、前述の「SMART FOLIO」などがあります。

　運用型のロボアドバイザーも提案型と同様、いくつかの質問で投資家のリスク許容度を診断します。診断の結果、複数資産の組合せの資産配分を提案します。個別の投資信託を提案する提案型と異なり、最終的な提案内容が資産配分の比率となります。また、運用型ではこの後投資家に投資金額を確認し、資産運用や運用中のリバランスもロボアドバイザーが自動で行います。そのため、投資家は自分自身で投資信託などの金融商品を売買する必要はありません。ロボアドバイザーにお金を預けると、資産運用がスタートします。

　資産運用には自分のお金をプロに預けて、運用を任せるという方式があり、これを「**投資一任契約**」といいます。運用型のロボアドバイザーでは、最終的には「投資一任契約」を結んでいます。

　運用型のロボアドバイザーには、大和証券の「ダイワファンドラップオンライン」、前述の「THEO」、「WealthNavi」、などがあります。

　これら2種類のロボアドバイザーのうち、提案型のロボアドバイザー

◆「提案型」と「運用型」の比較

	提案型	運用型
診断	5から10問程度の選択式の質問	
提案内容	・資産配分比率 ・個別投資信託	資産配分比率
運用指示	投資家自身	自動
リバランス	投資家自身	自動
事例	・大和証券投資信託委託「ファンドロイド」 ・大和総研グループ「将来計画研究所」 ・みずほ銀行「SMART FOLIO」	・大和証券「ダイワファンドラップオンライン」 ・お金のデザイン「THEO」 ・ウェルスナビ「WealthNavi」

は主に証券会社や銀行などが投資信託を販売するための補助ツールとして、運用型のロボアドバイザーは投資顧問会社と呼ばれる企業や証券会社が投資一任契約を結ぶために提供しているケースが多いようです。

　これまでの投資一任契約は、主に大手の証券会社や信託銀行が富裕層向けのビジネス（「ラップ口座」）として提供し、最低投資金額が数百～数千万円程度、手数料が運用資産の数％程度というものでした。これに対して運用型のロボアドバイザーは最低投資金額が1万～10万円程度、手数料が年率1％程度のものがほとんどで、広く一般に利用しやすいサービスになっています。

　一般的にこれまでのラップ口座が、対面で提案する運用商品の種類も幅広く人手をかけて行っていたのに対し、ロボアドバイザーは運用商品数を絞り、提案・リバランスを自動で行うなど、手数料を安く提供しています。これはFinTechによる技術革新の成果といえるでしょう。

ロボアドバイザー開発に必要な知識

　ロボアドバイザーの開発には大きく2つの知識が必要となります。ひとつは投資家のリスク許容度を診断し、投資商品のリスク・リターンから最適な資産配分を作成、運用していくモデル構築のための金融知識です。これは**現代ポートフォリオ理論**と呼ばれる知識がベースとなります。

　もうひとつは理論で導かれた結果を投資家にわかりやすく表現するための知識です。これは一般的なWebサイト作成の知識に加え、JavaScriptなどを使ったグラフ描画の知識が必要になります。

　ロボアドバイザーが提供する情報は、本来、投資初心者にわかりやすく作られるべきものですが、作成する側の金融のプロが、さまざまな情報を盛り込もうとするあまり、かえって初心者にわかりにくくなってしまうといったことが起こりがちです。投資初心者に対してもわかりやすく、洗練されたサービスを提供するためには、金融商品に関する業務知識とWebサイト開発に関する知識の両方が必要になります。開発者としては、これら2つの知識を活用し、ユーザエクスペリエンス指向（7-6参照）でサービス化を目指したいところです。

ロボアドバイザーの今後

　金融庁「家計の安定的な資産形成に関する有識者会議」の資料によると、日本においては家計の金融資産約1,700兆円のうち、52％にあたる900兆円が現預金であり、米英と比較しても株式・投資信託の保有比率が低いといわれています。これらのリスク性商品は、一般の方にはまだまだ敷居が高く、浸透しているとはいえない状況です。

　そのような中、注目されているのが**ポイント投資**です。ポイント投資は、2016年12月にクレディセゾンがクレジットカードのポイントである「永久不滅ポイント」を投資顧問会社で運用することを発表したのが始まりです。2018年7月には同社のポイントがマネックス・セゾン・バンガード投資顧問会社の提供する運用型ロボアドバイザー「MSV LIFE」と連携することが発表されました。

　また、2018年5月にはお金のデザイン「THEO+」がNTTドコモのポイントサービス「dポイント」の運用を開始しています。特にdポイントは開始3週間で10万人、2億ポイントを集めるなど大きな話題になりました。ポイント投資は、運用型のロボアドバイザーよりもさらに少額から投資をすることができ、「ポイント」であることから投資初心者にも比較的始めやすいサービスだと考えられます。「ポイント」を入口として、一般の方にリスク性商品の投資が広く普及することが期待されています。

　今後は従来の金融機関に加え、広い顧客基盤を持つ企業が金融業界に参入し、これまで株式・投資信託を売買したことがない層へ資産運用サービスを提供していく流れが加速することが予想されます。

　新しい形態のサービスが始まる可能性を秘める分野になるので、開発に関わるエンジニアとしては、さまざまなニュースに対してアンテナを張っておく必要があるのではないでしょうか。

7-5 決済の高度化
キャッシュレス社会実現に向けた官民挙げての取り組み

キャッシュレス決済先進国「中国」

　経済産業省が2018年4月に発表した「キャッシュレス・ビジョン」によると、世界のキャッシュレス比率については、韓国89.1%、中国60.0%、アメリカ45.0%に対し、日本は18.4%（いずれも2015年）と大きく出遅れているという調査結果が出ています。

　この中でも、特に中国は近年の急速なキャッシュレス化により大きな注目を集めており、シェアの大部分を占める「**アリペイ**」と「**WeChatペイ**」の2つのサービスが国民の生活の一部として溶け込んでいるといわれています。これらのサービスの浸透により、現金決済では得られなかった購買データの取得が可能となり、決済を起点とした新たなビジネスが広がりつつあります。たとえばアリペイでは、その利用状況に基づいた信用評価サービスである「芝麻信用」や、芝麻信用の評価スコアに応じた貸出を受けることができる「借唄」といったサービスがスマートフォンアプリ上で簡単に利用できるようになっています。

日本におけるキャッシュレス社会実現に向けた動き

　こうした、中国におけるキャッシュレス決済を軸とした経済圏の誕生をモデルケースに、日本においてもキャッシュレス社会実現に向けて大きく舵がきられました。内閣官房が2017年6月に発表した「未来投資戦略2017」においては、「今後10年間（2027年6月まで）に、キャッシュレス決済比率を倍増し、4割程度とすることを目指す」としており、今後官民挙げての動向が注目される分野となっています。

　これまでの現金以外の主な決済手段としては、クレジットカード、電子マネーが挙げられますが、事業者側の導入・管理コストがネックとな

り、特に小規模店舗における普及が伸び悩んでいるのが現状です。一方、消費者の利便性向上へのニーズは高く、こうした課題とニーズに応えるべく、高度な決済サービスが浸透しつつあります。

キャッシュレス決済関連サービスの分類と活用技術

キャッシュレス決済には、非接触IC（NFC）、QRコード（顧客提示型）、QRコード（店舗提示型）の3方式のインタフェースが存在し、それぞれのインタフェースに対して前払い、後払いの2つの入金タイミングが存在するため、大きく6つの方式に分類することができます。下表に、これらの各方式への主なキャッシュレス決済アプリケーションの対応状況をまとめました。

◆主なキャッシュレス決済アプリケーションとその方式

アプリ名	非接触IC（NFC） 前払い	非接触IC（NFC） 後払い	QRコード（顧客提示型） 前払い	QRコード（顧客提示型） 後払い	QRコード（店舗提示型） 前払い	QRコード（店舗提示型） 後払い
モバイルSuica	○					
楽天Edy	○					
nanacoモバイル	○					
モバイルWAON	○					
iD	○	○				
QUICPay	○	○				
楽天ペイアプリ				○		○
d払いアプリ				○		
Origami Pay				○		○
LINE Pay			○		○	
アリペイ			○		○	
WeChatペイ			○		○	
PayPay			○	○	○	○
pring					○	

※上記は調査時点（2018年12月）の対応状況

非接触IC（NFC）として、日本では交通系ICカードを中心にソニーが推進するFeliCaが多く使用されています。世界的には、日本や香港などの一部の地域を除いてNFCの別の規格が使用されているため、外

国人観光客向けにこれらの規格にも対応する店舗が増えてきています。

QRコード方式は、顧客が提示したQRコードを店舗側が読み取る顧客提示型と、その逆の方式の店舗提示型に分類されますが、とりわけ店舗提示型はQRコードを印刷するだけで手軽に導入可能なため、中国における小規模店舗のキャッシュレス化に大きく寄与しました。ただし、導入が容易な分、印刷されたQRコード（静的コード）のすり替え詐欺も多発していることから、被害を最小化するために、1日当たりの静的コード決済額に対する上限設定や、顧客提示型への切替促進などの対応がとられ始めています。

その他のキャッシュレス決済の関連サービスとして、決済ウォレット、地域通貨、仮想通貨などにも注目が集まっています。

決済ウォレットは、スマートフォンに財布のようにクレジットカードやデビットカードなどの複数カードを統合して管理できるようにしたサービスで、iPhone端末であればApple Pay、Android端末であればGoogle Payが提供されています。

地域通貨は、特定の地域やコミュニティなどで限定的に流通する通貨を指し、地域経済の活性化やコミュニティの醸成といった効果が得られるといわれています。たとえば、飛騨信用組合が発行する地域通貨「さるぼぼコイン」では、決済にQRコードを使用することで専用端末を用意する必要をなくし、低コストでのキャッシュレス決済を実現しました。

日本におけるキャッシュレス決済の最新動向と今後の展望

2018年に入り、日本においてもQRコードを使用したキャッシュレス決済を巡る動きがにわかに活発になってきました。ゆうちょ銀行が銀行間相互連携のQRコード決済サービスである「ゆうちょPay」の開始を予告すると、その数日後には、メガバンク3行によるQRコード規格統一への合意が報道されました。銀行以外でも、ベンチャー企業「pring」が決済手数料0.95％でのサービス開始を発表すると、その直後に「LINE Pay」、ソフトバンクとヤフーのジョイントベンチャーによる「PayPay」が相次いで決済手数料の3年間無料化を発表、さらに2018年12月には

「PayPay」が100億円分の還元キャンペーンを実施し大きな話題になるなど、民間各社による主導権争いが激化しています。

こうした状況を乗り越えオールジャパン体制で国際競争力を高めるため、経済産業省は「キャッシュレス推進協議会」を設立し、QRコード決済の標準化をはじめとしたキャッシュレス化を官民挙げて推進しようとしています。

日本において浸透しつつある新たなキャッシュレス決済の例としては、タクシー運賃の決済サービスが挙げられます。急ぎの用件で利用されることの多いタクシーですが、目的地への到着前には運賃が確定しないため、到着後に支払いの時間が余計にかかってしまいます。こうした状況に対し、目的地への移動中にQRコード決済を行うことで支払いの手間を省略し、到着後すぐの降車を可能としたタクシーが増加しています。

この事例では、キャッシュレス決済をUX改善（7-6参照）のためのツールとしてうまく利用しています。現金の利便性、信頼度が高いといわれる現金主義の日本においては、このような新たなサービスによって、顧客に対して現金を超える利便性を提供できるかが、キャッシュレス社会実現の鍵を握っているといえるでしょう。

7-6 UI/UXの概要
サービスと利用者をつなぐエッセンス

UI/UXとは？

　UIとは、ユーザインタフェース（User Interface）の略語であり、システムとシステム利用者との接点のことを指します。たとえば、PCのようなハードウェアの場合、キーボードやマウス、モニタがインタフェースにあたります。ソフトウェアの場合、アプリケーションやWebシステムにおいては、画面がインタフェースにあたります。

　一方、UXとはユーザエクスペリエンス（User Experience）の略語であり、システムに限らず、サービス全体から利用者が得られる体感や体験のことを指します。サービスに対する期待感やサービスを利用している最中での快適さ・楽しさ、サービス利用後の満足感など、非常に広範囲にわたります。また、UIから得られる「使いやすい」「見た目がおしゃれ」「反応が素早い」といった体感もUXにあたります。

　近年、UI/UXがビジネスにおいて注目を集めている理由のひとつとして、消費者の価値観や志向の多様化が進み、関心が製品やサービスそのものから、製品やサービスを利用して得られる経験や体感へとシフトしているという背景が挙げられます。アメリカのUberやLyftが提供している配車サービスは、世界各国でタクシーよりも容易で手軽に移動できるとして利用者から大きな支持を集め、各地のタクシー業界に大きな影響を与えています。これは、車を探して捕まえる（配車を依頼する）、目的地を伝える、料金を支払うといった乗車前後を含めた一連の行為がスマートフォンの配車アプリ上で少ない操作ででき、ドライバー付きの車で移動することがタクシーよりも簡単かつ快適に実現できるという体験の価値が、利用者に受け入れられたためといえます。

　金融システムにおいては、PFMをひとつの例として挙げることがで

きるでしょう。従来は、自分のお金の状況や流れを把握するために、各銀行やクレジットカードのWebシステムなどから口座ごとの入出金履歴、残高や、カードごとの利用履歴を確認し、表計算システムや家計簿などに記録して管理するなどの手間が必要でした。PFMの登場により、1つのWebサービス上で自分のお金の動きや現在の資産の状況を簡単かつ一元的に把握できるようになっています。

この他にも、先端ITを活用し、より優れたUXを実現したサービスが各社の既存ビジネスに大きなインパクトを与えるケースが数多く生まれる中、企業が生き残りのために他社サービスとは異なる価値を提供することで差別化を図ろうとしているといった事情も、UI/UXへの関心の背景にあります。

ゲームの手法をサービスに活用する

近年、先端ITによりビジネスアイデアの実現スピードが以前よりも早くなったといわれるようになりました。そういった環境の中で、一度アイデアが実現されると、それを参考にしたサービスが次々と生み出され、瞬く間に優位性がなくなってしまいます。利用者が複数の選択肢を持つ中で、自らのサービスを継続的に何度も利用してもらうため、**ゲーミフィケーション**という手法に注目が集まっています。

ゲーミフィケーションとは、ゲームで用いられるような技法や表現手法をサービスに活用することを指します。ゲーミフィケーションにより利用者がサービスを継続して利用する動機付けが図られ、サービスに対するロイヤリティ（信頼、愛着）向上につながるとされています。

たとえばゲームの中で得られる経験値のように、旅行サイトやグルメサイトにレビュー記事を投稿したユーザにポイントを付与し、そのポイントに応じて称号やインセンティブ（報酬）を付与する方法や、そのポイントのランキングを公開し、利用者間の競争を促したりする方法もゲーミフィケーションの一種です。次ページの表で、いくつかの例を紹介します。

◆ゲーミフィケーションの活用例

	利用者のモチベーション	活用例
ノルマの設定	・目標達成に対する意欲 ・目標達成による満足感	・歩行時間の目標設定 ・目標達成に対して称号を付与
実績の記録やポイント化	・行動や努力の見える化 ・報酬の獲得	・立ち寄った店舗の記録 ・レビュー投稿に対して、サービスや商品と交換できるポイントを付与
実績の共有	・他者からの称讃（SNSの"いいね"など） ・競争意欲	・達成した実績をSNSに公開 ・達成した実績を他のユーザとアプリ上で共有

　アメリカの証券会社フィディリティでは、コールセンターのスタッフ向けに金融知識の向上を図るためのトレーニング用ツールや、投資初心者が分散投資や資産配分を学ぶツールに、クイズやゲームを活用しています。この事例は経済産業省のFinTech研究会でも紹介されています。また変わった事例として、エミレーツNBD銀行は、デジタルネイティブ向けの銀行アプリをウェアラブルデバイスと連携させて利用者の1日の歩数を取得し、一定以上の歩数を達成すると金利を優遇するという取り組みで、預金率向上を図っています。

AR/VRの進展

　インターネットやスマートフォンに代表されるモバイル技術のように、デジタル技術の進歩は、それまでにないUXの実現を可能とし、企業は新たなビジネスを実現してきました。ARとVRは、インターネット、モバイルのように、ユーザと企業の関係性に変化をもたらす可能性があるものとして、市場の期待を集めているデジタル技術です。

　ARとは、Augmented Reality（拡張現実）の略であり、人が知覚することのできる現実を、コンピュータを用いて拡張させる技術のことを指します。最も一般的なものは視覚を拡張するAR技術であり、カメラを通してディスプレイに投影した現実の空間に、コンピュータで生成した情報や物質などを重ね合わせるものが該当します。

　一方**VR**とは、Virtual Reality（仮想現実）の略であり、コンピュータによって生み出される仮想空間や環境を現実のもののように利用者に

知覚させる技術のことを指します。VRもAR同様に、視覚を用いるものが一般的です。

現在AR、VR技術は、ゲームやエンターテインメント分野での利用が最も進んでいますが、近年ではビジネスの分野でも活用が進んでいます。金融機関においては、アメリカのファーマーズ保険がVRグラスOculusを使い、アジャスター業務と呼ばれる損害保険金を算定する調査員のトレーニングに利用しています。このトレーニングでは、調査員はVRグラス内に広がる仮想空間上の住宅の中で、水漏れや火災による損傷箇所を発見し、その損傷に対してどのような対応をとるか選択していきます。最終的に発見した損害と選択した対応に応じてスコアが示され、体験者の現在の能力が可視化されます。日本においても、損保ジャパン日本興亜が2019年4月以降に、自動車保険および火災保険のアジャスター業務にVRトレーニングを活用することが明らかになっています。

AR、VRとも以前から存在する技術でしたが、実現に必要なハードウェア技術やソフトウェア技術の向上により、これまでよりも消費者が利用しやすく、より優れた体験が得られるようになり、近年さまざまなサービスや活用事例が登場しています。MM総研の調査によれば、国内AR/VRの市場規模は2020年までに約2,100億円に、またIDCの調査によれば、海外市場では2022年までに約23兆円にまで成長するといわれており、マーケットからの高い関心がうかがえます。

デザイン思考

デザイン思考とは、デザイナーがプロダクトのデザインを行う際の思考法を参考にしたもので、ユーザの理解を基にした課題の発見から、それを解決するアイデアの創出と実現、課題解決に至るまでのプロセスと手法のことを指します。

デザイン思考はユーザ志向のプロセスであり、その特徴はプロトタイプ製作を通して課題の定義やアイデアの修正を繰り返すことで課題解決を目指す、反復学習的なアプローチにあります。このことから、デザイン思考は企業にとって経験が少なく、また机上での評価が難しいユーザ

の体験や体感、感情といったUXをデザインする有効な手段と考えられます。

デザイン思考にはさまざまな方法論が存在しますが、中でもスタンフォード大学デザイン研究所（d.school）のハッソ・プラットナー教授が提唱する「デザイン思考の5段階」というモデルが有名です。

日本の金融機関においても、イノベーション促進へのアプローチとしてデザイン思考へのニーズが高まっており、三井住友銀行が東京工業大学と共同でサービス向上に向けてデザイン思考の活用を研究するなど、さまざまな金融機関で取り組みが進められています。

共感（Emphasize）	ユーザの行動を観察・理解し、関心を持つことで、ユーザのニーズを捉える
問題定義（Define）	ユーザのニーズを基に、解決すべき課題を定義する
創造（Ideate）	課題を解決するためのアイデアを複数創造する
プロトタイプ（Prototype）	問題の解決策にたどり着くために、繰り返し簡易的なプロダクトを作成する
テスト（Test）	作成したプロダクトが共感を得られるものであるか、ユーザに評価してもらう

出典：stanford d.school『An Introduction to Design Thinking PROCESS GUIDE』より著者作成

◆デザイン思考の5段階

7-7 トレーディング手法の多様化
テクノロジーの活用による大幅な手法の変化

アルゴリズム・トレード

　証券会社と機関投資家の間では業界標準のFIX（Financial Information eXchange：電子証券取引）プロトコルにより、効率的な電子発注が可能となっています。さらに、機関投資家が求める執行の仕組みが取り入れられた**アルゴリズム・トレード**へと発展しています。

　アルゴリズム・トレードは、あらかじめ決められた執行モデルに基づいてタイミング、価格、数量などを選び発注する取引手法で、機関投資家に有利かつ希望する価格での約定を狙った証券会社のサービスです。機関投資家の大口注文を案分して発注し、マーケットインパクト（発注による価格の変動）を小さくする意図があります。代表的な執行モデルであるVWAP（Volume Weighted Average Price：出来高加重平均株価）は、銘柄ごとの出来高から算出した平均約定価格をベンチマーク（目標価格）として執行する投資戦略です。この他に、下表のようにさまざまな執行モデルがあり、証券会社は独自のノウハウを組み込んでいます。

◆アルゴリズム・トレードの執行モデル（例）

執行モデル	説　明
VWAP	・出来高加重平均価格（VWAP：Volume Weighted Average Price）をベンチマークとして執行する方式 ・過去の取引から算出し作成したVWAP曲線を基に発注する
TWAP	・時間加重平均価格（TWAP：Time Weighted Average Price）をベンチマークとして執行する方式 ・機関投資家の大口注文を時間や数量を均等に分割して等間隔あるいは一定のタイミングで発注する
POV	Percentage of Volume。出来高に対しあらかじめ設定された一定の参加率（市場の出来高に対する自身の出来高の割合）で執行する方式
Pegging	基準となる価格を追随し、常に基準価格で約定するように執行する方式
Iceberg	大口注文を分割し、分割された小口注文が約定した後に次の注文が発注する方式

アルゴリズム・トレード機能を有する証券会社内の発注システムの場合、大量注文の高速処理、市場予測のためのデータ蓄積や高度な分析が必要不可欠です。下図はアルゴリズム・トレードのシステムの概略です。各取引所や情報ベンダーから市場データを受信するフィードハンドラー、それを各システムに配信する相場エンジン、データを基に発注タイミングや発注量を決定し発注するアルゴエンジン、高速に発注する注文エンジンなどがあります。

　これらのシステムは証券会社内部で開発されることが大半ですが、最近では技術の高度化に伴い、外部ベンダーなどとの協業が進んできています。証券市場の特性は随時変化するため、証券会社ではデータ分析を基に執行モデルを継続的に改善しています。いわばアルゴリズム・トレードシステム自体が証券会社の付加価値の源泉となっています。

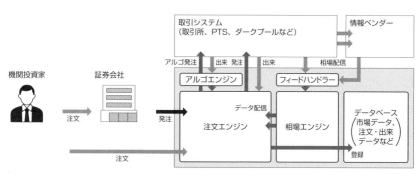

◆アルゴリズム・トレードシステム概略（例）

ソーシャル・トレーディングとコピー・トレーディング

　ソーシャル・トレーディングとは、SNS内で投資家同士が交換した情報を基に取引を行う方法です。SNSに記載された情報を基に投資家個人が判断して取引する場合と、成功している他の投資家の取引をそのまま模倣（**コピー・トレーディング**）する場合とがあります。特にコピー・トレーディングの場合、公開された取引を模倣する投資家は手法を公開する投資家に対して手数料を支払うのが一般的です。

　ただし、ソーシャル・トレーディングには法規制への対応が必要にな

るという課題があります。投資戦略を公開することで対価を得ることは投資顧問業にあたる可能性があるため、日本では公的資格を保有しない一般投資家が行うことは事実上困難になっています。これらの懸念点を背景に、自分の投資戦略を公開するサービスは存在するものの、コピー・トレーディングのサービスは提供されていません。

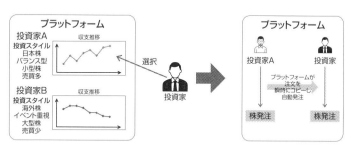

◆コピー・トレーディングの仕組み

ミラー・トレーディング

ミラー・トレーディングとは、投資家が選択した戦略（市場データを基にタイミングや数量を決定して発注するアルゴリズム）に基づき、自動で売買を行うトレーディング手法です。プラットフォームごとにさまざまな戦略が提供されており、機関投資家などのプロ投資家向け戦略を投資初心者でも利用できます。複数の戦略を組み合わせることも可能で、それにより**リスク分散**が可能な場合もあります。

HFT (High Frequency Trading)

HFTはミリ／マイクロ秒単位といった極めて短い時間に、注文や取消しを繰り返すトレード手法で、高頻度取引とも呼ばれます。市場では秒間何千万件もの市場データが流れ、短時間で株価が変化します。HFTは人間では対応できない速度で繰り返し売買し、少額の利益を積み上げます。アメリカの市場では2000年代後半から出来高の半数以上をHFTが占めており、日本市場でも高速な取引システムArrowheadを東京証券取引所が導入して以来、HFTが存在感を強めています。

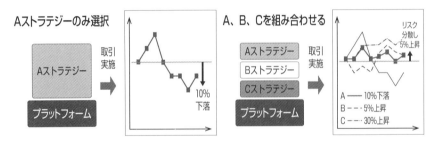

◆ミラー・トレーディングとリスク分散

　HFTでは、注文システムから送付される注文が取引所の取引システムに到着するまでの時間を短縮することが重要になります。システム間の物理的な距離が近くなることは通信時間短縮につながるため、この2つのシステムを同じデータセンターに配置することが一般的です。このように両システムを併設するサービスは、コロケーションサービスと呼ばれています。これを利用することで、HFTは注文の到達時間を数十マイクロ秒まで短縮しています。

　HFTの取引戦略は主にマーケット・メイクです。これはビッド（買注文）・オファー（売注文）を同時に指値注文し、価格の差分を利益とする方法です。システムでは市場データを低遅延でリアルタイムに取得し、注文価格や数量を頻繁に変化させ収益を実現しています。

　HFTは、フロントランニング（市場に先回りして収益を上げること）やフラッシュクラッシュ（価格を急変動させること）への懸念から批判を受け、欧米を中心に監視や規制の動きが強まっています。しかし、市場に高い流動性を供給している点を鑑みれば、HFTを悪として完全に否定することは望ましくないでしょう。HFTの存在は流動性供給者として大きな影響があることは間違いありません。

◆マーケット・メイクの仕組み

索 引

欧文

Accuracy	95
AIスピーカー	158
AlexNet	124
Anomaly Detection	89, 91
API	291, 297
APIエコノミー	295
APIマネジメント	295
AR	310
Augur	225, 233
Bluetooth	26
BoW	112
CBOW	115
CNN	124
Confusion Matrix	95
Cookie	187
Corda	197, 214
CRYPTREC	270
CSD	56
CSIRT	275
DevOps	36
DMP	186
Doc2Vec	116
DVP	57
Elastic Net	102
EMS	58
End-to-End学習	131
ETL	20
EUC	38
FAANG	14
Factom	225
FastText	115
FinTech	13
FISC	143, 282
FIX	66
F-measure	95
GoogLeNet	125
HFT	316
Hyperledger Fabric	197, 214
IaaS	21
ICO	222, 226, 228, 232
ILSVRC	125
IoT	33, 247
IP-VPN	25
IT資産管理	257
JavaScript	37
k-means法	90
Lasso	102
LDA	113
LightGBM	105
LOTUS	270
LSTM	118
miyabi	214
MLaaS	144
NAS	22
NEM	197
NFC	26, 305
N-gram解析	110
NISC	282
NoSQL	23
OAuth2.0	293
OMS	58, 66
one-hotベクトル表現	111
One to Oneマーケティング	181
P2Pレンディング	168
PaaS	21
PBFT	203
PFM	296
PFM・クラウド会計サービス	296
PoI	203
PoS	202
PoW	200
Precision	95
Python	37
QRコード方式	306
RDB	23
Recall	95
REPトークン	234
ResNet	125
RMSE	96
RNN	116
RPA	286
RTGS	45
SaaS	21
SAN	22
SDGs	13
Skip-Gram	115
SOA	20
Sobel Filter	122
SOC	275
TCP/IP	25

317

TF-IDF	112
TLPT	267
TSS	32
UI	35, 308
UTXO	209
UX	35, 308
VGGNet	125
VR	310
WannaCry	255
Webスクレイピング	292, 296
WeChatペイ	304
Wi-Fi	26
Word2Vec	114
XGBoost	105

あ行

相対取引	53
アカウントアグリゲーション	296
アジャイル型	34
アリペイ	304
アルゴリズム・トレード	313
アンサンブル学習	104, 134
アンダーライター業務	4
アンチマネーロンダリングシステム	46
イーサネット	25
イーサリアム	214, 216
イーサリアムクラシック	217
異常値	101
委託会社	64
入口対策	264
いろは	214
インデックスサーバー	194
ウェブウォレット	239
ウォーターフォール型	34
ウォレット管理	238
営業店システム	46
大き過ぎてつぶせない問題への対応	12
オークション	54
オーソリゼーションネットワーク	50
オーディエンスデータ	183
オープンAPI	291
オープン系ソフトウェア	20
オブジェクト指向言語	36
オプション	60
オリジネーション業務	52
音声言語処理	128

音声処理	128
音声対話システム	131
音声データ	128
音声入出力	131
音声のスコアリング	132
オンライン処理	30, 42
オンライントレード	58

か行

カード発行システム	50
回帰モデル	87
外国為替業務	40
解釈性	96, 185
改正銀行法	291
改正資金決済法	236
階層的クラスタリング	89
開発プラットフォーム	144
過学習	92
価格発見	53
貸出	3
貸付	40
貸付有価証券	40
仮想サーバー	22
仮想通貨	191, 215, 226
仮想通貨交換業	236
画像認識技術	122
株式の決済システム	56
株式の注文	54
株式売買	53
為替	40
為替業務	3
監査システム	46
勘定系システム	40
間接金融	3
機械学習	84
機械学習の精度	94
機械学習の評価	92
基幹系システム	29, 50, 52, 72
基準価額	68
基準価額連絡	68
逆選択	172
給付・反対給付均等の原則	171
教師あり学習	87
教師なし学習	88
教師ラベル	87
共通鍵暗号方式	269

局所特徴量	122
銀行の機能	166
銀行の業務	40
銀行のシステム	40
金融機関の業務範囲	6
金融機関のブロックチェーン活用の取り組み	243
金融機関の役割	3
金融規制改革	8
金融庁	278
金融データサイエンティスト	146
金融の機能	4
金融の市場化	7
金融の役割	2
クライアント・サーバー型	193
クラウド会計	297
クラウドコンピューティング	21, 33
クラウドファンディング	228
クラスタリング	89
グリッド探索	134
クレジットカード会社の業務	48
クレジットカード会社のシステム	50
クレジットカード決済	48
クレジットカードビジネスにおける関係者	49
クロスバリデーション法	94
形態素	110
ゲーミフィケーション	309
決済	4
決済ウォレット	306
決済システム	50
欠損値	101
決定木	103
決定係数	96
健康増進型保険	173
現代ポートフォリオ理論	302
広域イーサネット	25
公開鍵暗号方式	204, 269
構造化データ	77
勾配ブースティング決定木	104
コールドウォレット	238
顧客管理システム	46
顧客データ	81
国際系システム	40, 47
護送船団方式	6

さ行

固定性預金	40
コピー・トレーディング	314
コミュニケーション・ロボット	162
コンセンサスアルゴリズム	198
債券取引のプロセス	59
サイバー攻撃	252
サイバー攻撃への対策	263
サイバーセキュリティ	252
サイバーセキュリティ経営ガイドライン	281
財務システム	72
先物	60
指値注文	54
サブプライムローン	11
ザラバ	54
残高・基準価額計算	68
サンプリングレート	128
ジーキャッシュ	218
資金運用	5
資金供与	4
資産運用システム	72
資産管理系システム	40, 47
自然言語処理	109
執行管理システム	58
資本市場データ	79
事務集中システム	46
シャドーバンキング規制	12
重回帰モデル	101
収支相等の原則	171
周辺系システム	40
重要度	104
受託銀行	64
純資産総額	68
証券会社の業務	52
証券会社のシステム	52
証券会社の対顧客システム	58
証書貸付	40
情報系システム	29, 40, 50, 52
情報の非対称性	172
新規仮想通貨公開	222
深層学習	108
推論速度	96
数理システム	72
スクリプト言語	37
スタッキング	135

スパース（線形）モデリング	102
スペクトログラム	130
スマートコントラクト	219
スマートシティ	249
スマートスピーカー	158
スワップ	60
正規化	99
清算機関	56
声紋	130
セカンダリー業務	52
説明変数	87
全銀システム	24, 43
線形モデル	100
センターカット処理	30, 42
セントラル・カウンターパーティ	29, 44
ソーシャル・トレーディング	314

た行

ダークウェブ	260
ターゲット	87
対外接続系システム	40
対顧客システム	52
大数の法則	170
ダイレクトチャネルシステム	46
多層防御	263
畳み込み層	124
畳み込みニューラルネットワーク	124
ダッシュ	217
ダミー変数化	99
多要素認証	271
短期間フーリエ変換	129
地域通貨	306
チャットボット	154
チャネル管理システム	72
注文管理システム	58, 66
直接金融	3
追加解約業務	67
提案システム	72
定性分析	166
定量分析	166
データウェアハウス	46
データサイエンス	76
データの前処理	99
データのライフサイクル管理対策	141
手形貸付	40
テキストデータの活用	109

出口対策	265
デザイン思考	311
デジタル証明書	272
デジタルトランスフォーメーション	179
デジタルマーケティング	181
デスクトップウォレット	239
デリバティブ	60
テレマティクス保険	174
転移学習	135
店頭デリバティブ市場改革	12
デンドログラム	90
投資一任業務	64
投資一任契約	301
投資会社	63
投資銀行業務	52
投資顧問業	64
投資助言業務	64
投資信託	63
投資信託のファンドの分類	65
投資相談・アドバイス業務	52
トークンエコノミー	230
特徴量	87
特徴量エンジニアリング	133
トランザクションレンディング	169

な行

内閣サイバーセキュリティセンター	282
内国為替業務	40
内部対策	264
成行注文	54
日銀ネット	43
日本版金融ビッグバン	8
ニューラルネットワーク	106, 124
認証技術	270
ネオコグニトロン	124
ネム	197, 218, 241

は行

パーセプトロン	106
バーゼル規制	12
ハードウェアウォレット	240
ハイパーパラメータ	133
ハイパーパラメータチューニング	134
ハイブリッドP2P	194
バギング	135
パターン認識	122
バックオフィス	15

ハッシュ化	205
ハッシュ関数	205, 273
ハッシュ値	204
バッチ処理	29, 42
発注・約定照合業務	66
パブリッククラウド	21, 142
バブル崩壊	8
汎化	92
判別モデル	88
汎用API群	144
ピア・トゥー・ピア	193
ビームフォーミング	160
非階層的クラスタリング	89
非構造化データ	77
ビザンチン将軍問題	199
非接触IC	26, 305
ビッグデータ	79
ビッグデータの4V	79, 141
ビットコイン	216
ビットコインキャッシュ	216
ビットコイン・コア	214
ピュアP2P	194
表形式データ	98
標的型攻撃	253
ファイナンス理論	10
ファインチューニング	137
ファンドマネージャ	63
ファンドラップ	65
ブースティング	135
プーリング層	125
プライベートクラウド	21
プライマリー業務	52
プリンシパル業務	52
ブローカー	64
ブロックチェーン	190
ブロックチェーンソフトウェア	212
ブロックチェーンの分類	211
プロップ業務	52
フロントオフィス	15
分散系システム	19
文書生成	109
文書理解	109
平均化フィルタ	122
ベイズ最適化	134
ペーパーウォレット	240

ま行

ポイント投資	303
報告システム	52
ホールドアウト法	93
簿記一巡	297
保険会社の業務	70
保険会社のシステム	72
保険数理	170
ホットウォレット	238
マークルツリー	206
マッチング	54
ミドルオフィス	15
ミラー・トレーディング	315
メインフレーム	19
メッセージ認証	273
メル周波数ケプストラム係数	130
メルフィルタバンク出力	130
モネロ	217
モバイルウォレット	239
モバイル端末を利用したサービス	26
モラルハザード	11, 172

や行

約定	54
約定のシステム	54
融資	40
預金	40

ら行

ライトコイン	216
ランダム探索	134
ランダムフォレスト	104, 123
リーマン・ショック	11
リスク	217
リスク移転	5
リスク管理システム	46
リスクのアンバンドル	10
リスクベース認証	273
リップル	218
流通市場ブローカー業務	4
流動性預金	40
量子コンピュータ	270
量子化ビット数	128
稟議	43
レポーティング	69
ロジスティック回帰モデル	101, 167
ロボアドバイザー	300

参考文献一覧

第1章

- 酒井良清、鹿野嘉昭『金融システム（第4版）』（有斐閣）
- 島村二嘉、中島真志『金融読本（第30版）』（東洋経済新報社）
- 大和総研（編著）『FinTechと金融の未来　10年後に価値のある金融ビジネスとは何か？』（日経BP社）
- デュワイト・B・クレイン他（著）、野村総合研究所（訳）『金融の本質―21世紀型金融革命の羅針盤』（野村総合研究所）
- 金融情報システムセンター（編）『金融情報システム白書（平成29年版）』（財経詳報社）
- @IT HP「若手が知らないメインフレームと銀行系システムの歴史＆基礎知識」
  http://www.atmarkit.co.jp/ait/articles/1609/07/news007.html
- NECソリューションイノベータHP「アジャイル型開発〜顧客を巻き込みチーム一丸となってプロジェクトを推進する〜（前編）」
  https://www.nec-solutioninnovators.co.jp/column/01_agile.html
- ネットワークアーキテクチャに関する調査研究会「金融業界にとっての次世代の情報通信ネットワーク」
  http://www.soumu.go.jp/main_sosiki/joho_tsusin/policyreports/chousa/nw_arch/pdf/070522_2_6-2.pdf

第2章

- 中島真志、宿輪純一『証券決済システムのすべて（第2版）』（東洋経済新報社）
- 三好秀和（編著）『ファンドマネジメント大全〜資産運用会社の経営と実務〜』（同友館）
- 室勝『図解で学ぶSEのための銀行三大業務入門（第2版）』（きんざい）
- EY新日本有限責任監査法人HP「生命保険会社のビジネスと会計処理の概要」
  https://www.shinnihon.or.jp/corporate-accounting/industries/basic/insurance/2010-11-09-03-02.html
- finAsol HP
  http://www.fina-sol.com/
- 一般社団法人投資信託協会HP
  https://www.toushin.or.jp/
- 一般社団法人日本投資顧問業協会HP
  http://www.jiaa.or.jp/
- エクサHP「クレジットソリューション【UCAS】」

http://www.exa-corp.co.jp/solutions/finance/ucas.html
- 証券保管振替機構HP
  https://www.jasdec.com/
- 公益財団法人生命保険文化センターHP
  http://www.jili.or.jp/index.html
- 全国銀行資金決済ネットワークHP
  https://www.zengin-net.jp/
- 日経xTECH HP「金融業界の業務とシステムを知る Part1　証券会社編（１）注文から約定，決済など，証券業務の基本的な流れを知る」
  https://tech.nikkeibp.co.jp/it/article/lecture/20070227/263037/
- 日経xTECH HP「金融業界の業務とシステムを知る Part2　証券会社編（２）株式売買に伴うシステムの処理を理解する」
  https://tech.nikkeibp.co.jp/it/article/lecture/20070227/263423/
- 日本銀行協会「決済統計年報」
  https://www.zenginkyo.or.jp/stats/year1-01/
- ヤマトフィナンシャルHP「【図解】クレジットカード決済とは？」
  https://www.yamatofinancial.jp/learning/03.html

第3章

- Chen, T. and Guestrin, C., "XGBoost: A scalable tree boosting system.", Proceedings of the 22nd ACM SIGKDD Conference on Knowledge Discovery and Data Mining, pp. 785–794, 2016.
- D. M. Blei, A. Y. Ng, and M. I. Jordan., "Latent Dirichlet allocation" JMLR, 3, 2003.
- Hochreiter, S. and Schmidhuber, J., "Long short-term memory", Neural computation, Vol. 9, No. 8, pp. 1735-1780, 1997.
- Ke, G., Meng, Q., Finley, T., Wang, T., Chen, W., Ma, W., Ye, Q., and Liu, T.Y., "LightGBM: A highly efficient gradient boosting decision tree.", Advances in Neural Information Processing Systems., pp. 3149–3157, 2017.
- K. Fukushima and S. Miyake. Neocognitron: "A new algorithm for pattern recognition tolerant of deformations and shifts in position.", Pattern Recognition, 15 (6) :455-469, 1982.
- Le, Q. and Mikolov, T., "Distributed Representations of Sentences and Documents," Proceedings of the 31st International Conference on Machine Learning,PMLR 32 (2) :1188-1196, 2014.
- Luong, M., Pham, H. and Manning, C.D , "Effective approaches to Attention-

- based Neural machine transaction", proceedings of the 2015 Conference on Empirical Methods in Natural Language Processing, pages 1412-1421, 2015.
- Mikolov, T., Sutskever, I., Chen, K., Corrado, G.S. and Dean, J., "Distributed Representations of Words and Phrases and their Compositionality", Proceedings of the 26th International Conference on Neural Information Processing Systems, pp.3111-3119, 2013.
- Mirsamadi, S., Barsoum, E., and Zhang, C., "Automatic speech emotion recognition using recurrent neural networks with local attention.", 2017 IEEE International Conference on Acoustics, Speech and Signal Processing (ICASSP), pp. 2227-2231, 2017.
- Shen, J., Pang, R., Weiss, R J., Schuster, M., Jaitly, N., Yang, Z., Chen, Z., Zhang, Y., Wang, Y., Skerry-Ryan, RJ. Saurous, Rif A, Agiomyrgiannakis, Y., and Wu, Yonghui, "Natural TTS synthesis by conditioning wavenet on mel spectrogram predictions." arXiv preprint arXiv:1712.05884, 2017.
- Van Den Oord, A., Dieleman, S., Zen, H., Simonyan, K., Vinyals, O., Graves, A., Kalchbrenner, N., Senior, A., and Kavukcuoglu, K., "Wavenet: A generative model for raw audio." arXiv preprint arXiv:1609.03499, 2016.
- Zou, H. and Hastie, T. "Regularization and variable selection via the elastic net", J. Royal. Statist. Soc. B., 67, Part 2, pp. 301-320, 2005.
- D.ペパーズ、M.ロジャーズ（著）、井関利明（監訳）、(株)ベルシステム24（訳）『ONE to ONEマーケティング　顧客リレーションシップ戦略』（ダイヤモンド社）
- Zhi‐Hua Zhou（著）、宮岡悦良、下川朝有（訳）『アンサンブル法による機械学習—基礎とアルゴリズム—』（近代科学社）
- アナット バード（著）、上野博、栗田康弘、戸谷圭子、藤田哲雄（訳）『金融リテール戦略　米国スーパーコミュニティ銀行に学ぶ』（東洋経済新報社）
- 大垣尚司『金融アンバンドリング戦略』（日本経済新聞社）
- 岸本義之『金融マーケティング戦略　顧客理解とリスク管理の理論の実践』（ダイヤモンド社）
- 久保拓弥『データ解析のための統計モデリング入門——一般化線形モデル・階層ベイズモデル・MCMC』（岩波書店）
- 櫻井豊『人工知能が金融を支配する日』（東洋経済新報社）
- 佐藤一誠（著）、奥村学（監修）『トピックモデルによる統計的潜在意味解析』（コロナ社）
- 篠田浩一『音声認識』（講談社）
- ジョン・ケイ（著）、藪井真澄（訳）『金融に未来はあるか　ウォール街、シティが諦めたくなかった意外な事実』（ダイヤモンド社）

参考文献一覧

- 諏訪良武（著）、北城恪太郎（監修）『顧客はサービスを買っている 顧客満足向上の鍵を握る事前期待のマネジメント』（ダイヤモンド社）
- 大和総研（編著）『FinTechと金融の未来 10年後に価値のある金融ビジネスとは何か？』（日経BP社）
- 坪井祐太、海野裕也、鈴木潤『深層学習による自然言語処理』（講談社）
- 西垣通『ビッグデータと人工知能 可能性と罠を見極める』（中央公論新社）
- 原田達也『画像認識』（講談社）
- 平井有三『はじめてのパターン認識』（森北出版）
- 丸山宏、神谷直樹、山田敦『データサイエンティスト・ハンドブック』（近代科学社）
- 森田浩『図解入門ビジネス 多変量解析の基本と実践がよ〜くわかる本』（秀和システム）
- リチャード・L・ピーターソン（著）、長尾慎太郎（監修）、井田京子（訳）『市場心理とトレード ビッグデータによるセンチメント分析』（パンローリング）
- arXiv.org HP
  https://arxiv.org/
- DataRobot HP
  https://www.datarobot.com/jp/product/
- Google Cloud HP「Cloud AI products」
  https://cloud.google.com/products/ai/
- Google Cloud HP「FISC（日本）」
  https://cloud.google.com/security/compliance/fisc/
- IBM Big Data & Analitics Hub「The Four V's of Big Data」
  https://www.ibmbigdatahub.com/infographic/four-vs-big-data
- Martin Fowler.com「Microservices」
  https://martinfowler.com/articles/microservices.html
- Microsoft Azure HP「ビッグデータ アーキテクチャ」
  https://docs.microsoft.com/ja-jp/azure/architecture/data-guide/big-data/
- Microsoft HP「マイクロソフトとFISC」
  https://www.microsoft.com/ja-jp/trustcenter/compliance/fisc
- NEC HP「dotData」
  https://jpn.nec.com/solution/dotdata/index.html
- Oracle Big Data Blog「What's the Difference Between a Data Lake, Data Warehouse and Database?」
  https://blogs.oracle.com/bigdata/data-lake-database-data-warehouse-difference
- TechTarget Japan「ビッグデータ分析にクラウドを活用するポイント【前編】」

http://techtarget.itmedia.co.jp/tt/news/1710/31/news04.html
- アマゾン ウェブ サービス（AWS）HP「AWSでの機械学習」
  https://aws.amazon.com/jp/machine-learning/
- アマゾン ウェブ サービス（AWS）HP「FISC」
  https://aws.amazon.com/jp/compliance/fisc/
- 金融情報システムセンターHP「ガイドライン検索システム」
  https://www.fisc.or.jp/guideline/
- 総務省『平成26年版 情報通信白書』
  http://www.soumu.go.jp/johotsusintokei/whitepaper/ja/h26/html/nc134020.html
- データサイエンティスト協会「データサイエンティストに求められるスキルセット」
  http://www.datascientist.or.jp/news/2014/pdf/1210.pdf

第4章

- Gene Lai「Technology, Big Data, and Insurance Industry」（『生命保険論集』Vol.200 p1-18）
- 尾籠裕之「保険ITの現状と動向」（『保険学雑誌』Vol.628 p.5-15）
- 小川浩昭「保険原理論──レクシスの原理と二大原則」（『西南学院大学商学論集』Vol.56 p29-60）
- 肥塚肇雄「保険会社のICT を使った危険測定と自動車保険契約等への影響─人工知能及び自動運転を対象として─」（『保険学雑誌』Vol.636 p189-208）
- 左光敦「P2Pレンディングの仕組みと法規制：英国のP2Pレンディング規制を中心に」（『金融研究』第37巻第1号）
- 鈴木久子「保険業界のデジタル化の現状と取り組み─行動特性データにリンクする医療保険─」（『損保ジャパン日本興亜総研レポート』Vol.67 p26-42）
- 大和総研（編著）『FinTechと金融の未来 10年後に価値のある金融ビジネスとは何か？』（日経BP社）
- 立本博文「オープン・イノベーションとビジネス・エコシステム：新しい企業共同誕生の影響について」（『組織科学』Vol.45 No.2 p.60-73）
- 仁平京子「生産年齢人口減少社会における家族の個人化と生命保険市場の課題」（『生命保険論集』Vol.202 p97-128）
- 広瀬信輔（2016）『アドテクノロジーの教科書 デジタルマーケティング実践指南』（翔泳社）
- 宮地朋果「保険における危険選択と公平性」（『保険学雑誌』Vol.614 p.41-57）
- 山内恒人、藤澤陽介「第5世代のアクチュアリー」（『アクチュアリージャーナル』Vol.101 p96-127）

- 米山高生「マイナスのモラルハザード 契約法で想定していなかった保険商品の登場」(『保険学雑誌』Vol.637 p103-118)
- American Academy of Actuaries「Big Data and the Role of the Actuary」
https://www.actuary.org/files/publications/BigDataAndTheRoleOfTheActuary.pdf
- IAA EDUCATION COMMITTEE「Updated IAA Education Syllabus」
- IAIS「FinTech Developments in the Insurance Industry」
https://www.iaisweb.org/file/65625/report-on-fintech-developments-in-the-insurance-industry
- OECD「Technology and Innovation in the Insurance Sector」
https://www.oecd.org/pensions/Technology-and-innovation-in-the-insurance-sector.pdf
- 経済産業省「新産業構造ビジョン」
http://www.meti.go.jp/press/2017/05/20170530007/20170530007-2.pdf
- 経済産業省「特定サービス産業動態統計調査」広告業 長期データ http://www.meti.go.jp/statistics/tyo/tokusabido/result/result_1/xls/hv14401j.xls
- 大学共同利用期間法人 人間文化研究機構 国立国語研究所「一日の会話行動に関する調査報告」
https://pj.ninjal.ac.jp/conversation/report/report01.pdf

第 5 章

- Alexander, "Augur: a Decentralized Oracle and Prediction Market Platform", 2018
- Jack Peterson, Joseph Krug, Micah Zoltu, Austin K. Williams, and Stephanie
- Satoshi Nakamoto, "Bitcoin: A Peer-to-Peer Electronic Cash System", 2008
- 赤羽喜治、愛敬真生（編著）『ブロックチェーン 仕組みと理論 サンプルで学ぶFinTechのコア技術』(リックテレコム)
- アンドレアス・M・アントノプロス（著）、今井崇也、鳩貝淳一郎（訳）『ビットコインとブロックチェーン 暗号通貨を支える技術』(NTT出版)
- 加嵜長門、篠原航『ブロックチェーンアプリケーション開発の教科書』(マイナビ出版)
- 鳥谷部昭寛、加世田敏宏、林田駿弥『スマートコントラクト本格入門』(技術評論社)
- ICOdata - database of presale and active ICO dates with rating,
https://www.icodata.io/
- Nayuta HP

https://nayuta.co/
- 近藤真史、保坂豪、土井惟成、山藤敦史（2017）「金融市場における分散型台帳技術の活用に係る検討の動向」
  https://www.jpx.co.jp/corporate/research-study/working-paper/tvdivq0000008q5y-att/JPX_working_paper_Vol20.pdf
- 全国銀行協会「ブロックチェーン技術の活用可能性と課題に関する検討会報告書」
  https://www.zenginkyo.or.jp/fileadmin/res/news/news290346.pdf
- 大和証券グループプロジェクトチーム「約定照合業務におけるブロックチェーン（DLT）適用検討」
  https://www.jpx.co.jp/corporate/research-study/working-paper/tvdivq0000008q5y-att/JPX_working_paper_Vol22.pdf
- 大和総研（編著）『FinTechと金融の未来 10年後に価値のある金融ビジネスとは何か？』（日経BP社）
- 山藤敦史、箕輪郁雄、保坂豪、早川聡、近藤真史、一木信吾、金子裕紀（2016）「金融市場インフラに対する分散型台帳技術の適用可能性について」
  https://www.jpx.co.jp/corporate/research-study/working-paper/tvdivq0000008q5y-att/JPX_working_paper_No15.pdf

第 6 章

- 金融情報システムセンター『金融機関等におけるコンティンジェンシープラン策定のための手引書（第 3 版追補 3 ）』
- 金融庁「金融分野におけるサイバーセキュリティ強化に向けた取組方針」
  https://www.fsa.go.jp/news/30/20181019/cyber-policy.pdf
- 経済産業省、独立行政法人情報処理推進機構「サイバーセキュリティ経営ガイドライン Ver 2.0」
  http://www.meti.go.jp/press/2017/11/20171116003/20171116003-1.pdf
- サイバーセキュリティ戦略本部「重要インフラの情報セキュリティ対策に係る第 4 次行動計画」
  https://www.nisc.go.jp/active/infra/pdf/infra_rt4_r1.pdf
- 日経xTECH「どんなパソコンが感染したのか、WannaCryを再検証」
  https://tech.nikkeibp.co.jp/it/atcl/column/16/012900025/062300042/
- マカフィー公式ブログ「2017年 最も悪質な大規模感染『WannaCry』から学ぶ今後の教訓」
  https://blogs.mcafee.jp/wannacry2017-future-lessons

第7章

- 落合孝文「Fintech入門 第5回 資産管理（PFM）と会計・経理支援に関するサービス・法律」（『銀行法務21』No.806〈2016年10月号〉）
- 佐々木大輔、木村康宏「Fintech×会計の現状:クラウド会計の進化」（『企業会計』2017 Vol.69 No.6）
- 大和総研（編著）『FinTechと金融の未来 10年後に価値のある金融ビジネスとは何か？』（日経BP社）
- 辻庸介、瀧俊雄『FinTech入門 テクノロジーが推進する「ユーザー第一主義」の金融革命』（日経BP社）
- 日経BP総研 イノベーションICT研究所『RPA総覧』（日経BP社）
- 原幹『「クラウド会計」が経理を変える！』（中央経済社）
- 藤吉栄二「金融機関におけるPFM（Personal Financial Management）の活用」（『金融ITフォーカス』2014年8月号）
- Emirates NBD「Fitness Account」
https://www.emiratesnbd.com/en/personal-banking/accounts/savings-account/fitness-account/
- IDC Japan「2022年までの世界AR/VR関連市場予測を発表」
https://www.idcjapan.co.jp/Press/Current/20180619Apr.html
- IETF「RFC6749」
https://tools.ietf.org/html/rfc6749
- MM総研「ARとVRに関する一般消費者の利用実態と市場規模調査」
https://www.m2ri.jp/news/detail.html?id＝218
- 金融審議会「金融制度ワーキング・グループ報告」
https://www.fsa.go.jp/singi/singi_kinyu/tosin/20161227-1/01.pdf
- 金融庁「銀行法等の一部を改正する法律案の概要」
https://www.fsa.go.jp/common/diet/193/01/gaiyou.pdf
- 金融庁「『銀行法等の一部を改正する法律案』に関する説明資料」
https://www.fsa.go.jp/common/diet/193/01/setsumei.pdf
- 経済産業省「クレジットカードデータ利用に係るAPIガイドライン報告書」
http://www.meti.go.jp/report/whitepaper/data/pdf/20180411001_01.pdf
- 篠田徹、木田幹久、山野高将、本田えり子、高橋淳一、鵜戸口志郎「第4回資産形成もサポートする個人金融資産管理（PFM）サービス」
https://www.mri.co.jp/opinion/column/fintech/fintech_20160808.html
- 全国銀行協会「オープンAPIのあり方に関する検討会報告書」
https://www.zenginkyo.or.jp/fileadmin/res/news/news290713_1.pdf
- 「損保ジャパン、VR映像で社員教育 損害調査を模擬体験」（『日刊工業新聞電子版』

2018/08/22）
https://www.nikkan.co.jp/articles/view/00485615
・総務省『平成30年版 情報通信白書』
http://www.soumu.go.jp/johotsusintokei/whitepaper/ja/h30/pdf/index.html
・大和総研「電子決済等代行業、オープンAPIに関する銀行法改正法の概要」
https://www.dir.co.jp/report/research/law-research/securities/20170605_012040.pdf
・本庄洋介「第7回 経済産業省FinTech 研究会 FinTechは家計管理、資産運用に変革をもたらすのか」
http://www.meti.go.jp/committee/kenkyukai/sansei/fintech/pdf/007_s03_00.pdf
・三井住友銀行「三井住友銀行と東京工業大学の産学連携の取り組みについて」
https://www.smbc.co.jp/news/html/j200990/j200990_01.html

執筆者紹介

大和総研（だいわそうけん）
1989年に設立された「国内有数の総合シンクタンク」。経済・社会に関する調査・研究を行う「リサーチ」、経営戦略や国際金融市場に関する「コンサルティング」、大和証券グループ向けシステムの開発・保守や最先端技術の研究・開発を行う「システム」という3つの機能を持ち合わせている。さらに、これら3つの機能を備えた独自の強みを活かし、各機能を相互に連携することで、社会に対して付加価値の高い情報サービスを提供している。

フロンティアテクノロジー本部
先端IT技術の活用・ビジネスの推進を担う研究開発部門。「データサイエンス」「API」「自動化技術」「ブロックチェーン」という4つの軸をコアコンピタンスに掲げ、約50名のスタッフが最先端技術の調査・研究・開発などを行っている。最近では、株価予測モデルを用いた銘柄情報の配信やチャットボットを用いた自動Q&Aサービスの提供など、これまで培ってきた先端技術に関する調査研究の成果を最大限に活用し実業務への適用を進めている。

坪根 直毅（つぼね なおき）、主事/データサイエンティスト
経営・経済・IT関連の調査分析を専門とする。

木下 和彦（きのした かずひこ）、次長
先端IT全般の国内外調査とIT活用検討の支援を専門とする。

田中 誠人（たなか まこと）、主任
先端IT全般の国内外調査、社内外に向けた情報発信を専門とする。

坂本 博勝（さかもと ひろかつ）、副部長/主任データサイエンティスト
金融リテール分析業務に従事。銀行における顧客分析を10行以上実施。

加藤 惇雄（かとう あつお）、次長/主任データサイエンティスト
サービス科学にかかるデータ分析、プロジェクトマネジメントを専門とする。

原田 辰彦（はらだ たつひこ）、次長/データサイエンティスト
統計的手法を用いた顧客行動や営業活動の分析を専門とする。

吉田 寿久（よしだ としひさ）、次長/データサイエンティスト
財務分析と機械学習を用いた株価推移などの金融市場の予測を専門とする。

北野 道春（きたの みちはる）、課長代理/主任データサイエンティスト
自然言語処理、機械学習を用いたコミュニケーションデータの分析を専門とする。

參木 裕之（みつぎ ひろゆき）、課長代理/データサイエンティスト
機械学習を用いた市場の予測と自然言語処理の活用を専門とする。

松井 亮介（まつい りょうすけ）、課長代理/データサイエンティスト
機械学習を用いたデータ活用およびコンサルティングを専門とする。

佐藤 慎也（さとう しんや）、課長代理/データサイエンティスト
データ分析を基にした金融マーケティングを専門とする。

田邉 将吾（たなべ しょうご）、主任
機械学習を用いた画像認識システムの開発を専門とする。

相原 一也（あいはら かずや）、次長
ブロックチェーンを中心にFinTech領域の研究開発を専門とする。

田中 まり（たなか まり）、次長
AI開発を含むFinTechを活用したサービス企画、開発、導入支援を専門とする。

石井 最澄（いしい よしずみ）、次長
FinTechを活用したサービス企画、導入コンサルティング、開発を専門とする。

森岡 嗣人（もりおか つぐと）、上席課長代理/主任データサイエンティスト
データ分析ドメインのIT全般に従事。金融マーケティング・AI開発を専門とする。

水谷 皓太郎（みずたに こうたろう）、上席課長代理/データサイエンティスト
自然言語処理と機械学習を用いたプロダクトの開発を専門とする。

髙麗 義巳（こうま よしみ）、上席課長代理
RPA導入推進体制に関するコンサルティング、RPA製品の動向調査を専門とする。

棚井 俊（たない しゅん）、上席課長代理
先端IT技術を活用したサービス企画、導入支援、開発を専門とする。

大堀 由里子（おおほり ゆりこ）、上席課長代理
FinTechに関するサービス企画、導入支援、開発を専門とする。

栗山 太吾（くりやま たいご）、課長代理
自然言語処理、機械学習のための分析基盤構築を専門とする。

斎藤 光（さいとう ひかる）、主任
ブロックチェーンを中心とした先端IT技術の先行的調査、活用企画を専門とする。

西澤 哲（にしざわ てつ）、主任
　RPA製品の調査・検証や、構築・導入のコンサルティングを専門とする。

山野 葉子（やまの ようこ）、次長
　金融機関向けのFinTechを活用したサービス企画を専門とする。

齋藤 栄三（さいとう えいぞう）、次長
　金融機関向け基盤システム開発、新技術を利用した研究開発を専門とする。

業務管理本部
栗田 学（くりた まなぶ）、副部長
　ITと経営に関わるコンサルティング、および情報セキュリティ関連業務に従事。

システム開発本部
中島 尚紀（なかしま なおき）、副部長
　海外を中心とする先端金融IT調査、IT導入の企画・支援を専門とする。

髙橋 舞（たかはし まい）、上席課長代理
　テレコム・証券IT開発と改善支援および国内外渉外を専門とする。

福田 哲也（ふくだ てつや）、上席課長代理
　アジアでの株式受発注業務のITサポートおよび動向調査を専門とする。

玉村 恭佑（たまむら きょうすけ）、主任
　バーゼル規制に関わるリスク系システムの設計・開発を専門とする。

大橋 一輝（おおはし かずき）、主任
　アルゴリズムトレードに関わる株式フロントシステム開発を専門とする。

調査本部
矢作 大祐（やさく だいすけ）、研究員
　国内外の金融環境や金融機関のビジネスモデルに関する調査に従事。

大和総研ビジネス・イノベーション
金融システムソリューション本部
五井 孝（ごい たかし）、部長
　監査、情報セキュリティ関連を専門。中央大学大学院理工学研究科客員教授。

栗田 剛（くりた たけし）、次長
　JICAプロジェクトやFISCへの出向等情報セキュリティ関連業務に従事。

333

装丁・本文デザイン	FANTAGRAPH（ファンタグラフ）	
カバーイラスト	岡村 慎一郎	
DTP	一企画	

エンジニアが学ぶ金融システムの「知識」と「技術」

2019年1月24日 初版第1刷発行

著　者	大和総研フロンティアテクノロジー本部
発行人	佐々木 幹夫
発行所	株式会社 翔泳社（https://www.shoeisha.co.jp）
印刷・製本	株式会社 ワコープラネット

©2019 Daiwa Institute of Research Frontier Technologies Research & Consulting Division

本書は著作権法上の保護を受けています。本書の一部または全部について（ソフトウェアおよびプログラムを含む）、株式会社 翔泳社から文書による許諾を得ずに、いかなる方法においても無断で複写、複製することは禁じられています。
本書へのお問い合わせについては、ii ページに記載の内容をお読みください。
落丁・乱丁はお取り替えいたします。03-5362-3705 までご連絡ください。
ISBN978-4-7981-5533-3　　　　　　　　　　　　　　　　Printed in Japan